Negociación intercultural

Estrategias y técnicas
de negociación internacional

Domingo Cabeza
Pelayo Corella
Carlos Jiménez

Colección: GESTIONA
Director: David Soler

NEGOCIACIÓN INTERCULTURAL
Estrategias y técnicas de negociación internacional
1.ª edición, 2013

© 2013, Domingo Cabeza Nieto, Pelayo Corella García, Carlos Jiménez Pérez
© de esta edición, incluido el diseño de la cubierta, ICG Marge, SL
© fotografía de la cubierta: FotolEdhar, Fotolia.com

Edita: Marge Books
Avda. Alcalde Moix, 28 - 08207 Sabadell (Barcelona)
Tel. 931 429 486 - marge@margebooks.com
www.margebooks.com

Gestión editorial: Hèctor Soler, Neus Piñol
Edición: Rosa Serra, Natalia Echezuría
Colaboración editorial: Roser Pérez
Compaginación: Mercedes Lara
Impresión:

ISBN: 978-84-15340-79-9
Depósito Legal: B-22317-2013

Índice

Los autores

Domingo Cabeza Nieto

Nacido en Sevilla (1960), es ingeniero en Mecánica por la Universidad Politécnica de Catalunya (UPC). Especializado en metalografía y física de sólidos en la Escuela Superior de Ingenieros Industriales de Vigo, posee dos posgrados: en Dirección de producción y Operaciones por Esade, y en Dirección de Empresas por el Iese. Es destacable su especialización en Logística integral, también por Esade.

Ha ocupado diversos puestos directivos en empresas nacionales, internacionales y multinacionales en las áreas de operaciones, industrial, logística y logística inversa en España, Reino Unido, Francia, Holanda y República Checa.

En la actualidad, compagina su actividad profesional con la de profesor sénior de la Fundación Icil, donde imparte clases en los programas de máster en Compras y Comercio Internacional, así como en los de *Supply Chain Management*. Es, a su vez, profesor del grado universitario en Negocios y Marketing Internacional en Esci-UPF, en Barcelona.

En 2008, fue calificado como tecnólogo-investigador por el Ministerio de Ciencia e Innovación, por sus trabajos en la industrialización pionera en Europa de los plásticos biodegradables.

Pelayo Corella García

Nacido en Vitoria-Gasteiz (1973), es Licenciado en Geografía e Historia por la Universidad de Barcelona (UB) y en Periodismo por la Universidad Pompeu Fabra (UPF), y cuenta con un máster en Historia por el IHJVV de la UPF. Ha trabajado en diversos programas de radio y es periodista económico especializado en la internacionalización de las empresas. Asimismo, ha sido redactor-jefe del *Noticiari de Comerç Exterior* y, actualmente, colabora con el web editado por el Consell de Cambres de Catalunya, Paicambres.org. Profesor del grado en Negocios y Marketing Internacional en

Esci-UPF de la asignatura Análisis de los acontecimientos políticos y económicos internacionales, ha dirigido misiones en México, China y Oriente Medio. En la actualidad, es director de Formación continua en Esci-UPF, además de profesor del máster de Compras y Comercio Exterior de la Fundación Icil y el Idec-UPF.

Carlos Jiménez Pérez

Nacido en Sevilla (1963), es licenciado en Psicología de Organización de Empresa por la Universidad de Barcelona(UB), donde también ha estudiado Pedagogía y Sociología. Posee posgrados en Dirección de Empresas por Iese, en Estrategia de Negocios Internacionales por Insead en Fontainebleau-París e IMD en Lausana, y en Comunicación Empresarial por Esade.

Ha trabajado en materias de cambio cultural, participando activamente en fusiones-adquisiciones de empresas multinacionales y proyectos internacionales de desarrollo de recursos humanos como diseñador y *coach* de programas de alta dirección. Asimismo, ha sido director de proyectos estratégicos de negocio en diversos países de la Unión Europea y dirigido empresas en España, Francia, Polonia, Portugal, Alemania y República Checa.

Es profesor de comunicación y dirección de equipos internacionales en el grado universitario y los masters de Esci-UPF, además de profesor del máster de Compras y Comercio Exterior de la Fundación Icil.

PARTE 1
Contextos políticos, económicos y sociales

Pelayo Corella García

Conocer nuestro entorno político y económico es tan importante como saber interactuar con personas de otras culturas. De hecho, para hacerlo es necesario conocer quiénes son nuestros interlocutores, por qué son como son y qué les lleva a pensar como lo hacen. Muchas de esas respuestas las encontramos en su particular evolución histórica. El conocimiento de esas singularidades es, en muchos casos, clave al abordar una negociación.

El estudio de la realidad internacional demuestra, además, que lo que sucede en un mundo tan complejo, caótico y acelerado como el nuestro pocas veces se debe al azar. Todo acto viene precedido por unas causas y conlleva unas consecuencias, y esas consecuencias suelen ser las causas de futuros acontecimientos que, a su vez, generarán nuevas derivadas futuras. Es cierto que en el contexto actual, predecir qué va a pasar es, muchas veces, una osadía. Pero lo es, en parte, por la poca costumbre de detenerse a reflexionar sobre la deriva de los acontecimientos mundiales.

La primera parte de este libro tiene ese doble objetivo: por un lado, demostrar los vínculos existentes entre las decisiones que se toman y las consecuencias de estas en el contexto internacional; por el otro, ofrecer una síntesis que invite al lector a la reflexión. Para ello, presentamos primero una visión global del mundo, y después, nos detenemos en las diversas regiones de manera particular, pero sin perder de vista la interrelación creciente de un mundo a medio globalizar.

Capítulo 1
El mundo, hoy

«La India fue mi primer encuentro con la otredad, un descubrimiento de un mundo nuevo. Aquel encuentro extraordinario y fascinante fue a la vez una gran lección de humildad. Sí, el mundo enseña humildad. Pues regresé de aquel viaje con el sentimiento de vergüenza por mi falta de conocimientos, por la insuficiencia de mis lecturas, por mi ignorancia. Aprendí que una cultura distinta no nos desvelaría sus secretos tan solo porque así se lo ordenásemos y que antes de encontrarnos con ella era necesario pasar una larga y sólida preparación.»

RYSZARD KAPUSCINSKI
Viajes con Heródoto[1]

Dice el diccionario que la perspectiva es «el punto de vista desde el cual se considera o se analiza un asunto». Esa perspectiva está condicionada por quién es el que observa. Los europeos, por ejemplo, suelen plasmar el mundo desde una visión muy «eurocéntrica». El Viejo Continente en el centro; al sur, África; al este, Asia y Oceanía y al oeste, América. El mundo ha cambiado mucho en las últimas décadas y, quienes no reconocen los cambios de fondo que se están produciendo, muchos de ellos estructurales, tienen un serio problema. No detenerse un momento a reflexionar sobre esta cambiante realidad puede llevar a ver el mundo desde una perspectiva equivocada.

Basta con buscar en Internet un mapa del mundo dibujado por un asiático. Europa aparece en la periferia, arrinconada en el Oeste más lejano, mientras que el

---

[1] Ryszard Kapuscinski: *Viajes con Heródoto*. Anagrama, Barcelona, 2006.

centro lo ocupan Vietnam, Camboya, Laos, China, Corea, Japón, Indonesia y el resto de países que pueblan, desde la perspectiva europea, el Lejano Oriente. Si a ese mapa le añadiéramos las cifras de crecimiento mundial, las del potencial futuro, y calculáramos el porcentaje del comercio mundial que representa cada país, así como la evolución de la población, nos percataríamos de que la perspectiva asiática se asemeja más a la realidad que la visión europea.

1 Tensiones y equilibrios mundiales

Esos cambios se están produciendo en un contexto de crecientes desequilibrios. El mundo es multipolar, pero no hace mucho se hablaba de unipolaridad y de superpotencia. Y hasta 1989, de bipolaridad. Todo se ha acelerado. Los cambios se suceden a una velocidad de vértigo y las estructuras de gobernanza se resienten, pues no cubren las expectativas de un mundo cada vez más complejo, en el que la multilateralidad es un reto que hay que aprender a gestionar. Los países pujantes buscan un cambio, un traspaso nítido de poder, y los más desarrollados se resisten a ceder. En cualquier caso, la multilateralidad, como realidad, deja mucho que desear, pues sin la colaboración de todos los actores, la gobernanza mundial naufraga. Y si bien la multipolaridad ideal sería la de la colaboración fraternal de los pueblos, prima la defensa del interés nacional. *Realpolitik* en estado puro. Ayer, hoy y siempre.

Esa aceleración de los acontecimientos históricos arrasó el bloque comunista, tras la caída del Muro de Berlín y la reforma fallida de la *perestroika* moscovita. El mundo, que por entonces era profundamente injusto, pues numerosos países vivían bajo el yugo soviético o bajo la tutela de dictaduras sustentadas por Occidente en pos de una teoría, la de la contención y el reforzamiento del *statu quo,* es hoy algo más justo. Más países viven en democracia y bajo el manto del Estado de derecho. Pero ha habido escasos avances desde la década de 1990. Es más, las pulsiones autoritarias han vuelto con fuerza. Caótico, con fuerzas y actores que desbordan los Estados-nación: las ideologías extremistas, como el integrismo islamista, el terrorismo internacional, los Estados fallidos, la delincuencia organizada… Muchos son los retos a los que hacer frente. Y algunas herramientas han sido rápidamente invalidadas. En su día, se articuló en el marco de la legalidad internacional, frente a la inviolabilidad del Estado, el derecho de intervención por razones humanitarias. Bosnia y Kosovo fueron razones de peso para imponer esa nueva dialéctica idealista en un mundo sin bloques.[2] Pero el

---

[2] Michael Ignatieff: *El nuevo imperio americano.* Paidós, Barcelona, 2003.

abuso del intervencionismo por razones supuestamente idealistas, incluso como prevención, llevó al desastre de Irak. Y el intervencionismo humanitario quedó así deslegitimado. Entonces, ¿qué nos depara el futuro? El poder se traslada hacia países emergentes que defienden valores y normas diferentes de las occidentales. Así las cosas, ¿qué hacer? Ante todo, articular una defensa de intereses comunes. Y no debería ser difícil definirlos, acotarlos e impulsar su cumplimiento: la sostenibilidad medioambiental y la defensa de la dignidad humana, para empezar. Observe el lector que no hablamos de democracia, pues China y Estados Unidos (EEUU) interpretarían este concepto de maneras divergentes. Quizá esa defensa de unos pocos principios e intereses sepa a poco, pero estamos convencidos de que solo la colaboración internacional puede acabar con los grandes males. O dicho de otra manera: los principios necesitan el respaldo del poder, si no podrían desmoronarse ante la cruda realidad. Y si el poder mundial está crecientemente diluido, la defensa de esos principios se reduce al mínimo.

El caso es que a veces olvidamos que la geopolítica tiene fundamentos más sólidos de los que parece. Así, la creciente *asianización* del mundo y el auge del poderío de China y de otros países emergentes, nos demuestran que lo que está en duda es el reparto del poder, no su estructura. Es decir, China busca su nuevo lugar en el mundo, con las herramientas, las instituciones y el sistema económico occidental. Se ha adaptado a ese modelo, con lo que no hay ruptura ni revolución sino profunda reforma. Y EEUU, que en su día impulsó la globalización, se siente ahora a la defensiva. Abogó por la liberalización de los mercados financieros y el libre comercio, pero se resiste a ser globalizado. Y lo mismo le pasa a Europa. Lideraron un mundo sin fronteras económicas y ahora esas fuerzas de mercado les desbordan: las deslocalizaciones industriales, el poderío del denominado capitalismo de Estado,[3] los déficits comerciales y la creciente competencia comprometen la sostenibilidad del Estado del bienestar.

La globalización ha mostrado su cara oculta: la competencia feroz, las economías de escala y la falsa distribución de la riqueza. Se ha creado más riqueza y también se ha reducido la pobreza, pero el mundo es hoy más desigual. No entre países, ya que la distancia entre los más ricos y el resto se está acortando, pero sí internamente: las diferencias sociales crecen. Cabría preguntarse dónde está el límite, qué medidas correctoras se han de introducir para que esa creciente polarización no acabe en desastre. Es importante volver a la perspectiva: la generación de riqueza ha supuesto que millones de personas se incorporen a la denominada

---

[3] «The rise of state capitalism»: *The Economist*, 21 de enero de 2012.

clase media…, especialmente en los países emergentes. En Occidente, en cambio, esa clase media, garante de moderación política y de estabilidad social, sufre las consecuencias de la crisis económica iniciada en 2007 y los embates de una era, en la que se precariza su estatus y la amenaza a su bienestar es real. Cruje, así, uno de los pilares más sólidos del modelo occidental. Hay datos que corroboran esa tendencia: entre 1980 y 2011, los puestos de trabajo industriales en los países miembros del G-7 se redujeron en más de 16 millones, lo que representa un recorte del 26 % de la cifra inicial.[4] Hay que recordar que los trabajos en el sector industrial, dado el valor añadido que aportan a la economía, han estado tradicionalmente siempre mejor pagados que buena parte de los del sector servicios. Su pérdida, fruto de la deslocalización industrial, implica que una parte de la sociedad pierde capacidad adquisitiva. Por el contrario, las ganancias de una minoría privilegiada no han sufrido la misma dinámica. Así, mientras que en 1980 los ejecutivos de las compañías más importantes de EEUU percibían, de media, 42 veces más que el salario medio; en 2001, ganaban ¡531 veces más! Es más, entre 1980 y 2005, cuatro quintas partes del aumento de los ingresos en EEUU fueron a parar al 1 % de la población la más acaudalada.[5]

A ese reparto de riqueza desigual, hay que añadirle la existencia de los paraísos fiscales, gracias a los cuales, las grandes corporaciones, así como ese 1 % más rico, escapan a la presión fiscal de los Estados. Valga como ejemplo Google Spain, que declaró unas pérdidas de 74.683 € en 2011, cuando su facturación ascendió a más de 38 millones de euros. El «truco» está en que la sociedad, radicada es España, imputaba todos los gastos en este país, pero los ingresos los facturaba desde Irlanda, país que goza de unos beneficios fiscales que hacen atractiva su implantación. Y lo mismo podríamos decir de Apple, que reconoció haber pagado solamente un 2 % de impuesto de sociedades en sus operaciones en los mercados internacionales (713 millones de dólares en impuestos, frente a unos beneficios que superaron los 36.800 millones de dólares). El dilema es sencillo, ¿por qué todas estas empresas que operan en numerosos países, que usan las infraestructuras de transporte y de comunicaciones, y se benefician de la organización social (sistema legal, seguridad, etc.), no aportan al fisco como el resto de la ciudadanía? Algunos lo llaman ventajas competitivas; otros, los agujeros negros de la globalización. Lo cierto es que el dinero que dejan de ingresar las arcas públicas es descomunal: se calcula que mediante

---

[4] «La crisis y la industria: The times they are a-changin», Jordi Palafox, *La Vanguardia*, 27 de enero de 2013. El autor es catedrático de Historia e Instituciones Económicas de la Universidad de Valencia.
[5] «Our Banana Republic», Nicholas D. Kristof, *The New York Times*, 6 de noviembre de 2010.

argucias legales las multinacionales estadounidenses dejan de ingresar al fisco unos 100.000 millones de dólares[6] anuales.

Con esas disparidades, defender la globalización se torna complicado. Aumentan las tensiones sociales y las presiones para evitar la competencia de los países que, gracias a unos costes más bajos, atraen el capital internacional y fuerzan nuevas deslocalizaciones industriales. El economista David Rodrik, profesor de la Universidad de Harvard, ha teorizado al respecto. Según él, la globalización plantea un trilema:[7] en el mundo actual, no se puede tener a la vez lo que él llama hiperglobalización, democracia y autodeterminación nacional. «Podemos tener, como mucho, dos de las tres», sentencia Rodrik. Si queremos hiperglobalización y democracia, tenemos que renunciar a la nación Estado. Igual que deberíamos renunciar a la democracia, si optáramos por la globalización y el Estado-nación. La última opción, la de combinar democracia e independencia nacional, requiere olvidarse de una globalización profunda. Se muestra «escéptico» con relación a una profunda gobernanza mundial; entre otras cuestiones, por la existencia de «demasiada diversidad en el mundo» como para armonizar leyes y normas. Su opción: «sacrificar la hiperglobalización». Eso es lo que hizo el sistema de Bretton Woods, en el que se establecieron unas pocas reglas comunes y, «hasta la década de 1980, esas reglas laxas dejaron espacio para que los países siguieran sus propios y posiblemente divergentes caminos hacia el desarrollo económico».

Claro que la hiperglobalización es, al decir de otros economistas, una quimera más que una realidad. ¿Existe de verdad una convergencia y unidad tal de mercado como para hablar de un único mundo? El analista Thomas Friedman[8] apuntaba a principios de siglo que la tierra se había aplanado, pues las fuerzas de mercado habían cimentado un mundo sin barreras. Pero otros autores desmontan esa aparente falacia. Un mundo en el que menos del 5 % de la población vive en un país que no es el suyo de origen, menos de un 3 % de universitarios estudian en otros países, el tráfico de Internet internacional no llega a la cuarta parte del total y las exportaciones apenas suman el 20 % del PIB mundial, no es un mundo muy globalizado.[9]

Independientemente del grado de globalización, se han acumulado muchos desequilibrios. Con la salvedad de países como Alemania, con unos superávits comerciales envidiables, el mundo rico se ha endeudado sobremanera. Y lo ha hecho a

---

[6] Nicholas Shaxson: *Treasure Islands: Uncovering the Damage of Offshore Banking and Tax Havens*, Palgrave MacMillan, 2011.

[7] David Rodrik: *La paradoja de la globalización*. Antoni Bosch Editor, Barcelona, 2011.

[8] Thomas Friedman: *La tierra es plana*. Ediciones Martínez Roca, Barcelona, 2006.

[9] Pankaj Ghemawat: *Mundo 3.0*, Deusto, Barcelona, 2011.

costa de acumular cuantiosos déficits comerciales ante el mundo emergente que, aprendiendo de crisis pasadas, y beneficiándose de la apertura de mercados y de sus bajos costes y economías de escala, ha acumulado milmillonarios superávits. Hasta el punto que el mundo está del revés: el pobre, el emergente ahorrador, presta al rico para que este mantenga su estilo de vida y con él, su capacidad de consumo y de compra. Una compra que hace, en parte, en el mercado emergente. Esa dinámica, perversa por insostenible, tiene necesariamente fecha de caducidad. Que los países emergentes acumulen dos tercios de las reservas de divisas mundiales y que las aumenten diariamente en 2.000 millones de dólares[10] demuestra que la globalización actual, muerto el sistema de Bretton Woods, no ha encontrado el punto de equilibrio. Y eso es nefasto y amenazante para un futuro que pinta de gris un horizonte no muy lejano si no se atisba un cambio.

Pero si hablamos de desequilibrios, conviene no olvidar lo sucedido desde la década de 1980. Tras el fracaso del keynesianismo al hacer frente a la *estanflación* de los años setenta, primó el liberalismo y, por ende, la desregulación de los mercados financieros. Sin duda, el sector de las finanzas ha sido el gran beneficiado del proceso globalizador, lo que le ha permitido crecimientos exponenciales. Su volumen superaba, en 2010, «el 70 % del PIB mundial», y con tendencia a seguir creciendo. De hecho, «el Banco Internacional de Pagos de Basilea aportaba un dato revelador: el mercado de divisas en abril de 2010 movía un volumen un 20 % superior al de 2007, antes de la crisis. Esto significa que cada día se realizan operaciones cambiarias por valor de cuatro billones de dólares, pero solo un 2 % llevaban asociados intercambios comerciales».[11]

La economía financiera se ha sobredimensionado y sus errores en la gestión, así como los de las entidades supervisoras, generaron una de las mayores burbujas de la historia. Las consecuencias son conocidas por todos. Ese peso de lo financiero sobre la economía real empujó, además, a los bancos centrales a dotar a los mercados de mayor liquidez. Nacía así, en palabras de Alan Greenspan, «la exuberancia irracional de los mercados». En paralelo, la falsa ilusión de que la importación de deflación gracias a los precios bajos procedentes de los países emergentes ayudaba a mantener bajo control la inflación, empujó los tipos de interés a la baja aún más. Se sucedieron las burbujas: primero la de las *punto com*; después la inmobiliaria, con las hipotecas *subprime*, y la respuesta fue siempre la misma, intereses más bajos y

---

[10] Emilio Ontiveros y Mauro F. Guillén: *Una nueva época*. Galaxia Gutenberg, Barcelona, 2012.
[11] «Vuelve la tasa Tobin, en versión 2.0»: Susana Ruiz, *El País*, 21 de octubre de 2010. La autora era por entonces la responsable del gabinete de Estudios de Intermón Oxfam.

expansiones cuantitativas. Ante un exceso de endeudamiento y de liquidez, la solución era bajar más los tipos. Esa dinámica, unida a la necesidad de rescatar al sector financiero, afectado por los productos tóxicos que él mismo generó y vendió, puso en una situación crítica a las finanzas públicas, que han de hacer serios y dolorosos recortes, mientras el sector financiero, ya recuperado en muchos países, crece sin apenas cortapisas.

Lo más grave es que de la crisis queda una herencia de la que no se conocen las consecuencias: ¿qué pasará con la inmensa liquidez que inunda los mercados? ¿Tendrán habilidad suficiente los bancos centrales para retirarla antes de generar una oleada inflacionista? Aunque la labor de las autoridades monetarias haya sido quizá meritoria y posiblemente se haya sorteado una depresión económica mayor, muchas economías han acabado en una descomunal trampa de liquidez. Tan dopados están los mercados financieros con los tipos bajos, que éstos ya no surten efecto. Y además, su futura subida puede ser complicada. Primero habrá que amortizar y desapalancar a la economía en un lento proceso, pues la súbita subida generaría una nueva crisis por el aumento de los costes financieros que se transmitirían en cadena hasta el último eslabón: bancos, empresas y particulares. Con tipos de interés rozando el 0 %, la política monetaria queda seriamente limitada.

Del futuro se desprende una conclusión: la liquidez que inundó los mercados y los enloqueció no volverá, así que el crecimiento venidero será más contenido, pues no habrá la facilidad de conseguir créditos abundantes y baratos. Menos crecimiento pero siguiendo un patrón más equilibrado.

2   El poder de los países emergentes

Cuando Jim O'Neill[12] inventó el acrónimo BRIC, no imaginaba el juego que daría. La apuesta que hizo en su día sobre el esplendoroso futuro de Brasil, Rusia, India y China ha calado hondo. Hoy se habla de los BRIC como el paradigma del poder emergente. Y tras esos países, asoman otros que, englobados en los N-11 o los Eagles,[13] muestran un futuro igual de brillante: México, Indonesia, Colombia, Sudáfrica, Vietnam, Turquía, Tailandia, Filipinas, Nigeria, Egipto, Argentina, Perú

---

[12] Jim O'Neill: *El mapa del crecimiento*. Deusto, Barcelona, 2012.

[13] Next 11 (los siguiente once países más dinámicos que, junto a los BRIC, conforman el mundo emergente) y Eagles, acrónimo propuesto por BBVA Research, que significa *emerging and growth-leading economies* (economías emergentes que lideran el crecimiento global).

y Chile. La mayoría de estudios ponen de manifiesto que el crecimiento en esos países no ha hecho más que empezar. Así lo reconoce el informe que periódicamente realiza el Consejo Nacional de Inteligencia estadounidense. En él, se puede leer que China será la mayor economía y sobrepasará a la de EEUU antes de veinte años.[14] Una idea que coincide con las previsiones de la OCDE,[15] que apuntan a que, en breve, la suma del PIB de China e India alcanzará a los países del G-7 y rebasará al conjunto de las economías de los países de la OCDE en 2060. El citado informe reconoce que India disfrutará del mayor crecimiento económico durante el próximo medio siglo, por encima del de China, convergiendo con los países desarrollados. Su PIB, calculado en paridad de poder de compra, representa un 7 % del PIB mundial y en cincuenta años se disparará hasta el 18 %. Por su parte, China, pasará del 17 % al 28 %. Por contrapartida, Europa pasará del 17 % actual al 9 %, y EEUU, del 23 % al 16 %.

Hoy, tres cuartas partes del crecimiento mundial proceden de los países emergentes. China exporta en un día tanto como en todo un año a finales de la década de 1970, cuando abrazó la economía de mercado.[16] Es ese dinamismo el que ha producido el fenómeno del *decoupling* o desacoplamiento, por el que los países emergentes dependen cada vez menos del Norte. Aunque esa realidad existe, la demanda de los países ricos es aún necesaria para sus economías. El reto de los emergentes es no frenar esa senda de crecimiento: se acumularían los problemas de unas sociedades desiguales, de unas clases medias ascendentes, frustradas cuando tenían a su alcance el bienestar soñado y brevemente saboreado. Una ralentización económica redundaría en problemas políticos y sociales.

No es extraño que el Consejo Nacional de Inteligencia estadounidense, en su *Global trends 2030*, alerte de numerosos riesgos. Uno de ellos, el malestar existente ante el aumento de las desigualdades sociales entre los que se sientan ganadores o perdedores, así como entre los países beneficiados y los condenados por una globalización que solo entiende de oportunidades y de un economicismo extremo. Por otra parte, el aumento de la demanda de agua, alimentos y energía provocará movimientos geopolíticos importantes. Un informe de la Agencia Internacional de la Energía apuntaba: EEUU, el país que mayor cantidad de energía consume, será en veinte años casi autosuficiente debido al descubrimiento de recursos energéti-

---

[14] «Global trends 2030», *National Intelligence Council*, diciembre de 2012.

[15] «Looking to 2060: Long-term global growth prospects», *OECD Economic Policy Papers*, n°. 3, noviembre de 2012. OCDE, siglas de la Organización para la Cooperación y el Desarrollo Económicos.

[16] Fareed Zakaria: *El mundo después de USA*. Espasa, Madrid, 2009.

cos en su territorio y al uso de nuevas técnicas de extracción. Esa no dependencia exterior reordenará sus intereses internacionales, permitirá un repliegue de algunas regiones y, en consecuencia, un campo expedito para otras potencias que anhelen controlar las fuentes energéticas y sus rutas marítimas y terrestres.

Washington reconoce en su informe[17] que ya no será más el policía del mundo. Aunque su poder sigue siendo indiscutible, su capacidad e influencia han menguado. Olvidada la era del hiperliderazgo en la década de 1990, la globalización y el dinamismo asiático, unido a los errores de bulto cometidos por EEUU en el liderazgo internacional, abusando del poder duro, el mundo tiende a lo que en su día apuntó el politólogo Samuel Huntington: el «uni-multipolarismo». Otros hablan del «mini-multilateralismo», al estar las relaciones multilaterales en manos de unos pocos. Este lenguaje expresa una realidad confusa,[18] reflejo de la incertidumbre de los interrogantes abiertos en un mundo en evolución, por un poder que transita del Atlántico al Pacífico, y de América a Asia.

Pero, ¿de verdad no hay marcha atrás? ¿Es la globalización actual la antesala del dominio asiático? ¿Está Occidente en decadencia, por viejo, acomodado y poco dado al cambio? Las grandes cifras parecen indiscutibles. Pero visto lo sucedido en décadas pasadas, deberíamos aumentar la cautela cuando se habla del futuro. Cierto es que los países emergentes crecen mucho. Pero hay que hacer memoria. España es un ejemplo de cómo una senda de quince años de crecimiento sostenido puede derivar en un sobreendeudamiento y una crisis sin precedentes que empuja a la emigración. Ruchir Sharma, economista de Morgan Stanley, opina que existe un exceso de confianza en relación con los países emergentes. Sharma considera que históricamente ya ha habido demostraciones palpables del incumplimiento de las previsiones. He aquí un nuevo ejemplo: Japón en la década de 1980 crecía con desaforada energía, iba a superar a EEUU, hasta que la fuerte apreciación de su moneda trastocó su modelo de crecimiento. Bajó los tipos de interés para dinamizar la demanda interna y, fruto del exceso de liquidez, su economía embarrancó...[19]

En relación con los países emergentes, Sharma recuerda que solo un tercio de los mismos han sido capaces de crecer a un ritmo del 5 % de media cada década desde los años cincuenta. «Menos de una cuarta parte han mantenido ese ritmo durante dos décadas, y una décima parte, durante tres décadas.» Tanto es así que solo Malasia, Singapur, Corea del Sur, Taiwán, Tailandia y Hong Kong mantuvieron esa tasa

---

[17] «Global trends 2030», Ibíd.
[18] Fareed Zakaria, Ibíd.
[19] «Broken BRICs», Ruchir Sharma, *Foreign Affairs*, 22 de octubre de 2012.

de crecimiento durante cuatro décadas. A finales de 1960, Myanmar, Filipinas y Sri Lanka fueron consideradas candidatas a tigres asiáticos, pero desde entonces la suya ha sido una historia de fracaso. Otros países que durante años tuvieron fuertes tasas de crecimiento no consiguieron dar el definitivo salto. Ejemplos: Venezuela en la década de 1950, Pakistán en la de 1960 e Irak en la de 1970. Hoy ninguno de los tres goza de una privilegiada posición, además de haber sufrido guerras, golpes de Estado y tensiones políticas y sociales de primer orden. Por todo ello, ¿son creíbles las perspectivas de crecimiento a largo plazo? A todo esto, Sharma recuerda que los BRIC son, en realidad, países muy diferentes, con intereses contrapuestos. Brasil y Rusia, por ejemplo, potencias energéticas, se benefician de los altos precios del gas y del petróleo, mientras que India y China, ávidas de cubrir sus necesidades energéticas, pagan una elevada factura.

3 El reto de los organismos internacionales

Ahora bien, se cumplan o no las previsiones sobre la evolución de los países emergentes, el mundo tiene otro problema: los organismos que surgieron hace casi setenta años para reforzar la gobernanza mundial están caducos y trasnochados. El mundo ha cambiado, pero las instituciones multilaterales no, de modo que ya no son representativas ni legítimas.

El caso más sangrante es el de la ONU. Su Consejo de Seguridad, formado por quince miembros, cinco de los cuales son permanentes con derecho a veto, representa el pasado, y es imposible reformarlo. Las posturas están tan alejadas que parece difícil un acuerdo a medio plazo. Pero ¿qué países gozan de ese privilegio? ¿Japón, la tercera potencia económica del mundo? ¿India con más de mil millones de habitantes? ¿Alemania, el país más importante de la UE? ¿Brasil, en representación del continente latinoamericano? ¿Sudáfrica o Nigeria, de África? Nada de eso, los cinco países con derecho a veto son los que ganaron la Segunda Guerra Mundial: EEUU, Rusia (en sustitución de la URSS), China, Francia y el Reino Unido. Sobran los comentarios.

En el marco de las instituciones económicas, el resultado es parecido. El FMI y el Banco Mundial (BM) han cambiado poco desde entonces, aunque el mundo es otro. El diseño pactado, el del patrón oro-dólar, sellaba el liderazgo estadounidense al ser su moneda la única que tenía un cambio fijo con el oro (35 dólares por onza). Así pues, la convertibilidad pasaba por EEUU. Para el resto, se establecía una paridad semifija, que buscaba estabilizar las relaciones comerciales y evitar las devaluaciones competitivas de los años treinta. La gobernanza de los dos organismos ha estado, desde entonces, tradicionalmente en manos de Europa y EEUU. Se han repartido su control desde su creación hasta el momento actual, y el problema ahora es que el mundo emergente aspira a una mayor representatividad: en las votaciones internas, a través de las cuotas, y en la gerencia de los organismos, tradicionalmente en manos de una persona europea, el FMI, y una estadounidense, el Banco Mundial.

El FMI, además, vivió un punto de inflexión muy claro cuando a principio de los setenta, el presidente Nixon se vio obligado a romper el patrón oro-dólar: EEUU acumulaba déficits comerciales crecientes y, fruto de la guerra de Vietnam, también presupuestarios. Ligado a un cambio fijo, su competitividad era decreciente. Al desligarse y romper el armazón, el sistema de Bretton Woods perdió su razón de ser. Además, la gestión de los grandes asuntos económicos se derivó a reuniones dirigidas por los países más desarrollados, por ejemplo los del G-7 (EEUU, Japón, Canadá, Italia, Francia, Reino Unido y Alemania), tras la caída del Muro, los del G-8, que incluían a Rusia.

Decisiones y reuniones capitales como la que se tomaron en el hotel Plaza de Nueva York, en 1985, o la del Louvre, dos años más tarde, eran fruto del acuerdo entre una minoría de países que dominaban la economía mundial. Hoy, eso no es posible, en parte porque esos países, aunque siguen siendo desarrollados, también están fuertemente endeudados. Cuando, tras la crisis asiática de 1997, hubo que ampliar y dotar con nuevos fondos al FMI, buena parte de la liquidez provenía de los emergentes, que son los que acumulan divisas. No es casualidad, pues, que hoy exista un G-20.[20] Ni tampoco es casual la acumulación de divisas por parte de los emergentes. La crisis asiática y su gestión fueron polémicas y dejaron una profunda huella, causada por la mala administración de los gobernantes, la opacidad de las estructuras económicas imperantes, y por las políticas de liberalización de los mer-cados de capitales que impulsó el FMI. Sin embargo, aquella crisis aleccionó a los dirigentes de los países en desarrollo. La condicionalidad impuesta desde Washing-ton por parte de los organismos multilaterales para recibir ayuda y la unidirecciona-lidad ideológica y económica de las recetas (siempre las mismas) recibieron fuertes críticas. Pero la reflexión y autocrítica se ha producido cuando la crisis ha afectado al Primer Mundo y se han visto de cerca las consecuencias de los ajustes.

Así pues, y a pesar de los cambios superficiales realizados, como la reorganización de las cuotas, y con ellas, de los porcentajes de voto, que en realidad no resuelven el problema de fondo (por ejemplo, Suiza tiene más poder que México, y Francia más que China), el FMI y el BM tienen pendiente una profunda reforma. Algunos de

---

[20] «Five myths about the G-20», Robert B. Zoellick, *The Washington Post*, 28 de octubre de 2011.

los retos económicos a los que nos enfrentamos son: ¿qué pasará con la estructura monetaria mundial? ¿Hasta cuándo el dólar reinará a sabiendas de representar una economía gigantesca, sí, pero desequilibrada y altamente endeudada?

Hace algunos años, uno de los responsables del Tesoro estadounidense pronunció una célebre frase: «nosotros tenemos una moneda, el dólar, y ustedes tienen un problema». Ciertamente, la moneda de EEUU es el referente internacional y la más usada en los intercambios comerciales y en las reservas internacionales; de modo que sus beneficiarios juegan con ella y, en vez de reducir sus déficits, siguen gozando de un exorbitante privilegio:[21] endeudarse aún más. La solución que aporta Washington es imprimir más billetes, aunque se devalúen, y eso les permite seguir viviendo por encima de sus posibilidades. Pero ese modelo tiene de fecha de caducidad por insostenible. La ventaja con que cuenta Washington es que, debido a las ingentes reservas acumuladas en dólares por los emergentes, nadie puede dejar caer el dólar ni la deuda estadounidense sin ver perjudicados antes sus propios balances.

El futuro pasa por un nuevo sistema monetario internacional, que a buen seguro pivotará en torno al dólar, el euro y el renmimbi. Y si el dólar abusa de su posición dominante y de la moneda china, que no cotiza libremente en los mercados internacionales (aunque se augura una lenta pero segura internacionalización del yuan), el que está soportando buena parte de los desajustes mundiales es el euro. La moneda europea, además, sigue bajo el estricto control alemán: no importa lo cara que sea, ya que eso abarata las importaciones de petróleo, y si hay que exportar fuera de la eurozona, ya se encargarán los países miembros de reforzar las políticas en las que prime el aumento de competitividad con devaluaciones internas. La inflación, así, seguirá bajo control y Weimar seguirá siendo un fantasma del pasado sin posibilidad de redención.

Existe el riesgo de que algunos países aboguen por devaluaciones competitivas, es el caso de Japón: su nueva política económica, que apuesta por elevar la inflación e imprimir más yenes para dinamizar la economía y beneficiar a la exportación, puede ser copiada por otros países y originar una guerra de divisas. La salida a este difícil laberinto pasa de nuevo por Washington o, en su defecto, por imponer una limitación a los movimientos de capitales, lo cual se acepta de buen grado como medida excepcional que bien podría generalizarse.

Pero los problemas no se circunscriben al valor y a la cotización de las monedas. En el ámbito del comercio internacional, la OMC, tras los atentados del 11-S,

---

[21] Federico Steinbeg, «Guerra de divisas: entre la política interna y la cooperación internacional». *Real Instituto Elcano,* Madrid, 26 de octubre de 2010.

apostó por ahondar en la regionalización de las relaciones comerciales: ahora los países negocian en bloque o de manera bilateral, ante la posibilidad de hacer extensible a todos, en el marco de la OMC, acuerdos globales referentes a la seguridad alimentaria, las ayudas al campo o el desarme arancelario, entre otros. Aunque eso no quita que el reto siga pendiente. De lo que no cabe la duda es que el mundo de hoy es incierto. Todos se preguntan qué va a pasar. Los mercados no están acostumbrados a esta situación, y confunden incertidumbre con riesgo e inestabilidad. Hoy, las certidumbres no son tales. Son pocos los dogmas inalterables. Las reglas deben adaptarse a una realidad en constante mutación, a caballo de la revolución tecnológica. Con unas democracias en crisis y un autoritarismo desgastado y deslegitimado, la creciente interconexión de los habitantes de un mundo superpoblado abre nuevas oportunidades y obliga a rápidas respuestas, pues los problemas se acumulan. La sociedad es cada vez más impaciente, pero algunos de los problemas que acechan la estabilidad global permanecen inalterables desde tiempo ha... Una contradicción más de un mundo sin igual.

Capítulo 2
El mundo desarrollado

1 Europa, ese proyecto excepcional

¿Qué es Europa? ¿Un continente? En tal caso, ¿cuáles son sus fronteras? Tal y como la conocemos, es una entidad política compleja, fragmentada, dividida y tradicionalmente enfrentada, rodeada por una serie de países, es el caso de Turquía, que han sido desde antaño frontera entre Oriente y Occidente. Europa, geográficamente, es un apéndice de Asia, sin fronteras bien delimitadas aparte de los Urales.

Esa indefinición geográfica es uno de los elementos que han condicionado un continente que ha visto cómo las fronteras bailaban, especialmente en el centro y el este, y cómo los imperios se sucedían entre guerras y desastres que moldearon un particular ADN.

Quizá esa historia, unida a una decadencia visualizada en los desastres de las dos grandes guerras mundiales, doblegó a muchos orgullos patrios y ensoñaciones imperiales. Esa decadencia, unida al liderazgo estadounidense y soviético, propició la refundación de Europa desde un idealismo más propio de otros lares. Europa daba en los años cincuenta del siglo pasado unos pasos que han creado escuela, que la han convertido en un referente de postmodernidad, pues los países que se unieron y se siguen uniendo a ella aceptan renunciar a parte de su soberanía e independencia en pos de un bien común. Algo que, a ojos de un estadounidense, chino o israelí es inimaginable.

Esa Europa sigue siendo un referente frente a otros modelos, más dinámicos y con mejor futuro (teóricamente), pero en los que no hay ni Estado del bienestar ni lo habrá hasta el nivel que en Europa lo ha habido.

Europa, alicaída por la crisis, ha visto cómo la globalización la ha puesto en un brete. Socialmente muy articulada, ve cómo el capitalismo se ha vuelto como un bumerán y los embates de la competencia creciente de países emergente golpean donde más duele: en el recorte del gasto social. Aunque antes de la crisis ya se veía que el Estado del bienestar casaba mal con la globalización: bajos costes salariales, la escasa presión fiscal y la inexistencia de costes sociales en otros países amenazaba la consistencia del modelo económico y propiciaba la deslocalización industrial. Esa Europa de libertades sociales nació en la década de 1950. Ya había habido intentos fallidos de crear nuevas supranacionalidades que pusieran punto final al perenne enfrentamiento de los imperios dominantes, pero la finalización de la Segunda Guerra Mundial fue el punto de no retorno que acabó por forjar el consenso y la fraternidad entre actores antaño enfrentados.

Esos autores fueron básicamente dos: Francia y Alemania. No había más que echar la vista atrás y ver cómo en apenas setenta años, París y Berlín se habían enfrentado en tres guerras (la franco-prusiana de 1870 y la Primera –la Gran Guerra– y la Segunda Guerra Mundial) y en cada una de ellas las víctimas fueron a más.

Cuando Robert Schuman, Jean Monnet, Alcide de Gasperi, Frank Henri Spaak o el canciller Konrad Adenauer entendieron la nueva y cruda realidad, apostaron por una unidad que, por encima de los dilemas o ensoñaciones nacionales, había que imponer en pos de un futuro en paz y prosperidad.

Mucho se ha hablado de la falta de democracia del proyecto comunitario. Y ciertamente así es. Nació de espaldas al pueblo y no sometido a referéndums. ¿Qué hubiera pasado si se les hubiese preguntado a los franceses a principios de los cincuenta si querían ir de la mano de los alemanes en el proyecto de la CECA?[1] Si bien es cierto que la supranacionalidad europea ha estado siempre de espaldas a su propia ciudadanía, y que el llamado déficit democrático puede ahora alejar a la opinión pública del proyecto, no es menos cierto que sin la visión de esas elites, sin su firme determinación en un proyecto conjunto europeo y europeísta, difícilmente existiría hoy la Unión.

En cualquier caso, para entender la UE hay que insistir en esta idea: la razón última del proyecto fue la necesidad de reconciliar definitivamente a París y Bonn. Los franceses suelen describirlo de otra manera: se trataba de buscar un anclaje en Europa de la siempre amenazante Alemania. Vamos, de europeizar a Alemania. Curiosa la paradoja histórica, pues no son pocos los que piensan que lo que ha sucedido es el proceso inverso: la germanización de Europa a través del corsé monetario del euro y las políticas de estabilidad presupuestaria.

El proceso de unión servía a ambos países; y con ellos, a los otros cuatro que se sumaron a la aventura conjunta: el Benelux (Bélgica, los Países Bajos y Luxemburgo)

---

[1] Comunidad Europea del Carbón y del Acero.

e Italia. La Francia de una *grandeur* venida a menos podía utilizar el altavoz comunitario para proyectar su idea de lo que debía ser Europa, mientras que la Alemania avergonzada por el pasado nazi utilizaba el proyecto comunitario y su chequera, con la que pagaba las políticas comunitarias, especialmente la agrícola, como acto de contrición y demostración sincera de su apuesta europea.

Siempre que hubo entente entre las capitales germana y francesa, Europa avanzó. Bien es cierto que con altibajos en las relaciones y con algún que otro encontronazo, como la crisis de la silla vacía.[2] Dejada atrás la etapa del presidente francés De Gaulle, incluso el Reino Unido entró en el club europeo. Los problemas surgieron cuando la entente de París y Bonn se rompió o encalló. En definitiva, cuando el engranaje franco-alemán dejó de ser equilibrado, Europa cambió. Y el punto de inflexión fue la caída del Muro de Berlín y la reunificación de las dos Alemanias.

España apoyó esa reunificación, con lo que el gobierno de Felipe González obtuvo del canciller democristiano Helmut Kohl un apoyo definitivo para conseguir los sustanciales fondos estructurales y de cohesión. Si Europa avanzaba hacia una mayor cohesión y los países miembros abrían sus fronteras, la contrapartida debía de ser transferencias de renta del Norte a Sur. Con ello todos ganaban: el Sur se desarrollaba y el Norte vendía en mercados abiertos y en constante expansión. En la década de 1990, con la reunificación alemana cambió el marco de relación por varias razones:

- Ya no había equilibrio de poder, se había roto para siempre. Si desde la creación de la CEE, Alemania se había comportado como un enano político que dejaba a Francia todo el protagonismo, tras la reunificación, emergía con fuerza en el epicentro del continente: ganaba centralidad mientras otros eran más periferia. Esa centralidad alemana se reforzó cuando la ampliación de la UE hacia el Este convirtió geográfica, política y económicamente a Alemania en el epicentro del sistema.

- Esa Alemania reunificada iba a ser, con el tiempo, más desacomplejada. Hasta Helmut Kohl, todos los gobernantes habían vivido bajo la alargada sombra de la Segunda Guerra Mundial y su dolorosa posguerra; en cambio, los dirigentes posteriores tenían ya otra perspectiva y, con ella, nuevas políticas que poner en práctica. No es casualidad que fuese en el marco de la guerra de los Balcanes,

---

[2] Crisis propiciada por Francia en 1965. Ante el creciente descontento por las políticas impulsadas desde la Comisión, París de ausentó por unos meses de las reuniones del Consejo.

sesenta años después del fin de la citada guerra, que Alemania cambiase su Constitución para poder enviar tropas de paz a un conflicto allende sus fronteras. Antes, esa posibilidad ni se hubiera planteado, o se hubiera desechado en un santiamén en un intento por no despertar los fantasmas y miedos del pasado. Pero en los noventa Alemania había roto con su pasado. Ahora los líderes alemanes ya se atreven a hablar del interés nacional alemán, sin que en Varsovia, La Haya, Praga o París se echen a temblar.

- La deriva de la política y economía alemanas: el tremendo coste que tuvo para las arcas públicas y la década perdida que afrontó la economía germana, con una dura transición en el Este y una revisión a fondo del modelo social, provocó que cundiera el convencimiento de que igualar en rentas a los diferentes países iba a ser muy complicado. Por todo ello, quisieron poner coto al crecimiento del presupuesto comunitario y, precisamente, en un momento en el que entraban diez nuevos países, con unas rentas per cápita que de media rondaban el 60 % de la del resto de europeos, el presupuesto dejaba de crecer.

- El proyecto de moneda única: el euro. Anteriormente ya había habido otros intentos fallidos, como el informe Werner, que en los años setenta abogaba por la creación de una Unión Económica y Monetaria (UEM) o el fallido Sistema Monetario Europeo, que supuso devaluaciones constantes de algunas monedas, como la peseta, o la salida del mismo de la libra esterlina o la lira italiana.

En cualquier caso, lo importante es entender cómo se puso en marcha ese proyecto europeo a pesar de las resistencias de unos y de otros: en pocas palabras, la creación del euro fue la contrapartida que pagó Alemania a su rápida reunificación. Washington vio con buenos ojos la reconciliación germana, pues con ella salía reforzada su gran aliada continental, la República Federal Alemana (RFA), y la Unión Soviética, asediada y agobiada por las guerras intestinas, aceptó el pago de la RFA y se retiró. Así de fácil. Pero ¿qué hacer con Francia? ¿Cómo vencer la resistencia de sus vecinos sin romper la vajilla? En ese contexto hay que entender que se desempolvase el proyecto de UEM y se pusiera en marcha en menos de una década.

Alemania, ya unida, renunciaba a lo que había sido santo y seña del milagro económico y de la estabilidad política, económica y social desde la rápida recuperación en los tiempos de la postguerra: el *deutsche mark*. Y lo hacía haciendo suyo el nuevo proyecto europeo: el euro. Con él, sellaba nuevamente su compromiso para con Europa. Eso sí, Helmut Kohl tuvo primero que doblegar las resistencias del Bundesbank,[3] que no creía conveniente iniciar semejante aventura. Y el resto de Europa tuvo que asumir que la política del futuro Banco Central Europeo (BCE) iba a estar centrada en el control de la inflación: una política de tipos de interés ortodoxa que no daría alegrías a los que abogaran por aumentar, en tiempos de crisis, los flujos monetarios reduciendo en demasía los tipos de interés si eso suponía riesgos inflacionistas. De aquellos polvos, estos lodos.

Junto a esa filosofía, heredada de la trágica historia alemana del período de entreguerras, Europa hizo suya otra imposición germana: el pacto de estabilidad y un riguroso plan de convergencia. Riguroso en un inicio, pues finalmente fue flexibilizado para todos aquellos que, mostrando un alto dominio de la ingeniería financiera, hicieran cuadrar sus números y entraran en la última fase: la implantación de la moneda única. Aunque algunos renunciaron por principios, como los británicos o los suecos, y otros quedaron fuera… por algún tiempo, es el caso de Grecia. No tuvieron más que insistir un poco más en maquillar las cuentas públicas, recurriendo a bancos de inversión y seducir con la mirada a una ensimismada Europa en su grandeza y osadía por aquello de implantar una nueva moneda para 500 millones de personas.

Esa benevolencia inicial sentó las bases del desastre actual. Los problemas de la UEM que ahora han quedado al desnudo fueron denunciados por algunos economistas estadounidenses, entre otros, pero se desoyeron, pues veían en sus críticas una lógica oposición a que naciera una nueva moneda que pudiera un día hacer sombra al dólar. Sin embargo, esas críticas estaban llenas de fundamentos sólidos y lo que no se aguantaba fue el exceso de bondad sobre la que nació el proyecto de la eurozona, sin bases sólidas. Este éxito ha de ser refrendado con profundas reformas si no quiere que la implosión del euro acabe con una historia corta pero intensa llena de éxitos.

1.1 *La Europa de las paradojas*

La Europa que se hizo mayor haciendo la guerra, en plena senectud, recibió en 2012 el Nobel de la Paz. Es curiosa la nueva manera de hacer que tiene el Viejo Continente: renunció a la guerra, dejó atrás el palo (lo que Joseph S. Nye[4] llamó el *hard power* o poder duro), y abrazó con entusiasmo el poder blando o *soft power*. Europa ya no conquista, ahora atrae, seduce y enamora. Aún hay países que sueñan con un día formar parte del club de Bruselas.

---

[3] «Las traiciones del Bundesbank a Europa», Xavier Vidal-Folch, *El País*, 25 de marzo de 2011.
[4] Joseph S. Nye: *La paradoja del poder norteamericano*. Taurus, Madrid, 2003.

Es evidente que su atractivo la ha desbordado. Ya no hay tropas que avanzan por las estepas, ahora hay técnicos, burócratas de Bruselas, que negocian capítulos y capítulos del acervo comunitario, los tomos y tomos de legislación de la Unión que todo país que se precie de ser miembro tiene que hacer suyos.

Nació con seis miembros, se amplió progresivamente hasta quince y en 2004 se produjo la gran ampliación de diez nuevos socios, los de la Europa oriental, cerrando así la cicatriz que dejó la Guerra Fría. Y a esta lista faltaría añadir Croacia, y los que vengan del pozo de los Balcanes. Una ampliación con la que se reunificaba un continente dividido por razones ideológicas, pero que ha comportado una difícil digestión: el presupuesto sigue siendo miserable, apenas un 1 % del PIB europeo.

Y no solo eso, en un momento en el que los acontecimientos se precipitan y las histerias corroen las estructuras económicas, políticas y sociales más o menos sólidas, verbigracia de la furia de los mercados, la Unión Europea no ha conseguido articular una toma de decisiones mínimamente efectiva. La lentitud, las interminables negociaciones, la necesidad de pactar puntos de encuentro chocan con la tozuda realidad: la crisis requiere medidas efectivas, que se ejecuten con celeridad y eficacia, dejando a un lado las componendas y las chapuzas del parche pasajero. Y lo que parecía imposible, las quitas o *hair cuts* de las deudas públicas, son la última solución: entre medio, el deterioro económico, el despeñamiento de las antaño sólidas y estables clases medias y el desbordamiento de una deuda que crece porque, a pesar de los recortes, las economías empequeñecen con caídas del PIB por las políticas que se pactan o, según se mire, se imponen desde el centro.

Si los franceses decían que el objetivo último era europeizar a Alemania, la crisis está acabando por germanizar Europa. Aunque es previsible que la sangre no llegue al río, pues las consecuencias serían negativas para todos: para los del Sur, ya que fuera del euro verían sus economías a la intemperie. Con la posibilidad de devaluar las recuperadas monedas nacionales, sí, pero también con una huida masiva de capitales, con una falta de confianza internacional en su futuro y con el empobrecimiento automático porque cambiaría el valor de la moneda, pero también el de la deuda que se apreciaría en igual medida que se devaluara el nuevo dracma, lira, escudo o peseta. Además, esa devaluación provocaría un aumento de la inflación, pues se pagaría carísima cualquier importación y como los mercados de capitales internacionales seguirían cerrados, la tentación sería darle a la máquina de hacer billetes, reforzando esa diabólica dinámica inflacionista y creando un problema aún mayor. Las ventajas de la devaluación quedarían rápidamente aguadas si no sepultadas por la inflación.

¿Y los del Norte? Los ricos perderían mercados naturales, competitividad internacional, amén del fracaso político que ello supondría y de las pérdidas en las que incurrirían por sus inversiones en activos en los países de la periferia. Su moneda, en este caso el disminuido y reforzado euro, se apreciaría sin igual y supondría un verdadero quebradero de cabeza. ¿A quién exportarían con esos precios? Y en este contexto de política-ficción, si se rompiese la unidad monetaria, cabría preguntarse si no sería lo único que se rompería. La consecuencia lógica sería que los países impondrían barreras los unos a los otros. Por tanto, mejor arreglar los problemas antes de permitir expulsiones.

Otra paradoja: curiosamente, en este contexto de inmovilismo y de creciente enfrentamiento entre países mediterráneos y de la esfera germana, la única solución es remar en la misma dirección. La solución pasa por más Europa.

Los cambios tectónicos que están transformando el mundo también afectan, si bien a menor escala, al Viejo Continente. Aquellos que estaban acostumbrados a mandar quieren pero no pueden. La maltrecha *grandeur* francesa ha visto cómo el poder alemán ha desbordado todas las previsiones. Alemania dirige el timón de la nave, pero ni sabe pilotarla ni hasta la fecha ha querido hacerlo. En medio del temporal, sin experiencia previa, el grumete teutón es ahora capitán.

A eso cabe añadir que no hay una voz europea que hable alto y claro y diga qué camino seguir. Por el contrario, prima la cacofonía y el poder creciente de los Estados, frente a una Comisión, el teórico gobierno europeo, que va a rebufo de lo que pactan los grandes. Sin ese liderazgo, es difícil construir más Europa, pues lo que se impone es el interés nacional sobre el colectivo.

Claro que Europa no es un ente que tenga vida propia: es la suma de las voluntades de los países miembros. Y si éstos prefieren aguar el poder de la Comisión, no es por casualidad. La excepcionalidad de un proyecto como el de la UE, único en el mundo, provoca desajustes como el que sigue: en todo país, hay tres poderes: judicial, legislativo y ejecutivo. Esos mismos se reproducen en el contexto supranacional europeo: un sistema jurídico europeo, un Europarlamento y una Comisión, que hace las funciones de gobierno europeo con sus comisarios-ministros correspondientes. Pero Europa tiene también un Consejo, que es el foro de representación de los diferentes jefes de Estado o de Gobiernos de los 28, que se reúne de manera ordinaria dos veces cada semestre. Y este foro es el que marca hoy la pauta y el ritmo, en detrimento de la Comisión, el gobierno de todos.

Ese complejo entramado institucional tiene su reflejo en las presidencias. Teóricamente, cada semestre un país preside el Consejo y ese país junto al que le precedió y al que le sucederá conforman la troika comunitaria, para establecer un mínimo de cordura y coordinación en las políticas que van a impulsar. Pero es poco tiempo para llevar a buen puerto las buenas intenciones. De ahí que, más allá de la troika, los países decidieron institucionalizar a un presidente del Consejo por un plazo de dos años y medio. El primero en estrenar ese cargo fue el belga Herman Van Rompuy, en 2010. El flamante presidente ha de compartir la representación exterior con el presidente de la Comisión. Y por si eso fuera poco, según el último Tratado, se consolida la figura del antaño Alto representante para la política exterior y de seguridad que ahora pasa a tener rango de vicepresidente de la Comisión. La primera persona en ocupar ese cargo, tomando el relevo a Javier Solana, fue la británica Catherine Ashton. Nadie pone en duda que la UE es la responsable de diseñar una estrategia de salida de una crisis que ha dinamitado parte de los fundamentos poco o nada sólidos que algunos países creían tener en cuanto a modelo económico. Pero en un momento en el que había que discutir con seriedad los orígenes, las causas de la crisis, para reformar y reforzar las debilidades estructurales del proyecto comunitario, los gobiernos venden la realidad actual desde una óptica nacional, secundados por unos medios de comunicación que refuerzan esa dinámica y visión nacional. Es decir, en Alemania, tienen una visión de lo que ha pasado que dista mucho de la que tienen en Grecia. Para los primeros, los griegos han sido unos manirrotos, manipuladores de las cuentas públicas, que han subsistido cómodamente bajo la seguridad de la sombrilla que les daba el euro hasta que la situación se hizo insostenible; los segundos, por el contrario, consideran a los alemanes unos hipócritas, que les están haciendo pagar un precio desorbitado por errores propios y por la voracidad de la banca alemana, que prestaba alegremente y ahora quiere cobrar hasta el último céntimo sin caer en la cuenta de que fueron, en cierta medida, corresponsables del desaguisado. Y por si eso fuera poco, hacen caer gobiernos e imponen gobiernos conformados por tecnócratas que hacen seguidismo del *diktat* germano. Esas visiones contrapuestas dejan en mal lugar el proyecto colectivo. He aquí uno de los grandes problemas: no hay medios de comunicación de ámbito europeo *(Euronews* es una anécdota sin influencia de ningún tipo) ni opinión pública europea. A lo sumo, medios de comunicación, que consiguen un eco paneuropeo por portadas demagógicas, nacionalistas, que poco ayudan a tener una visión europea del problema. Prima lo local. Y así es muy difícil avanzar.

En el marco de la crisis económica, esa creciente divergencia ha sido evidente. Pero ya antes hubo gestos innegables de algunos países de no entender que la Europa ampliada era otra, muy diferente de la original, por ser más plural y diversa. Un ejemplo de los más sonados fue el que se produjo en el marco de la guerra de Irak, que impulsó el presidente estadounidense George W. Bush. Por entonces, Chirac y Schröder, que contaban con buena parte de la opinión pública europea de su parte, se pronunciaron en contra de la guerra en un comunicado que publicitaron alto y claro, tras una cumbre bilateral. La contrapartida fue que los presidentes de España, Italia, el Reino Unido y buena parte de los países del Este signaron una carta publicada en la prensa internacional en la que apelaban, en pocas palabras, a reforzar la alianza con EEUU, dando así cobertura a la estrategia belicista de Washington. Ese contra pronunciamiento enervó a Chirac, quien no dudó en recriminar públicamente el posicionamiento de esos dirigentes de la Europa oriental, recalcando que «habían perdido una magnífica oportunidad» de permanecer callados, como si la visión francoalemana fuese la única posible en la Unión. Esa es la Europa de hoy: plural, con países descolocados por las ampliaciones que ven cómo hay nuevos socios que son más atlantistas que europeístas.

1.2 El rol de los cuatro grandes

Francia

Francia es una de las patas sobre las que se asienta el proyecto europeo. Ha tenido siempre un alto concepto de sí misma. Su historia, su lengua y cultura, su liderazgo europeo… Pero su *grandeur* es historia y París no lo quiere ver o entender. Con un Estado sobredimensionado y altamente endeudado, los embates de la globalización la han convertido en un país a la defensiva. La sociedad francesa siente miedo del presente, y hasta del futuro, pues saben que el amplio Estado del bienestar del que se han dotado es ya difícilmente sostenible. El gasto público es el más elevado de su entorno y existe poco margen para aumentarlo, y si siguen acumulando déficits, no tendrán más remedio que redimensionarlo. Ahora bien, ¿quién le pone el cascabel al gato? Nicolas Sarkozy ganó las elecciones presidenciales con un discurso rompedor, por reformista, alentado por esa Francia que trabaja en el sector privado y que siente que el sector público absorbe demasiada energía, que no es tan eficiente y que, para más inri, los trabajadores públicos gozan de unas condiciones que los del sector privado envidian.

El problema es que en Francia se hacen más revoluciones que reformas. Es una sociedad conservadora a la par que perfectamente estructurada y articulada en un sinfín de asociaciones, sindicatos, oenegés, que tienen una resistencia natural al cambio… hasta que los nuevos tiempos de la historia arramblan con todo. Esa mentalidad de reivindicar lo francés, choca con una realidad anglosajona, con unos valores republicanos (legalidad, igualdad y fraternidad) que al entender de muchos franceses, mayoritariamente de origen magrebí, ni en su país se cumplen.

Esa Francia temerosa del futuro es cada vez más euroescéptica. Recelosa de su identidad y soberanía, las dudas de avanzar por la senda europea entorpecen el liderazgo francés. Altamente ideologizada, es un país falto de cintura pero, y ese es su as en la manga, no hay Europa sin ella. Y con esa baza juega.

Italia

Singular como pocos, el italiano de hoy es una herencia de dos personajes históricos: Maquiavelo y Marco Polo. Por un lado, la *finezza* en todos los ámbitos de la vida, la inteligencia en grado superlativo; por el otro, la osadía y el viajero-viajante, el osado y dinámico emprendedor que sirve como carta de presentación de esa Italia conocida en cualquier rincón del planeta. Claro está que hay otras Italias, más burocráticas y menos eficientes, la que representa, por ejemplo, la clase política, conocida con el apelativo de «casta» por los enormes privilegios acumulados y por lo atrincherada que está en un sistema endogámico, indestructible y cada vez más alejado de la sociedad.

La católica Italia vivió un particular sistema político denominado *conventio ad excludendum* nacido de las cenizas de la Segunda Guerra Mundial, en el marco de la Guerra Fría: había que aislar sí o sí al Partido Comunista Italiano, y para ello y debido a las leyes electorales proporcionales, había que articular mayorías en torno a la Democracia cristiana y un sinfín de partidos minoritarios con los que formar frágiles alianzas. En realidad, en las elecciones había poco en juego: ya se sabía quién iba a gobernar, la DC y sus aliados. Faltaba por dilucidar qué peso tendría cada uno en la nueva alianza. Eso llevó a una creciente *lottizzazione* de la vida pública: desde los ministerios, las direcciones generales a las agencias gubernamentales, pasando por los canales de la RAI. Ese sistema derivó, como es fácil de imaginar, en una corrupción rampante.

La aparición de jueces y fiscales con ínfulas de limpiar el país de corruptos desató una oleada de detenciones, encarcelamientos, suicidios y huídas; el panorama fue catártico. Si a eso le añadimos la aparición y consolidación de partidos antisistema, antiguos herederos del fascista MSI, y la caída del Muro y la pérdida de sentido de una *conventio ad excludendum* frente a un PCI que evolucionaba, no sin fracturas, hacia posiciones socialdemócratas, entenderemos que muchos autores hablasen del fin de la I República. Y así pareció, hasta que, contra todo pronóstico, el magnate televisivo y presidente del por entonces AC Milan, Silvio Berlusconi, pusiese en marcha una increíble maquinaria propagandística, crease una nueva fuerza política, Forza Italia, y de la nada, embelesara a propios y extraños, ganara unas elecciones y se convirtiese en el nuevo mandamás italiano. Pero han pasado los años y los gobiernos, y la refundación quedó frustrada. Antes al contrario, Berlusconi ha representado lo peor del sistema: priorizaba leyes en beneficio propio, peleado con el mundo y con los jueces, amante de la buena vida, del lujo y el desenfreno. Perdió de perspectiva de quién era y cuáles eran sus responsabilidades. Pero esa otra Italia, ducha en la *finezza* y el realismo maquiavélico, maniobró con destreza, descabalgó a *il cavaliere* y se puso manos a la obra con las reformas.

El país del diseño, la moda, los coches rojos y rápidos es también un país de ciudades, menos articulado de lo que muchos se imaginan, pues la división Norte-Sur es alarmante en desarrollo y en mentalidad. Pero frente a esos *debe* hay una historia y unos Maquiavelo y unos Marco Polo en cualquier lugar, con capacidad de poner mesura, buen gobierno y algo de responsabilidad. Se llamen Prodi, Dini, Monti o Draghi, la cantera, y ésa es su ventaja competitiva, es prolija, mucho más amplia de la que algunos creen.

Alemania

Guste o no, es el líder de la Europa de hoy. La economía la ha puesto al frente del volante y sus maneras en la dirección, inflexibles e insensibles a decir de algunos, están enturbiando las relaciones con otros pasajeros de las últimas filas de ese minibús llamado Europa.

De hecho, no es la primera vez que forjan una Europa diferente. Bien podríamos hacer un paralelismo entre Otto von Bismarck, el «Canciller de Hierro», y ahora Angela Merkel. El primero, prusiano de pro, no le tembló el pulso al hilar alianzas para aislar a Francia con un objetivo último: la unificación de Alemania bajo férrea batuta prusiana. A caballo del exitoso *zollverein*, el poderío económico germano emergió con fuerza, dobló el espinazo a Napoleón III y creó un gigante centroeuropeo. Ahora, aunque con otras maneras, el resultado ha sido el mismo: la fortaleza económica alemana ha rediseñado el mapa de poder europeo y la Alemania contemporánea moldea el futuro de la Unión a su antojo, sin contrapesos ni cortapisas de ningún tipo.

Pero a pesar de haberse reunificado, aún hoy existen diferencias entre *wessis* y *ossis*, entre alemanes de la antigua Alemania Occidental y la Oriental. Los primeros han visto con cierto desdén a los segundos, pues se subieron al carro de la RFA y absorbieron una cantidad ingente de recursos, acusándoles de no tener espíritu emprendedor ni trabajador. Por el contrario, los *ossis* vieron a los *wessis* con hartazgo por sus aires de superioridad. Lo curiosos del caso es que ha sido una mujer procedente del Este, antaño ministra de Helmut Kohl, forjador junto a su ministro de asuntos exteriores el liberal Hans-Dietrich Genscher, de la acelerada reunificación, la que ha devuelto a Alemania a lo más alto del pódium europeo por razones de fuerza mayor.

Quedan atrás los años en que la locomotora europea iba al ralentí, años de reformas difíciles de implantar y que supusieron dolorosos ajustes para la sociedad teutona en unos momentos en los que otros volaban alto, caso de España. Impulsora del pacto de estabilidad en el marco europeo, Berlín lo incumplió con asiduidad. Tanto, que impulsó su flexibilización. Ahora, esa flexibilidad ha mutado en inflexible intransigencia para que los demás cumplan sin excepciones ese mismo pacto. Pero aquellas reformas, que ahondaron en una mayor desigualdad social, permitieron ganar una enorme competitividad al potentísimo entramado industrial, y a lomos de esa industria, avanza ahora el poderío germano contra viento y marea.

Las reformas, la larga crisis y la lenta recuperación tuvieron efectos colaterales: el deterioro de las condiciones de vida de muchos alemanes. Poco desempleo y mucho *minijob*. Eso supuso un fuerte desgaste para los dos grandes partidos (la CDU-CSU y el SPD), que compartieron una *grosse koalition*, y un auge de los pequeños (los liberales, los Verdes y la Izquierda, que es una amalgama de desencantados del SPD y los ex comunistas de la antigua RDA). Aun así, el tirón de Merkel ha propiciado la recuperación de su partido y ha frenado una dinámica que amenazaba con fragmentar aún más el mapa político germano.

Con una economía volcada al mundo de la exportación, la demanda interna es poco representativa de la solidez de su economía. Pero esa apuesta exterior tiene dos caras: en el ámbito económico, los superávits comerciales la dotan del poder suficiente en Europa para imponer su ley. Lo curioso es que así como en la gobernanza del euro, Alemania ha dejado su impronta, en la gobernanza de la política exterior europea, se ha desentendido por completo. Poco acostumbrada a ser activa en ese ámbito, hoy Alemania no lidera, más bien vuela sola. Las razones quizá habría que buscarlas en su dependencia energética con Rusia y en su voluntad de tener un canal abierto permanentemente con Pekín, con el que tienen, a diferencia del resto de los países desarrollados, superávit comercial.

Reino Unido

Dicen los británicos que cuando hay niebla en el canal de la Mancha, Europa queda aislada. Esa particular visión es fruto de su condición insular. Orgullosos de haber resistido el ataque de numerosos imperios: desde Napoleón a la Alemania de Hitler, los británicos siguen pensando que el epicentro del mundo pasa por Londres, lo que no es, si exceptuamos el poder financiero de la *City*, más que una ensoñación de su pasado imperial.

Esa particular cosmología del mundo ha provocado que históricamente el Reino Unido haya desarrollado desde siempre una pragmática política de alianzas que, en el contexto europeo, tenían una máxima: evitar que una potencia rompiera el *statu quo* dominante, y allende los mares le sirviera para, poco a poco, consolidar sus posiciones de ultramar, hasta constituir el imperio más grande de la historia. Por eso mismo, el Reino Unido ha sido visto siempre como un país que tenía intereses, no aliados.

Claro está que ese imperio, acabada la Segunda Guerra Mundial, se vino abajo, con lo que no es de extrañar que con la misma ironía de un británico, el que fuera Secretario de Estado con Harry Truman, Dean Acheson, dijese aquello de que «Gran Bretaña ha perdido su imperio y aún no ha encontrado su papel».

Desde entonces hasta ahora, y en particular desde el fiasco del Canal de Suez en 1956, el canto del cisne del imperialismo europeo,[5] los británicos apostaron fuerte por ser el puente entre Europa y EEUU. Esa estrategia era natural a su propia esencia, pues Londres tenía una relación especial con la que fue su antigua colonia. El problema es que desde hace algunos años, EEUU mira más hacia Asia que hacia Europa. Las amenazas al liderazgo estadounidense provienen de Asia y hacia allí dirige EEUU su interés. Europa, y con ella el Reino Unido, es más periferia hoy que ayer y seguramente menos que mañana.

Si a eso le añadimos que en Gran Bretaña ha habido un fuerte resurgir del euroescepticismo, y que existe el serio riesgo de que un día no muy lejano el Reino Unido vote en referéndum la salida de la UE,[6] entenderemos que Londres está en una situación complicada. Si no es capaz de reconducir su euroescepticismo y negociar con Europa una tercera vía, las consecuencias políticas y económicas pueden ser más que notables. Solo los *lib-dem* siguen apostando fuerte por Europa. Incluso los laboristas están dejándose arrastrar por ese *mainstream* euroescéptico. Muchos británicos, entre ellos el primer ministro, David Cameron, ven y entienden la UE como un invento mercantilista y muestran su incomodidad ante un proyecto que avanza lento pero seguro hacia una mayor unión política. Al otro lado del Canal también existe un creciente hartazgo ante las constantes reticencias de Londres a seguir avanzando. Evidentemente, con la ruptura perderían ambas partes, pero quizá la niebla fuese más densa en Dover, aunque los euroescépticos británicos hoy no lo vean así: solos, en un mundo de gigantes... Pero los ingleses creen no haber perdido el paso ante un mundo acelerado, a diferencia de la esclerotizada Europa.

Pero si hacemos un retrato del Reino Unido contemporáneo, no podemos dejar fuera del cuadro a Margaret Thatcher, la conocida como la Dama de hierro, que

---

[5] «El castigo de Eden», Xavier Batalla, *La Vanguardia*, 13 de mayo de 2007.

[6] El primer ministro David Cameron anunció en enero de 2013 su voluntad de celebrar antes de 2017 un referéndum en el que los británicos definan si quieren seguir siendo parte de la Unión. Hasta entonces, Londres pretende renegociar algunos aspectos que le permitan descolgarse de determinadas políticas europeas.

le echó un pulso a los sindicatos en los años ochenta y los derrotó, y liberalizó la economía británica. Significó, sin entrar en juicios políticos, un antes y un después, un punto de inflexión que cambió la historia de la Gran Bretaña. Su herencia fue asumida hasta por el nuevo laborismo de Tony Blair, que rompió moldes con su discurso keynesiano y consiguió centrar un partido, el Laborista, que estaba estrechamente ligado y asociado a los sindicatos. Éste, a su vez, cedió el testigo a su *exquecher* o Ministro de Finanzas, Gordon Brown, quien bastante tuvo con mantener en pie la libra y la economía, tras el vendaval de la crisis. La *City* ha sufrido con todo lo sucedido y es evidente su responsabilidad, pero es tanta su influencia y su poder que, de momento, no ha salido trasquilada. Los ajustes que la economía necesita se están realizando en otros sectores.

Por último, quizá la *cool Britannia* puede estar en crisis, que lo está, pero sigue gozando de una vitalidad descomunal en numerosos ámbitos, con sectores dinámicos y altamente competitivos. El sector del país con un intangible que vale su peso en oro es el de la cultura (música, cine, literatura…), que la convierte en un punto de referencia internacional del que pocos países en el mundo, excepción hecha de EEUU, pueden gozar.

1.3 *La crisis transformará la Unión*

Dejemos clara una cuestión: la solución del euro no es económica, es política. En el actual contexto de globalización, el poder de los mercados ha martirizado a numerosos países de la periferia europea no solo por los desequilibrios económicos sino también porque desde la política no se han querido atajar de buen principio. En consecuencia, los problemas se han agravado, priva la defensa de los intereses nacionales por encima de los europeos y no se alcanzan nuevos acuerdos que remedien las imperfecciones del modelo de UEM aprobado en los años noventa.

¿Falta de liderazgo? ¿Se añoran quizá las cumbres y la entente entre Miterrand, Kohl o Delors? Lo cierto es que la complejidad de los problemas de hoy es mucho mayor que la de antaño: la economía global está más entrelazada, los desequilibrios son mayores y las amenazas también. Eso sin olvidar las antiguas manifiestas incapacidades ante el problema de los Balcanes. ¿Cómo es que diseñaron un sistema de unión monetaria tan imperfecto y con unas bases tan endebles? Básicamente porque siguieron la senda tradicional, para avanzar se pacta unos mínimos y tiempo habrá en el futuro de resolver los detalles más espinosos. Así se diseñó la estructura de la UEM y así se está actuando para resolver la crisis del euro actual.

Si a un lado del ring mundial está EEUU y al otro emergentes como India o China, no tiene sentido que Europa dude en la dirección que ha de seguir, como tampoco qué instituciones deberían liderar la nueva partitura: el liderazgo intergubernamental debilita el proyecto europeo, ya que antepone los intereses nacionales a los colectivos. Construir así Europa es una quimera o una heroicidad. Pero no hay marcha atrás: las consecuencias serían harto desastrosas. Por eso mismo, las soluciones requieren tiempo y consenso. En la situación crítica en la que se encuentran España, Grecia, Irlanda y Portugal esa espera resulta exasperante e irritante, pero es el tradicional *modus operandi* comunitario. Cierto es que los equilibrios tradicionales han dado paso a una asimetría en el reparto del poder. Y el Norte desarrollado, y el que financia en última instancia las políticas de rescate, marca el ritmo, los pasos y lo lejos que hay que ir. Frente a esa aparente pasividad o racanería, nos encontramos con la frustración y el agobio del Sur. Lógico, comprensible y muy humano.

No es cuestión de buscar culpables a la situación, pues culpables fueron todos los que se sumaron a un proyecto y no vieron las insuficiencias del sistema y sus debilidades. Y si las vieron, no valoraron en su justa medida los riesgos que acechaban por ese *buenismo* y exceso de optimismo europeísta en torno al euro que desató la euforia en los mercados. No haremos un exhaustivo repaso de lo sucedido, pero sí vale la pena recordar algunos pasajes de esta turbulenta historia para sacar algunas conclusiones.

Con la desaparición de las monedas nacionales, desapareció el coste de transacción, con lo que aumentó la eficiencia y el dinamismo económico entre los países miembros. Todos ellos se beneficiaron, aunque unos más que otros. Para empezar, la política monetaria heredó la filosofía del Bundesbank, y siguió los principios alemanes de ortodoxia monetaria. Los países de la periferia perdían así una herramienta clave para hacer frente a los desajustes que se iban a producir en las balanzas por cuenta corriente: ya no podrían devaluar para hacer más rápidos y asumibles los ajustes venideros, ni tampoco poner unos tipos de interés acordes a su marcha económica, pues estaban supeditados a la evolución del conjunto y el conjunto lo lideraba Alemania.

Pero todo eso no se veía pues había en el sistema, antes de la crisis, un gran flujo de dinero que venía directo desde el Norte. ¿Y eso por qué? Muy sencillo. Alemania tradicionalmente ha tenido un modelo de crecimiento basado en el dinamismo del sector exportador. Su demanda interna ha sido siempre inferior proporcionalmente a la de otros países. El ahorro alemán, por tanto, desbordaba a la banca alemana. Esta no podía dar salida a ese exceso de liquidez si no era en países con una fuerte demanda de inversión. Por tanto, sin costes de transacción, el mercado interbancario europeo abrió los grifos y algunos países, entre ellos España, recibieron una lluvia de millones en su sector privado. Por si eso no fuera poco, los tipos de interés que marcaba el Banco Central Europeo fueron cayendo hasta estabilizarse en el 2 %. Era un precio bajísimo para una España donde buena parte de la población recordaba tipos hipotecarios que rondaban el 14 o 15 %, que crecía con fuerza. Pero ese crecimiento producía tensiones inflacionistas superiores a la media, lo que perjudicaba su competitividad.

Ese precio del dinero tan barato iba a convertirse en un chute de masa monetaria que no tardaría en crear problemas. En España, la locura inversora provocó que el sector de la construcción cayera en una deriva: que en un año, en España se concedieran más visas para construir viviendas que en Francia, Alemania e Italia a la vez, debería de haber llamado la atención y alertado a las autoridades. Pero en la época del dinero fácil, los bancos ganaban dinero, el español medio se creía rico, pues tenía una casa que cada vez se revalorizaba más, las autoridades recaudaban vía impuestos y contaban con unos recursos jamás imaginados... Y así todos. Pero he aquí que cuando la burbuja explotó, los problemas se precipitaron.

La economía empezó a desacelerarse, el miedo que cruzó el Atlántico después de que en agosto de 2007 estallara en EEUU el problema de las hipotecas *subprime*, provocó una creciente restricción del crédito. Y sin acceso al crédito, la dinámica endiablada descarrilaba. La economía se frenó, el desempleo aumentó, así como la morosidad, y los balances de los bancos se llenaron de viviendas que perdían valor. El caso es que los bancos tenían que devolver a través del mercado interbancario el dinero prestado por entidades de muchos países: euro que caía en sus manos, euro que retenían para hacer frente a sus pagos. Sin crédito, hasta las empresas más sostenibles empezaron a tener problemas de liquidez, el flujo de caja se agotaba y entonces sí, la pesadilla se hizo realidad.

Visto en perspectiva, la irresponsabilidad de todos los actores fue mayúscula:

- La autoridad monetaria europea mantuvo los tipos bajos porque beneficiaban al Norte, en detrimento del Sur, que vivía con unos intereses que, en realidad, rozaban los tipos negativos (si el tipo aplicado era del 3 o el 4 %, gracias a las cláusulas de revisión salarial, los sueldos aumentaban a ese ritmo de un año para otro, con lo que el coste de endeudamiento era igual a cero).
- Los bancos del Norte prestaron con alegría, sin calcular los riesgos que incurrían, primero el beneficio a corto plazo antes que valorar los problemas futuros; los bancos del Sur incurrieron en un exceso de riesgo del ladrillo en sus balances.
- Fallaron las entidades reguladoras nacionales, los respectivos bancos nacionales, por dejación de funciones y no alertar a tiempo de los riesgos y proponer

cambios en la legislación que obligara a moderar la alegría crediticia de las entidades financieras.
- Las agencias de *rating* no calcularon los riesgos de las titulaciones hipotecarias que avalaban con suma alegría al trabajar a comisión del banco emisor.
- Y por último, falló el promotor inmobiliario, la constructora y el ciudadano de a pie que se endeudaron muy por encima de sus posibilidades.

1.4 Conclusiones

¿Qué ha sucedido?

Muchos ven cómo el Norte ha impuesto su ley y, en vez de repartir las culpas, está obligando a una cura de adelgazamiento en el Sur que se está llevando a cabo en un corto espacio del tiempo, lo que agrava la solución y no resuelve el problema.

¿Cuál es el problema?

La crisis, que vino por un exceso de endeudamiento privado, dio paso a una política expansiva del gasto público que chocó con una dura realidad: si la economía se contrae, aumentan los gastos y se reduce la recaudación. Y si eso sucede de manera reiterada y profunda, el endeudamiento público se dispara. Si el país ya está en la picota, el margen de endeudamiento y la confianza internacional se evaporan. En consecuencia, cualquier país ha de pagar un sobrecoste, que es lo que se denomina prima de riesgo. Esa prima de riesgo es la que amenaza la recuperación.

¿Hay que pagar la deuda?

Sí, aunque en parte es injusta. Una parte corresponde a los desmanes españoles, pero otra habría que imputarla a las dudas que genera el proyecto europeo en los mercados internacionales. Una manera de poner coto a esa escalada sería que Alemania abriera la mano y ayudara. Lo que no parece el caso en el corto plazo.

Una prima disparada carga los costes financieros de una manera que ningún país podría hacer frente a los pagos. La manera de salir adelante es pedir un rescate. Pero ese rescate tiene precio y condicionantes. Y ahí está el dilema y la crítica que se hace a Alemania. La factura la paga íntegra el endeudado, no el que permitió y alentó a este a seguir pidiendo créditos. Todo prestamista sabe que corre un riesgo. Con las medidas que se han puesto en marcha, con el fondo de rescate creado para la reestructuración del sistema financiero español, el Norte ha puesto como garante al Estado español. Es decir, en caso que una entidad financiera no pueda devolver la ayuda, esta la pagará España (o Irlanda o tantos otros). Europa, de romperse, se quebraría por el eslabón más débil: el deudor.

Distintos enfoques

Así pues, en Madrid, Atenas, Roma, Dublín o Lisboa, Alemania es mala, insolidaria y su visión cortoplacista sume en la depresión a unas economías que, con mayor aliento y ayuda, saldrían antes del brete en el que se encuentran. En el Norte, el enfoque es muy distinto. Durante los años de bonanza, Alemania contuvo los salarios, recortó el Estado del bienestar y atravesaron un largo *via crucis* que ahora les ha permitido despegar con fuerza. La opinión pública alemana considera que antes que pagar a fondo perdido los desmanes de los demás, estos deberían sufrir la misma receta de austeridad. Y en algo tienen razón: España, que en 2007 acumuló un déficit por cuenta corriente del 10 %, algo estaba haciendo mal. Para cuadrar las cuentas, el país necesitaba financiación por valor de 100.000 millones de euros. Una auténtica barbaridad fruto de la pérdida creciente de competitividad, del ensimismamiento del crédito fácil y del tirón constructor que redujo el paro a la mitad y el consumo, disparado, impedía ver cuán cerca estaba el frenazo. Por tanto, una idea ha de quedar clara: la crisis española no se debió a las *subprime* americanas, tarde o temprano, la famosa portada de *The Economist* titulando *The party is over* [La fiesta se ha acabado] con un toro arrodillado se hubiera publicado igualmente. Durante los años de bonanza, España abandonó cualquier política reformista, pues tienen un coste social y electoral, y apostó por crédito fácil, la baja productividad, el turismo y la construcción.

Para salir definitivamente del trance, ha de corregirse un defecto que se pasó por alto en su momento: si bien es cierto que para atender las necesidades del centro, se condenó a la periferia, esta olvidó hacer sus deberes y, en tiempos de crisis, hacerlos siempre tiene un sobrecoste.

De cara al futuro

Europa está sentando las bases para evitar la ruptura. En pocos años habrá más unión política y económica. Desde Bruselas se hará un estricto seguimiento de los presupuestos nacionales que cada Gobierno realice para evitar sorpresas como la griega, así como una fiscalización por parte del BCE de las entidades financieras más importantes del continente. La convergencia fiscal también está cantada. Por todo ello, la Europa del futuro será más compacta, y la condicionalidad macroeconómica será cuasi absoluta. El futuro pasa por impuestos de ámbito europeo que financien esas políticas y esos mecanismos de rescate, como los fondos MEDE, que la crisis actual ha demostrado vitales. Lenta pero segura, Europa avanza.

No obstante, sigue faltando la visión global para la búsqueda de soluciones colectivas, pues precisamente la mentalidad local de algunos es la que va en contra del proyecto común.

Tampoco hay que olvidar algunas cifras importantes, como recuerda el presidente del Real Instituto Elcano, Emilio Lamo de Espinosa: en la segunda mitad del siglo XX, la población mundial se duplicó, pero ese crecimiento vegetativo esquivó al Viejo Continente. Así, a día de hoy, de los veinte países más poblados del mundo, solo uno es europeo: Alemania. El problema, entonces, ¿cuál es? Pues que «quizá no seremos problema para nadie, pero tampoco la solución de ningún problema». O lo que es lo mismo, «los europeos estamos convencidos de que somos una potencia mundial, pero, por desgracia, el mundo no se ha enterado».[7]

2 EEUU, el liderazgo inevitable

Henry Luce, editor de la revista *Life*, afirmó en la década de 1940 que aquel iba a ser el siglo de Estados Unidos. Y ciertamente lo fue. Como lo está siendo el XXI… Ese liderazgo se produjo por méritos propios y por los flagrantes deméritos de otros. Simultáneamente al suicidio colectivo europeo tras dos guerras mundiales, EEUU, incluso tras el traspié del *crash* de 1929 y la posterior depresión, alcanzó un liderazgo mundial.

En el primer tercio del siglo XIX, siguiendo la doctrina Monroe, Washington marcó lo que consideraba su área de influencia. Lanzaba un toque de atención a países como el Reino Unido, en pleno proceso de construcción de su imperio: tras la independencia de las colonias españolas, no iba a permitir nuevos intrusismos en *su* continente. Pero de ahí a liderar el mundo, hay un abismo. En 1945, ganada la Primera Guerra Mundial, el presidente Wilson, del partido Demócrata, tenía un plan que quedó perfectamente reflejado en sus famosos 14 puntos. Pero con un Senado

---

[7] «La necesidad de Europa», Emilio Lamo de Espinosa, *ABC*, 14 de diciembre de 2012.

en manos republicanas, la idea que tenía Wilson del rol que debía desempeñar su país saltó por los aires, pues él, que había propuesto crear la Sociedad de Naciones, vio cómo el Senado votaba no participar en ese invento idealista, que bien podría EEUU haber liderado, políticamente hablando.

La consecuencia de todo ello fue que el país se replegó. Vivió, eso sí, intensamente los años veinte, asociados al crecimiento económico y a cierta alegría consumista, con el *boom* del capitalismo popular y la burbuja de Wall Street, que no tardó en estallar en el 29. Una época perfectamente retratada por Scott Fitzgerald en *El Gran Gatsby*, que desembocó en la Segunda Guerra mundial. En 1945, tras la claudicación alemana y japonesa, la Casa Blanca sabía que no podría repetir el esquema del pasado. EEUU gozaba de una posición privilegiada y no iba a desaprovechar la oportunidad de moldear el nuevo mundo a su antojo. De hecho, ya había sentado las bases un año antes, en la conferencia de Bretton Woods, con el diseño de una nueva estructura económica mundial. Esa voluntad se veía condicionada, además, por la consolidación de la Unión Soviética y la amenaza que eso podía suponer para el capitalismo que EEUU decía defender.

Así pues, Washington tomó el relevo de un liderazgo que hasta entonces había estado en manos europeas. Las razones se debieron a las bondades de un país joven, tremendamente dinámico, en expansión y sin las ataduras de imperialismos y enfrentamientos atávicos con sus vecinos. Esa rápida consolidación del poderío estadounidense se realizó en un entorno geopolítico tranquilo.. Al Norte, Canadá; al Sur, México. Y nada más. ¿Amenazas? Ninguna. Esa voluntad de liderazgo costó de asimilar e institucionalizar, pero ahora es innegable. De hecho, ya desde el siglo XIX, los estadounidenses han tenido la sensación de vivir en un país excepcional, guardián de las esencias democráticas, paladín de la libertad y defensor del capitalismo. Y según el país avanzó, creció, se consolidó y aumentó su poder, ese convencimiento se ha querido exportar allende sus fronteras. En algunos casos, con resultados desastrosos para EEUU y para aquellos países que decía querer defender y alentar en su lucha por una democracia. Vietnam es el paradigma de esa falsa ilusión.

Dicho esto, EEUU, a pesar de ser la primera potencia mundial, haberse convertido en el faro de medio mundo y ser un referente internacional en muchos ámbitos (sus películas y el correspondiente *star system*, su música, las modas urbanas, las figuras deportivas…), sigue siendo, según se mire, un gran desconocido. Despierta pasiones y odios, gran aceptación y profundos rechazos. Un caldo de cultivo ideal para que los tópicos medren y distorsionen una realidad compleja, fruto de una evolución histórica muy particular, que moldeó un país tremendamente heterogéneo.

Simplificando, podríamos dividir el país de dos maneras diferentes. Una primera, con una línea imaginaria horizontal que dividiera el país entre Norte y Sur. Esa división llegó a ser tan real que en el siglo XIX protagonizó una guerra civil: la Guerra de Secesión fue fruto de dos visiones contrapuestas. El Sur, agrícola y conservador, había evolucionado a través de un modelo social muy particular: grandes haciendas, monumentales campos de cultivo, especialmente de algodón, que requerían abundante mano de obra. De ahí su apego y aferrada defensa de la esclavitud con el consiguiente sometimiento de millones de esclavos originarios de África, sin derechos de ningún tipo. Los blancos pobres aceptaban ese *statu quo* porque significaba que no eran ellos la base de una pirámide social, dominada por una minoría blanca, rural, conservadora y refractaria a que la capital federal, Washington, interviniera en sus asuntos y en su modelo y estructura política, social y económica. Un modelo que abogaba por el librecambismo, pues los hacendados aspiraban a vender sin barreras de ningún tipo el algodón a las fábricas británicas, en plena consolidación de la incipiente Revolución Industrial.

Por el contrario, en el Norte, sin grandes extensiones ni parcelas, la esclavitud no resultaba tan rentable, por lo que se abolió. Su modelo económico, además, apostó más por la industria. Pero era una industria incipiente, que poco podía hacer frente a las fábricas de Leicester, Liverpool o Manchester, de modo que defendía ciertas dosis de proteccionismo. El Norte se urbanizó más y mejor; en las ciudades, los valores avanzaron y evolucionaron más que en el entorno sureño. Tanto es así que esa sociedad, más articulada, vio nacer grupos abolicionistas que aspiraban a finiquitar la esclavitud. Esa contradicción en dos modelos llevó a la guerra: el Norte defendía la Unión y el poder federal; el Sur, refractario a esa imposición y uniformización, defendía el derecho de los Estados a legislar y conservar sus particularidades socioeconómicas y políticas. Y esa herencia aún es visible en el sustrato sociológico y político actual.

Esas cuitas políticas han tenido unas consecuencias electorales muy claras, que demuestran esas diferencias territoriales: si tras la Guerra de Secesión, el presidente Lincoln, republicano, abolió la esclavitud, no es extraño que durante un siglo, el Sur estuviese bajo control demócrata. No fue hasta que las administraciones de Kennedy y Johnson (demócratas), alentados por la lucha de los derechos civiles de la década de 1960, se comprometieran con el fin del segregacionismo, que el Sur viró hacia el partido Republicano. Un apoyo que se ha mantenido inalterable hasta nuestros días, pero que la inmigración hispana presente y futura puede hacer variar.

La otra divisoria que ayuda a dibujar esas diferencias territoriales tan profundas es la vertical. Podrían trazarse sendas líneas que dividirían EEUU en dos: por un lado, los estados costeros del Atlántico y del Pacífico, frente a los estados del interior. Por razones obvias, no es lo mismo Nueva York, California, Florida u Oregón, que las dos Dakotas, Nebraska o Montana. Los primeros, son estados bañados por ambos océanos, dinámicos, en contacto permanente con el exterior, que se convirtieron en la puerta de entrada de la inmigración. Estados, con un dinamismo especial, en los que se visualiza ese *melting pot* tan ensalzado por la corta pero intensa tradición estadounidense. Tierra de acogida y de promisión, en la que los inmigrantes trabajaban duro para escalar en la pirámide social. Estados más tolerantes, plurales y diversos. Una heterogeneidad que se veía en las calles, escuelas y universidades, y también en las empresas, abiertas a captar talento independientemente del color de la piel, la ideología o la fe que se profesase el trabajador. Pragmáticos y flexibles, tienen una mentalidad más abierta a lo que sucede en el mundo, pues muchos vinieron de ese mundo en busca de un futuro mejor. El contrapunto se encuentra en el interior. Un país históricamente más conservador, homogéneo y blanco. Sí, blanco. Esos estados son el paradigma del WASP *(white, anglo-saxon and protestant):* del hombre blanco, anglosajón y protestante. Políticamente, votantes republicanos. El problema para esta parte del país es que cada vez son menos, pues el patrón demográfico está en constante evolución.

Así, según datos del censo estadounidense, en 2043 la raza blanca será una minoría frente al resto de grupos étnicos. La que crece es, sin duda, la minoría hispana: en la segunda mitad del presente siglo, un tercio de los estadounidenses tendrán ascendentes latinoamericanos. No es extraño, pues, que en 2012, por primera vez, hubieran más nacimientos de origen hispano, asiático y afroamericano que blancos.[8] El cambio se debe al creciente envejecimiento de la generación blanca de los *baby boomers*, que nacieron entre las décadas de 1940 y 1960, además del empuje de la inmigración. La combinación de estos dos factores está cambiando la composición étnica del país, y eso tiene serias repercusiones en la política. Como muestra, los resultados de las dos victorias electorales del presidente Obama.

2.1   *Los valores americanos*

Vista la heterogeneidad territorial y étnica, es cierto que existen ciertos valores que la sociedad estadounidense comparte ampliamente. Valores gestados en un entorno histórico, político, social y económico que difiere, y mucho, del existente en la Vieja Europa. No es extraño, pues, que unos piensen que Europa es una arcadia socialista, pacifista y venida a menos,[9] mientras que otros piensan que EEUU se resiste a

---

[8] United States Census Boreau. www.census.gov
[9] Robert Kagan: *Poder y debilidad.* Taurus, Madrid, 2003.

reformar el mundo hobbesiano en el que vive y en el que se siente confortable recurriendo reiteradamente al uso de la fuerza. Sea como fuere, toda caricatura puede tener una base real, pero a veces la distorsión es tal, que por el camino se pierden los detalles.

En EEUU el Estado es algo nuevo, en algunos casos, muy nuevo. En el proceso de formación del país, que transcurrió en los años que van desde la Independencia (1776) hasta finales del siglo XIX, la colonización de los diversos territorios llevaba a que los colonos, organizados políticamente bajo parámetros democráticos, derivó en la constante ampliación de la Unión, previa constitución de la estructura política y administrativa de los diferentes Estados. Por tanto, la tutela del Estado vino en muchos casos después de que los colonos se asentaran en un territorio vasto y desconocido, y que, tras un arduo trabajo, gozaran de ese nuevo estatus.

En ese contexto histórico, el historiador F.J. Turner[10] elaboró la teoría del hombre de la frontera. Para Turner, «la frontera es la línea de americanización más rápida y efectiva». Según avanzaba hacia el Oeste esa línea, más se alejaba de las influencias de los oriundos de la costa, descendientes de europeos y, directa o indirectamente, influenciados por cualquier moda, ideología o tendencia procedente del Viejo Continente. Turner apuntaba que «la tierra virgen domina al colono». Y tiene sentido, pues aquellos que se adentraban en un territorio desconocido estaban solos, y tenían que aprender a valerse por sí mismos. En aquel contexto, el individualismo germinaba con facilidad, así como el espíritu emprendedor y aventurero. Esas vivencias, glorificadas por el Hollywood clásico de los años cuarenta y cincuenta, significaron una nueva mentalidad forjada durante la conquista del Oeste. Era un territorio sin ley, violento, en el que primaba el derecho de autodefensa y a portar armas. En última instancia, era uno mismo el que defendía su integridad personal y la de su familia, así como sus propiedades. La inmensidad del subcontinente era demasiado grande para gobernarla. Solo tras la hercúlea construcción del ferrocarril, el país se cosió, pues hasta entonces el caballo era el referente. Es en ese contexto que Turner entiende se articuló una manera de ser americana diferente a la europea.

Pero si hay algo en lo que Europa y América difieren claramente es en el tema de las armas. La permisividad que hay en EEUU resulta inaudita para un europeo, si bien a raíz de reiteradas tragedias los propios estadounidenses han tomado conciencia del problema. Dejemos una idea clara de antemano: EEUU es el país más violento del mundo desarrollado. Sus índices de criminalidad, su inflexible sistema

---

[10] El ensayo, titulado *The Significance of the Frontier in American History*, logró un amplio eco en EEUU a finales del siglo XIX.

judicial (la pena de muerte está vigente en numerosos Estados) y el rígido sistema penitenciario, han conformado un país en el que rige la ley del talión. Si a eso se le une los millones de armas en circulación, tenemos un ecosistema que escapa a la lógica de cualquier extranjero.

Algunos datos son ilustrativos. El índice de muertes por armas de fuego en EEUU asciende a 2,27 víctimas por cada 100.000 habitantes. El contrapunto es Japón, que no llega ni al 0,1. En un país en el que hay 270 millones de armas de fuego en manos de civiles, no es extraño que haya tantas muertes violentas. La media es sorprendente: 89 armas por cada 100 ciudadanos. Más allá del lobby de la NRA, sigue existiendo un substrato ideológico y un código de valores que permite esa situación. También hay otros elementos que a los no estadounidenses, y en particular a los europeos, aún hoy sorprende. En el Viejo Continente se ha producido en fechas recientes una acelerada secularización, que muchos asocian a la modernización de una sociedad en constante transformación. Esa idea (modernización = secularización) es falsa a los ojos de un estadounidense. EEUU es una sociedad profundamente religiosa. La fe es fundamental, y si bien la primera enmienda de la Constitución prohíbe expresamente que el Congreso legisle en relación con la adopción de religión alguna, también defiende una absoluta libertad de credo. Eso supone que no hay una religión de Estado, pero esta ha sido siempre un elemento cohesionador de la sociedad. Es más, numerosos estudios demuestran que el número de creyentes estadounidenses ronda el 80 % y también la práctica religiosa es muy elevada. No es casualidad que haya quien vea a EEUU como «una colectividad aliada por la fe en las leyes de un ser supremo que unas veces es una Divinidad y otras es la divinización de América».[11]

A este respecto, cabría añadir que todo candidato a la Casa Blanca da abiertamente muestras de su fe. Por eso, «sin la presencia de Dios no hay América» y, por ende, «no es ocasional, antes y ahora, que el talante religioso se trabe en los discursos políticos, en el culto a la bandera, en las sacudidas puritanas antisexuales y antiabortistas, en la viveza de la vida parroquial».[12] Es precisamente la fe protestante la que ha ayudado a convertir el capitalismo en el modelo económico. En EEUU, al rico, emprendedor y exitoso empresario se le admira, a diferencia del recelo que causa su creciente riqueza en otras latitudes dominadas por el catolicismo.

Otros elementos que han moldeado a la sociedad estadounidense, y que se han convertido en uno de sus baluartes, es la meritocracia y el igualitarismo, entendido

---

[11] Vicente Verdú: *El Planeta americano*. Anagrama, Barcelona, 1996.
[12] Vicente verdú: Ibíd.

este último como un modelo en el que todo ciudadano goza de las mismas libertades, derechos y obligaciones, a partir de las cuales ha de labrarse su futuro. En Europa, existen otros condicionantes sociales, socioeconómicos y culturales que determinan la suerte del ciudadano medio en el día a día. En el ámbito de la justicia, por ejemplo, mientras en EEUU, el que la hace, la paga; en Europa, las acciones, y en consecuencia las penas, están determinadas y condicionadas por las adicciones, la edad o las situaciones de desamparo o de exclusión social. Un elemento muy revelador del carácter estadounidense es el espíritu emprendedor, muy ligado a ese mito de ser EEUU una tierra de oportunidades y de promisión: *the promised land.* El *American dream* es el sueño y el anhelo de aquel que quiere triunfar y busca un futuro mejor. Y para ello hay que arriesgarse, crear empresas y, de vez en cuando, fracasar. Sí, porque en EEUU el fracaso es visto como una fase más de un aprendizaje que te ha de llevar a lo más alto, a diferencia de lo que sucede a este lado del Atlántico, que el que yerra en un negocio es visto como un incapaz. En buena parte de Europa, el fracaso estigmatiza, y no se perdona; allí se relativiza, se sacan las conclusiones pertinentes y se vuelve a intentar. Dinamismo puro, de un país joven, desacomplejado, frente a una vieja Europa, más inmovilista, con una sociedad mucho más acomodada a un bienestar que no está en nuestras manos sino en un Estado que tiene la obligación moral de cuidar de sus ciudadanos. Pero la crisis económica ha puesto en revisión a ambos lados del Atlántico aquellos preceptos que tienen que ver con los servicios que el Estado ha de procurar.

2.2 *EEUU y el punto de inflexión*

EEUU ha sido, por definición, una mesocracia desde el primer día. Aun así, esas clases medias dominantes, centrales, moderadoras de aventurismos ideológicos propios de otros lares, ahora lo están pasando muy mal. La crisis aprieta, aunque no ahogue, y en las dos últimas décadas se ha producido un cambio de tendencia que rompe con una tradición que se remonta a la figura de Franklin D. Roosevelt y su *New Deal.*

El *crash* del 29 fue un duro golpe para una economía que vivió una década maravillosa. Y costó revertir la situación. Se refundó el modelo económico, el *New Deal* puso las bases para un mayor intervencionismo del poder federal en la política económica, dominada a partir de entonces por los fundamentos del keynesianismo. La presidencia de Roosevelt (perteneciente al Partido Demócrata) marcó un antes y un después. Con leyes como la G.I. Bill, los soldados que sirvieron en el ejército, muchos procedentes del campo u obreros con poco porvenir, consiguieron beneficios sociales y formación académica que les permitió prosperar profesional y socialmente. Fallecido poco antes de finalizar la Segunda Guerra Mundial, su sucesor, Harry Truman, pasó a la historia por dar la orden de lanzar las dos bombas atómicas, por sentar las bases de lo que iba a ser la Guerra Fría y por llevar a EEUU a una nueva guerra, la de Corea. Su sucesor, el militar más condecorado de la historia, Eisenhower, responsable del desembarco de Normandía, devolvió el poder a los republicanos, y con él EEUU vivió una era dorada, de crecimiento sostenido y consolidación de las clases medias. El sueño americano, casa y jardín en los arrabales de las grandes ciudades, se hizo realidad.

La década de los sesenta fue convulsa y sentó las bases de cambios profundos. El demócrata John Fitzgerald Kennedy fue un joven presidente convertido en mito tras su asesinato. Vivió al filo del holocausto nuclear con las crisis de Cuba, pero lo peor estaba por llegar, tras su asesinato. Su vicepresidente, Lyndon B. Johnson, se vio envuelto en la Guerra de Vietnam. Además, esa década fue testigo de las luchas por los derechos civiles y las resistencias sureñas al fin del segregacionismo. El país se fracturó generacionalmente, con asesinatos políticos (los hermanos John F. y Bobby Kennedy, así como Martin Luther King) y con la irrupción de la mujer en el mundo laboral y la revolución sexual. Todo ello sentó las bases para que en los setenta, el WASP obrero del medio oeste virara hacia el partido republicano, así como el Sur, tradicionalmente demócrata, se aferrase al partido de Nixon, Ford, Reagan y la familia Bush. Pero los sesenta dejaron otra profunda huella: la presidencia de Johnson estuvo marcada también por un ensanchamiento y consolidación del Estado del bienestar a través de *The Great Society*: programas sociales como Medicaid o Medicare datan de aquella convulsa época.

El vuelco político lo capitalizaron los republicanos, con Nixon a la cabeza, que pasó a la historia por el escándalo Watergate y por una forzada dimisión para evitar su destitución por parte del Congreso. Su vicepresidente, Gerald Ford, pasó sin pena ni gloria. Con el país derrotado en Vietnam y una crisis económica profunda, ganó la Casa Blanca el piadoso demócrata Jimmy Carter. Su *buenismo* chocó con la realidad (los *ayatollahs* tomaban el mando en Irán mientras la URSS invadía Afganistán), lo que unido a la estanflación galopante dio paso a Ronald Reagan. Si Roosevelt moldeó a través del *New Deal* y el keynesianismo un país en el que el crecimiento y la consolidación de las clases medias fueron las bases del sistema, los ochenta dieron paso a una nueva época. El monetarismo que defendía Milton Friedman se impuso y, con él, el neoliberalismo que los *reaganomics* impulsaron dentro y fuera de EEUU. El simplismo de las ideas, «el Estado no es la solución sino el problema», dio paso a unas políticas en las que el capital iba a estar en el centro. La caída del Muro de Berlín y la desaparición de la Unión Soviética convirtieron, en palabras de Hubert Védrine, a EEUU «en hiperpotencia».

Clinton, aunque demócrata, siguió por la senda globalizadora: se derogó la Ley Glass-Steagall, por la que se separaban las operaciones de la banca comercial de la de inversión. Durante el mandato de George W. Bush, el poder de Wall Street siguió creciendo hasta que el estallido, en julio de 2007, del escándalo de las *subprime* precipitó una crisis que reforzó las ya de por sí elevadas opciones de victoria de Barack Obama. Finalmente, en loor de multitudes, a lomos de una inusitada fuerza de cambio, alcanzó la presidencia.

Pero hasta su victoria, ¿qué había sucedido en los últimos treinta años? Se produjo una rebaja substancial de la presión fiscal. La economía volvió a crecer con fuerza pero también las desigualdades sociales. Hoy, EEUU es un país más desigual que hace treinta años, la clase media se siente perdedora ante una globalización que ha dinamizado el crecimiento de otras potencias que ahora amenazan el poderío y liderazgo estadounidense en el mundo. Por si eso fuera poco, está hoy muy endeudado: no ha sabido o podido reducir el gasto, especialmente el militar (que tras el 11-S se disparó), pero también el gasto social, que debido a los cambios demográficos experimentados, será insostenible en el futuro. Resultado: una deuda pública que ronda el 100 % del PIB y que, a pesar de los bajos intereses que soporta, no es sostenible. Tras haber vivido por encima de sus posibilidades, EEUU ha de hacer un ecuánime reparto de los costes, ese es el tema.

En definitiva, la duda es si estamos ante otro cambio de paradigma en las políticas macroeconómicas o, a pesar de la crisis, la dinámica se retoca y se maquilla pero no se cambia. La polarización actual entre republicanos y demócratas no ayuda a encontrar una posición negociada, consensuada, ni a buscar puntos de encuentro. El problema reside cuando una parte del partido Republicano fagocitada por el movimiento del Tea Party, tensa la cuerda, bloquea la posibilidad de acuerdo y dificulta la gobernabilidad del país. Se impone la cultura del *no*. Todo ello ha provocado un debilitamiento interno y una falta de iniciativa para tomar las riendas de los asuntos mundiales y de marcar la senda con una política firme y decidida para salir de la crisis, pues guste o no, Washington sigue siendo la locomotora mundial. Por mucho empuje de los emergentes, sin el dinamismo de la economía estadounidense no hay futuro ni recuperación de ningún tipo.

3 Japón, el enfermo insular

La geografía dicta fronteras. Y en el caso de Japón, no es una excepción. Durante mucho tiempo, el país vivió al margen de los avatares mundiales, aislado en su archipiélago. Japón vivía en pleno siglo XIX cual país medieval. Gobernado por *shoguns*, rodeados estos de samuráis y lacayos, el emperador era mera apariencia, aislado en la ciudad imperial. Pero la obligación de abrirse al exterior tras el paso por la bahía de Tokio en 1853 por el Comodoro Perry culminó en la revolución Meiji de 1868. Es ahí cuando nace el Japón contemporáneo: abolido el sistema del *shogunato*, la figura imperial vuelve a marcar el paso, se crean los grandes conglomerados industriales denominados *zaibatsu* y el imperialismo y militarismo nipón reinó en el Pacífico y el Sudeste asiático hasta que cometieron el error de bombardear Pearl Harbor. Tras la Segunda Guerra Mundial, Hiroshima y Nagasaki y la ocupación estadounidense, la rápida reconstrucción con la consolidación de un nuevo Japón.

Fue entonces cuando se moldeó definitivamente el Japón de hoy: se redactó una nueva Carta Magna (mejor dicho, EEUU impuso una ya redactada) vigente desde entonces, por la que se niega el derecho de beligerancia, se reconoce la figura del emperador pero despojado de todo poder político como jefe del Estado y se crea el sistema democrático y capitalista que hoy conocemos. Para que la reconstrucción fuese un éxito había que desmontar los *zaibatsu*, pues habían sido responsables y beneficiarios del imperialismo que desembocó en la Segunda Guerra Mundial en el Pacífico.[13] Pero la proclamación de la República Popular China y el inicio de la Guerra de Corea precipitaron los acontecimientos: la reconstrucción se tuvo que acelerar, y no todos los *zaibatsu* señalados se desmontaron. Como consecuencia, algunos se transformaron en grandes corporaciones conocidas como *keiretsu*. Estos estaban formados por un complejo cruce de participaciones accionariales que desdibujaba a ojos de un extraño sus verdaderos propietarios. Solían tener una entidad financiera que facilitaba el crédito a las empresas del grupo, así como estructuras verticales (si se controlaba de arriba abajo el proceso productivo de un sector determinado) y horizontales (cuando las estructuras y los nichos de negocio eran completamente transversales e incluían desde *traders* a empresas industriales, de automoción o de bienes de consumo, entre otros).[14]

La recuperación económica del país fue muy rápida. El milagro se basó en una combinación de elementos. Para empezar, Japón, en plena Guerra Fría, estuvo bajo el manto de seguridad de EEUU, lo cual le supuso el ahorro consecuente en los presupuestos de Defensa. Las tasas de crecimiento, de dos dígitos, no tardaron en

---

[13] Shigeto Tsuru: *El capitalismo japonés. Algo más que una derrota creativa.* Ediciones Akal, Madrid, 1999.

[14] Amadeo Jensana Tanehashi: *Empresa y negocios en Asia Oriental.* Editorial UOC, Barcelona, 2004.

llegar y Japón se convirtió en un país eminentemente exportador, gracias, en parte, al perfeccionismo de una cultura productiva sumamente minuciosa, en la que no cabía el error, así como a los planes de ayuda impulsados sobre todo a través del mítico MITI, el Ministerio de Comercio e Industria nipón.

3.1 *El modelo japonés*

La entente entre los tres actores clave de la economía nipona dio paso a lo que se conoció como el modelo Japón, SA: un triángulo, antaño equilibrado y hoy claramente desvencijado, compuesto por:

- *La clase política,* representada por el partido que ha monopolizado el poder en el país, el PLD (excepto en dos breves períodos).

- *Los burócratas,* que desde los altos cargos de la Administración aplicaban las directrices oportunas en cada ministerio. Cuando ya estaban cercanos a la jubilación, algunos daban el salto a la empresa privada (el *amakudari* o «descenso de los cielos»), donde cobraban altísimos honorarios al formar parte de Consejos de Administración como premio por los servicios prestados.

- *Las empresas,* que eran la parte beneficiada por el proteccionismo y por los bajos tipos de interés que rigieron en Japón desde los años cincuenta.

Este modelo, que convirtió a Japón en la segunda potencia económica mundial, empezó a resquebrajarse tras el estallido de la crisis. La mentalidad ha cambiado, las estructuras también y, en algunos casos, incluso las maneras de hacer. Japón, SA es un reducto del pasado.

Los otros elementos que permitieron el despegue y el desarrollo de Japón se debieron a causas exógenas y endógenas:

- EEUU quería fortalecer pronto y bien a su gran aliado en la región, con lo que aceptó que su moneda, el yen, tuviera un valor devaluado, y eso ayudó a que la economía nipona conquistara más fácilmente mercados en el exterior.

- Japón es un país de baja conflictividad social, con colectivos muy disciplinados. Alejado de los parámetros individualistas, ese compromiso para con la empresa sumó, y mucho.

- Las empresas locales se beneficiaron de las barreras no arancelarias que la Administración ponía a las empresas extranjeras, a las que solicitaba certificados fitosanitarios u homologaciones de todo tipo.

- La complejidad empresarial local, con redes de distribución constituidas por numerosos intermediarios, que encarecían el precio final y decantaban al consumidor por el producto nipón. De nuevo, mentalidad insular.

- Solo lo que tiene un alto valor añadido (por el estatus del que goza el producto, su diseño o calidad) es tenido en cuenta por el cliente japonés. Lo extranjero es visto con recelo o poco entusiasmo.

La combinación de todos esos elementos acabó convirtiéndose para EEUU y Europa en una amenaza. Los superávits comerciales anuales de Japón suponían una pesada carga para Washington, y pasaron a ser intolerables. Los dirigentes japoneses, y el resto del país, tenían una confianza plena en las bondades de su sistema. En los años ochenta amenazaban el liderazgo estadounidense, que se tambaleaba. Así las cosas, en 1985, se celebró una cumbre histórica en el entonces hotel Plaza de Nueva York. Europeos y norteamericanos exigieron a Tokio una apreciación considerable de su moneda, pues los desequilibrios en las balanzas comerciales eran ya alarmantes. Tokio era consciente de su ventaja competitiva y no tuvo más remedio que aceptar las presiones occidentales.

El Gobierno nipón sabía que la consecuencia inmediata sería una ralentización del sector exterior, pues con un yen más caro, sus productos resultarían menos competitivos en los mercados internacionales. De ahí, la necesidad de alentar un aumento de la demanda interna, por si fallaba el frente exterior. Así pues, la bajada de los tipos de interés, pensaban los dirigentes del PLD, permitiría aumentar el consumo interno y la inversión. Y no herraron.

Los efectos no se hicieron notar: la inversión privada se disparó y, en consecuencia, el crecimiento económico siguió al alza: el PIB en 1988 aumentó un 6,3 %. Así, en la segunda mitad de los ochenta, Japón infló una doble burbuja a lomos de una liquidez desbordante:

- el índice Nikkei subió hasta casi los 40.000 puntos (cuatro veces más que el valor actual, hasta el extremo que en 1988, ocho de las diez empresas más importantes del mundo por su capitalización en el mercado eran japonesas; hoy, ninguna lo es);

- el índice de precio del suelo se triplicó. Se cuantificaba el precio de los locales y los pisos en metros… ¡y hasta centímetros cuadrados! A finales de la década gloriosa, las autoridades decidieron enfriar, en la medida de lo posible, la economía.

La subida de tipos no evitó el peor de los desastres. A principios de la década de los noventa, la economía embarrancó y las medidas que se aplicaron no consiguieron los resultados esperados: se barajaron los tipos a niveles desconocidos (0,1 %), se impulsaron medidas contra cíclicas con la aprobación de sucesivos planes de inversión pública, siguiendo los parámetros del keynesianismo más clásico, pero nada funcionó. El japonés medio perdió la confianza, y la necesidad de desapalancar una economía sobreendeudada provocó un frenazo en el consumo y una dinámica perversa: la deflación.

3.2 ¿Qué comporta la deflación japonesa? ¿Cómo se sale de ella?

La deflación es lo contrario de la inflación; es decir, el fenómeno según el cual los precios caen en vez de subir o mantenerse estables. Aparentemente, no es mala cosa comprar algo más barato. El problema reside en la razón por la que caen los precios: porque no hay demanda, y para alentar la compra, las empresas empiezan a reducir los precios, por ejemplo ajustando los márgenes o recortándolos. Además, si un consumidor ve que los precios están bajando, puede aplazar la compra. Ese aplazamiento de las ventas compromete la producción de las empresas, que aumentan sus existencias, han de reducir la producción y, llegado el caso, ajustar plantillas. Y si a consecuencia de esos ajustes de plantilla, aumenta el desempleo, las familias ajustan su consumo y renuncian a grandes dispendios, con lo que la demanda interna se contiene, o se contrae. Es una dinámica perversa. Posibles soluciones:

- *Ofrecer estímulos monetarios:* bajar los tipos para aumentar la masa monetaria circulante. Pero si estos ya están en el 0,1 %, no servirá de mucho.

- *Emprender políticas de inversión pública* que estimulen el crecimiento. Pero con una deuda pública que roza el 250 %, el margen es estrecho, por no decir nulo.

- *Imprimir billetes: la expansión cuantitativa.* Esto provocará una caída del yen y el consiguiente enfado de los otros países, pues si esta arma artera fuera utilizada por todos, se originaría una guerra de divisas.

3.3 *Lecciones de una crisis*

Treinta años después, el PIB de Japón apenas ha avanzado mientras que el de EEUU prácticamente se ha duplicado. De hecho, China lo ha superado como segunda economía del mundo. Así pues, la economía nipona se encuentra sin política de tipos de interés efectiva y sin mucho más margen de endeudamiento. La buena noticia es que esa deuda está en manos nacionales, por lo que Japón no ha requerido de capital extranjero. Ahora bien, tras el desastre nuclear de Fukushima y la paralización de la red de centrales nucleares, los costes energéticos han revertido el tradicional superávit comercial y un nuevo problema se ha añadido al panorama nipón.

La crisis ha empezado, además, a resquebrajar la compacta sociedad japonesa: los más jóvenes han crecido en un ambiente que dista muy mucho del que protagonizaron sus padres en los años del milagro económico o en la doble burbuja de los ochenta. Sus hábitos de consumo están marcados por la prudencia. La prepotencia de antaño ha dado paso a la resignación. La opulencia, a la previsión. Y eso, en un país que envejece, no es buena señal. De hecho, el envejecimiento es el peor de sus males, por un doble motivo:

- Por el reto que supondrá en el medio plazo sostener el Estado de bienestar del que goza hoy el país, con una deuda pública desbordada y una tasa de inmigración muy baja, amén de un índice de nacimientos bajo mínimos. Cuando el sistema público de pensiones fue institucionalizado en los años sesenta, había once cotizantes por cada pensionista; ahora hay 2,6.[15] Las perspectivas demográficas son angustiosas: Japón puede ver reducida su población en un tercio en los próximos cincuenta años, con un 40 % de la población mayor de 65 años.

- Porque su enclaustramiento también ha puesto en solfa la capacidad de gestión empresarial nipona. Su cultura empresarial está centrada en la autoridad de la edad, a diferencia de la estadounidense, donde el más joven del lugar con una buena idea puede acabar siendo multimillonario. Japón ha intentado abrir la compuerta, con cuentagotas, al *know how* extranjero, pero en casi todos los casos ha resultado un fiasco. Algunos consideran si ese obscurantismo en la gobernanza empresarial no es también parte del problema del país.[16] Vistos

---

[15] «Social insecurity»: *The Economist*, 18 de noviembre de 2010.
[16] «Tribal Japan»: *The Economist*, 3 de diciembre de 2011.

los números, Japón se enfrenta a un reto descomunal: ante la caída de población, debería aumentar exponencialmente su productividad para mantener los índices de bienestar. Una manera sería dar entrada a nuevas ideas y maneras de hacer, aunque fuera en contra de las rigideces y jerarquías preestablecidas.

Pese a todo, el país mantiene una cohesión social desconocida en Europa o EEUU. Si occidente hubiese sufrido treinta años de estancamiento, la factura social sería alarmante. En Japón, en cambio, esa factura ha sido mucho menos visible.

Capítulo 3
Rusia está de vuelta

1 La implosión de un gran imperio

La muerte de Leónidas Breznev en noviembre de 1982 fue sintomática. La URSS era un imperio poderoso pero decadente; se había enfrascado en una guerra que no podía ganar, la de Afganistán; su economía no crecía y su gasto en Defensa, sobredimensionado, absorbía casi el 15 % del PIB. En este contexto, la gerontocracia del Partido Comunista de la Unión Soviética, el PCUS, no tuvo suerte con su elección para sustituir a Breznev, la muerte sucesiva de Andropov (1984) y Chernenko (1985) como máximos dirigentes del país reforzaron la parálisis gubernamental en un momento en el que EEUU, de la mano de Ronald Reagan, recuperaba la iniciativa. La URSS se sumergía de lleno en la era del *niet, niet, niet*. Nada se movía en Moscú, el invierno moscovita estaba cubierto por un manto de perenne interinidad, hasta que Mijail Gorbachov, en marzo de 1985, se hizo con la Secretaría General del PCUS.

Fue el principio del fin. Con Gorbachov la telegenia cambió de bando, pues las políticas que impulsó resultaron muy populares... especialmente fuera de su país, ya que cosechó un reconocimiento unánime. Con la introducción de la *glasnost* (transparencia) se permitió un mayor debate público, con mayores cotas de libertad que auspiciaron un despertar de los nacionalismos periféricos, los mismos que ayudarían a implosionar el gran imperio.

En ese contexto, Gorbachov impulsó la política reformista de la *perestroika*. Sabía de la insostenibilidad del sistema si no introducían medidas que racionalizaran los excesos y minimizaran las ineficiencias. Pese a su empeño insuficiente, la *perestroika* triunfó en la política exterior: la distensión se consolidó, se firmaron acuerdos de reducción de armamento nuclear y la doctrina Breznez, por la que la soberanía de los países comunistas de la Europa Oriental era limitada, sometida permanentemente a los dictámenes de Moscú, pasó a mejor vida. Sin la *perestroika*, hubiesen sido más difíciles de gestionar varias de las transiciones en esos países, en particular en Polonia, Checoslovaquia y Hungría. La caída del Muro de Berlín, el 9 de noviembre de 1989, selló ese inevitable cambio.

Mientras, en la URSS, las reformas económicas no surgían efecto y la población asociaba la *perestroika* como la causante del perenne desabastecimiento de las tiendas y de la crisis galopante, cuando en realidad la *perestroika* era la consecuencia y no la causa de ese desolador panorama. Para complicar aún más el panorama, cabría añadir otro factor determinante: la disgregación del poder político y el nacimiento de poderes locales que, por mero espíritu de supervivencia, cambiaron y adaptaron raudos y veloces sus postulados ideológicos. En algunos casos, apelaron directamente a la independencia, caso de las repúblicas bálticas. La debilidad creciente de Gorbachov, unido al fallido golpe de Estado en agosto de 1991, aceleró el proceso de implosión.

Boris Yeltsin tomó mando en plaza y Rusia heredó la representación internacional de la ya desaparecida Unión Soviética. A partir de entonces, los acontecimientos se precipitaron. Ganada la Guerra Fría, el capitalismo campó a sus anchas por las llanuras rusas con desenfreno y escaso control. Los más avezados miembros de la *nomenklatura* aprovecharon las circunstancias para medrar y enriquecerse. El Gobierno afrontó el problema con una receta que no tenía réplica ni contrapesos: desregulaciones, eliminación de subsidios y privatizaciones. Cierto es que la herencia recibida era maldita, pero también que «su prioridad económica era estrictamente política: destruir el viejo sistema mediante cambios irreversibles».[1] Las políticas aplicadas nunca se habían implementado en una economía socialista, pues nunca había habido una transición de estas características, excepto la china, pero sus dirigentes habían sido mucho más cautos en el proceso de reformas, sometido siempre a la tutela política, y controlando las fuerzas y los actores del nuevo mercado.

Cambiar la estructura económica en apenas 500 días de una economía socialista fue, además de temerario, un error vistos los resultados. La nula mentalidad de los trabajadores y directivos de las fábricas para entender las derivas del cambio, el desaliento y la confusión de la burocracia del partido, unido al despeñamiento de la economía y el creciente malestar de una sociedad que veía su nivel de vida carcomido por una inflación que superaba, de largo, el 1.000 %, dinamitaron la transición y esta desembocó en un rotundo fracaso. Sin crecimiento económico, con unas privatizaciones que iban a dualizar el país aún más y a propiciar la aparición de

---

[1] Rafael Poch: *La gran transición. Rusia, 1985-2002*. Crítica, Barcelona, 2003. El autor recuerda que en 1991, último año de existencia de la URSS, el PIB había descendido un 20 %.

unos oligarcas multimillonarios,[2] el malestar con el presidente Yeltsin fue a más. La corrupción se institucionalizó y el Estado, como tal, se esfumó, se tornó invisible, además de inoperante. No estaba ni se le esperaba. Las más altas instancias usaban el cargo para su propio oficio y beneficio. Con un presidente ausente, alcoholizado y enfermo, Rusia entró en la decadencia absoluta. El periodista francés de origen polaco K. S. Karol definió en su día el mal de aquella Rusia: «una oligarquía incontrolada y de economía criminalizada».

En definitiva, el país había vivido una profunda transformación cuya identidad hubo de rehacer sobre la marcha.[3] Y no se vivió de igual manera en Rusia que en el resto de la URSS o de la Europa del Este. Para un ruso, la década de los noventa fue frustrante, el antiguo imperio se había derrumbado. Por el contrario, un lituano, letón o estonio, había conseguido recuperar su independencia. Unos sabían que tenían ante sí un negro futuro; otros, un horizonte despejado, que les habría de llevar a ser futuros miembros de la Unión Europea. Para un patriota ruso, incluso para los que durante el comunismo se refugiaron en Occidente, entendían que «si la camarilla de Gorbachov fue un ejemplo sin precedentes de traición política e ideológica», la de Yeltsin fue «un ejemplo sin precedentes de saqueo del país por sus gobernantes». Un saqueo «indisimulado y ostentoso».[4]

Así las cosas, en apenas un lustro, «más de la mitad de la actividad económica ya se encontraba fuera de las manos directas del Estado» y, lo que era peor, «en 1997 el nivel de producción en el país era la mitad del alcanzado en 1990».[5] A la crisis económica y social, había que añadir la política. Cierto es que la lucha del poder desatada en la transición la ganó Yeltsin, pero el desfile de fugaces primeros ministros fue interminable. Rotaban con tanta rapidez que no tenían tiempo de aplicar agenda de gobierno alguna. Todo cambió cuando entró en escena un ex espía, crecido políticamente en San Petersburgo, que iba a cambiar el rumbo del país de una manera clara y con determinación. Serio, frío y calculador, Vladímir Putin era visto como alguien de fiar, un primer ministro que, esta vez sí, tenía una agenda de gobierno y tiempo por delante para ejecutarla. Rusia estaba de vuelta.

---

[2] David E. Hoffman: *Los oligarcas. Poder y dinero en la nueva Rusia.* Mondadori, Barcelona, 2003.

[3] Samuel Huntington, en *El choque de civilizaciones,* explica una jugosa anécdota sobre esos precipitados cambios. En una reunión de expertos sobre Rusia celebrada en Moscú en enero de 1992, un estadounidense se percató de que en la sala de reunión habían sustituido la estatua de Lenin por la nueva bandera de Rusia, la tricolor roja, azul y blanca. Pero la habían puesto del revés.

[4] Alexandr Zinoviev: *La caída del imperio del mal.* Edicions Bellaterra, Barcelona, 1999.

[5] «La economía rusa en la crisis mundial: una valoración de la etapa Medvédev», Antonio Sánchez Andrés, *Revista CIDOB d'afers internacionals,* n.º 96, (diciembre de 2011), págs. 45-61.

2 La Rusia de Putin y las reformas pendientes

Uno de los secretos mejor guardados sobre la precipitada renuncia de Boris Yeltsin a la presidencia de la Federación rusa es qué ocultas razones le llevaron a anunciar su adiós durante el discurso de Nochevieja de 1999. La atónita audiencia no daba crédito a lo que estaba oyendo. Putin, que en aquel momento era primer ministro, fue investido presidente interino hasta que, tres meses más tarde, se organizaron unas elecciones presidenciales que ganó con holgura.

2.1 La reforma política

La idea que tenía Putin del poder estaba condicionada por su pasado: más que un demócrata, era un servidor del Estado. Su realismo le llevó a aplicar una *realpolitik* con mano firme, lo que encandiló a la ciudadanía, cansada del desgobierno y de la ausencia de autoridad. Pactó con los oligarcas que no daría marcha atrás en las reformas ni en los procesos de privatización, pero les impuso una clara y concisa condición: para ellos, el negocio; para el Kremlin, la política.

Para el nuevo presidente, un buen Estado es un Estado fuerte, y lo ha de controlar todo. Tuvo el apoyo y el aplauso de la población rusa, que lamentaba el desgobierno de la era Yeltsin, el enriquecimiento de los oligarcas a costa del pueblo y el vacío de poder posterior. Hay que entender que la sociedad rusa, desestructurada y nada organizada, no valoraba la democracia como tal, pues nunca había vivido en un entorno democrático. Además, muchos vieron como la transición se hizo pagando un alto precio: el del descrédito y la humillación tras la desintegración de la URSS. Retornar, pues, a un cierto orden y autoritarismo, no era malo. Y más, si la economía empezaba a remontar con fuerza y a recuperar el terreno perdido.

Hasta la fecha, la herencia que Putin deja al país parece clara:

- políticamente, un autoritarismo de Estado cada vez más represivo;
- económicamente, un estatismo corporativo centralizado;
- e internacionalmente, una postura más revisionista y nacionalista.[6]

---

[6] «La decisión de Putin, el futuro de Rusia», Zbigniew Brzezinski, *Política Exterior*, n.º 125, septiembre/octubre de 2008.

El problema para Putin es que el país que recibió ya no es exactamente el mismo. Se han empezado a producir manifestaciones, algunas multitudinarias, que denotan que esa clase media que antaño le aplaudía, ya no le quiere con la intensidad de antes. Su control del poder sigue siendo férreo y su popularidad elevada, pero ya no es unánime. Ha defraudado su querencia por el «ordeno y mando». Y ahora ha de hacer frente a una oposición que le exige pluralidad política. Lo curioso del caso es que esa movilización ha sido protagonizada por movimientos sociales, lo que denota que hay cambios de fondo. El compromiso con la protesta y la denuncia de grupos como las *Pussy riot* o figuras como Gari Kaspárov denotan que es un movimiento transversal, que a buen seguro irá a más. Si bien históricamente los cambios no han sido bien vistos en la sociedad, que la clase media empiece a alzar la voz da que pensar.

2.2 *La reforma económica*

Rusia tocó fondo en la crisis de 1998. Desde entonces, su economía ha crecido con fuerza y, si bien la crisis económica internacional de 2007 ralentizó ese dinamismo, los altos precios de la energía en los mercados internacionales han provocado aumentos del PIB nada desdeñables. La acumulación de divisas ha permitido, además, sanear las cuentas públicas al tiempo que se han consolidado las clases medias y su capacidad de consumo. Ahora bien, ese crecimiento fácil, basado en las divisas del petróleo, el gas y otras muchas riquezas naturales, ha condicionado su modelo de desarrollo. Las reformas económicas distan mucho de estar ejecutadas. Antes al contrario, la dependencia de la industria extractiva es creciente y el país tiene pendiente una diversificación del patrón de crecimiento: más industria, más servicios y más tecnología están en su debe. Pero ello requiere modernizar las estructuras productivas y las infraestructuras de transporte, muchas de ellas ineficientes por caducas y envejecidas. El sector privado es activo, pero más lo es el público. El poderío energético ha sido utilizado para consolidar lo que algunos llaman el capitalismo de Estado. Sus resortes, poderosos, también han sido utilizados incluso para forjar una política exterior basada en el suministro energético.

2.3 *La reforma de la política exterior*

La política exterior siempre ha sido una de las obsesiones de Rusia. El diplomático estadounidense George Kennan, la mente gris que articuló la teoría de la contención durante la Guerra Fría, dijo en su día que le pareció un error el trato que Rusia recibió tras la descomposición de la URSS. Entiende que, precisamente por eso, las relaciones con esa reemergida Rusia, más nacionalista que antaño, puede llegar a ser más complicada. No son diferencias ideológicas las que separan a Moscú de otras cancillerías, sino su honor mancillado. Sus ganas por dar un golpe de mano y demostrar su fortaleza quedaron patentes en la guerra con Georgia. Fue Churchill el que se refirió a Rusia como «un acertijo envuelto en un misterio dentro de un enigma». Esa Rusia tiene aún pendiente recomponer una política exterior que no se base solo en la diplomacia del gas.

2.4 *Otros problemas*

La vasta extensión rusa está despoblada. Aunque no es la baja densidad demográfica el problema, sino el decrecimiento de su población. Viene de lejos, durante los últimos años de la extinta URSS, la población rusa ya estaba en declive, pero se compensaba por el aumento de la del resto de repúblicas. Durante los noventa, la esperanza de vida empeoró debido a las durísimas condiciones de vida, al desabastecimiento energético y el deterioro de la atención sanitaria. La caída ha sido sostenida en el tiempo. Las previsiones apuntan a que de 148 millones en 1992 se pasará a 134 en 2020. Menos población y dividida generacionalmente entre los que vivieron el pasado comunista, los años negros de represión y la dura transición, frente a esa juventud rusa, menor de treinta años, que sabe que la recuperación económica ha hecho de ellos un país emergente. Difícilmente aceptarán un autoritarismo creciente, pues abogan por una relajación de las formas, por un avance y consolidación de las libertades y, en definitiva, por un país normalizado tras tan convulsa y complicada historia. Casi nada.

Capítulo 4
Asia, el continente emergente

1   El dinamismo asiático

Asia enamora y seduce, no ya por su belleza, la heterogeneidad de sus paisajes, que también, sino por su dinamismo, su emergencia y porque muchos ven el futuro del mundo con acento asiático. Postrada durante décadas, las independencias tras el cadalso colonial llegaron a veces de manera pacífica; otras, con cruentas guerras. Las ideologías causaron profundos estragos. Pero tras las tensiones, las guerras y los desastres, llegó la calma. Y con ella, el crecimiento, el aumento de la riqueza y las perspectivas futuras de una senda prodigiosa que parece no tener fin. Kishore Mahbubani[1] ya dejó escrito que el futuro era asiático y que no había alternativa.

Claro está que hablar de calma en el continente asiático es, cuando menos, una osadía. El liderazgo nipón ha dado paso al creciente poderío chino. El conocido como Imperio del Centro, **China,** ha roto los equilibrios. Su crecimiento sostenido durante décadas ha provocado un terremoto regional que amenaza con alterar las estructuras mundiales. Su emergencia como gran potencia y como actor internacional genera inquietud en muchos países. Su activismo regional causa honda preocupación en Japón y Corea del Sur, así como en India y Taiwán, entre otros.

El continente más poblado del planeta no está articulado políticamente. Existe un pasado complicado, heridas por cicatrizar y rivalidades nada fundadas que, latentes, esperan reaparecer para tensionar más el ambiente. La península coreana es el último vestigio de la Guerra Fría, dividida en dos por el paralelo 38, las querencias

---

[1] Kishore Mahbubani: *The New Asian hemisphere*. Public Affairs, Nueva York, 2008.

de la dinastía comunista de los descendientes de Kim Il Sung por la bomba atómica tensiona el ambiente regional y puede dar pie a una carrera armamentística que eche más leña al fuego. Por su parte, China, que quiere emerger, y así lo estableció el partido con la teoría del ascenso pacífico, no puede evitar los aires de grandeza con un tono nacionalista que, en determinados asuntos, como el control de algunos archipiélagos, la enfrenta a Filipinas, Taiwán, Vietnam y Japón.

Si miramos al Este, **India,** el elefante, se alza lenta pero segura para retar al dragón. Pero India, la mayor democracia del mundo, tiene un entorno complejo. Para empezar, **Pakistán**, que desde la división de lo que fue la antigua colonia británica ha tenido una complicada relación de vecindad con Nueva Delhi: tres guerras (dos por Cachemira y una tercera por la independencia de Bangladesh) y muchas tiranteces. De hecho, Islamabad es un problema regional de primer orden. Por un lado, su dimensión demográfica, su complicada estructura interna, con sus clanes y divisiones tribales; por el otro, el fanatismo religioso, los lazos de los servicios de inteligencia, el ISI, con movimientos *yihaddistas*, y el papel del ejército, sin contar unos partidos políticos enmarañados en corrupción y en luchas intestinas que ofrecen pocas posibilidades para modernizar un país, en el que la religión lo es todo.

Por su parte, el vecino **Afganistán** ha tenido una historia reciente aún más desgraciada: la ocupación soviética rompió con la estabilidad reinante. La articulación de una alianza antinatura entre los servicios de inteligencia pakistaníes; los petrodólares saudíes, empeñados en promocionar un proselitismo riguroso del Islam, y la oposición de EEUU provocaron que Moscú retirara las tropas una década después, en plena decadencia y con un triunfo islamista que se volvería en contra de Washington años después. Se impuso el desgobierno, la guerra civil y, por último, el triunfo del régimen talibán. Éste dio cobertura a Al Qaeda, que utilizó el país como base de operaciones desde donde articular la *yihad* mundial contra Occidente y los regímenes corruptos árabes, sometidos a los dictámenes de Washington. El 11-S fue un punto de inflexión que precipitó una nueva guerra de la que EEUU quiere librarse precipitando una retirada y dejando un país con unas estructuras de Estado sumamente precarias. Tierra ignota para el hombre blanco, claudicaron los británicos, los soviéticos y los estadounidenses de la mano de la coalición internacional.

En la antigua **Indochina,** la situación es menos compleja. Tras décadas malditas de guerras y delirios como el de Pol Pot en Camboya, la región ha ganado en estabilidad y, en particular, Vietnam, hace ya muchos años que crece con solidez y, el sistema del *doi moi* (el proceso de apertura y reestructuración aplicado en los ochenta por Hanoi) ha funcionado. De hecho, toda la región se beneficia de las sinergias propias de estar en el epicentro del crecimiento mundial.

Indonesia vive una era dorada.[2] Con crecimientos económicos sostenidos, la mejora de la gobernabilidad y la estabilidad macroeconómica hacen de ella un país emergente al que hay que seguir de cerca. De hecho, la urbanización creciente (en 2030, el 70 % de la población vivirá en urbes) ofrece un panorama de oportunidades en el que Yakarta, la gran capital, es solo el epicentro de una constelación creciente de ciudades con enorme potencial.

Indonesia es, además, un país rico en reservas naturales. Pero el PIB no depende en demasía de su extracción y posterior venta sino que la mitad de la riqueza nacional proviene del sector servicios. Su motor de crecimiento es la demanda interna, que tira de la economía, como también el crecimiento demográfico sostenido. Más ciudadanos, más consumo. El mérito es que, en este contexto, la productividad también ha aumentado.

Otro país que concentra los parabienes internacionales es **Corea del Sur.** En su contra tiene los riesgos geopolíticos que supone ser vecino de **Corea del Norte,** un país marginado, aislado y en manos de una familia, teóricamente comunista, pero que ha institucionalizado un sistema hereditario que, sin el soporte chino, se colapsaría rápidamente. Obsesionado con la bomba nuclear como manera más rápida y eficaz de conseguir el anhelado estatus que le permita tutear a EEUU y sacar réditos de esa amenaza, el régimen de Pyongyan puede provocar una carrera armamentística en la región, ante las dudas surcoreanas y niponas. La respuesta al enigma norcoreano se encuentra en el relevo familiar tras el fallecimiento de Kim Jong-il en 2011 y la entronización de Kim Jong-un. Ahora bien, Beijing tiene mucho que decir. China no quiere una península reunificada bajo los parámetros del Sur y, en consecuencia, aliada de Washington, como tampoco quiere perder los beneficios de controlar las materias primas que consigue del Norte.

Tarde o temprano habrá una reconciliación entre las dos Coreas, pero vista la experiencia alemana, Seúl debería pensar muy bien cómo gestionarla. Para hacernos una idea: Corea del Norte dedica hoy el 50 % de su mísero presupuesto al aparato político-militar. En cifras absolutas, esa cantidad no puede ser elevada si tenemos en cuenta que la renta per cápita, en 2011, se estimaba en unos mil dólares, frente

---

[2] «5 Reasons to believe in the Indonesian Miracle», *Foreign Policy,* septiembre de 2012.

a los 23.000 del Sur; además, el PIB norcoreano representaba entonces el 2,5 % del surcoreano.[3]

Así las cosas, no es extraño que de **Corea del Sur** se diga en los mentideros diplomáticos que no deja de ser un país situado en el lugar equivocado, en un contexto histórico algo más que inadecuado y rodeado de vecinos poderosos y ambiciosos. Sin embargo, en las últimas décadas parece haber encontrado su camino: democratización y éxito económico. Desde el punto de vista empresarial, la estructura del país se asemeja al modelo nipón, pero con el tiempo, han llegado a convertirse en una dura competencia de este, pues en numerosos sectores las empresas surcoreanas han conseguido ser el referente internacional y arrinconar a las grandes corporaciones niponas. La electrónica de consumo sería uno de los mejores ejemplos: Samsung y LG contra Panasonic y Sony.

¿Cómo se ha producido ese cambio? ¿Qué ha pasado en Corea del Sur para que haya dado semejante salto adelante? Esta república de conglomerados,[4] como la definió en su día un diario coreano, es un país con una dualidad empresarial: un gran número de pymes conviven con unos grandes conglomerados industriales llamados *chaebols*, que son los que tienen tamaño y dimensión, además de *know how*, para competir internacionalmente. Ese dinamismo, unido a su innegable éxito, ha provocado que el país se haya abierto al exterior con numerosos acuerdos de libre comercio (EEUU y la UE, sin ir más lejos). Las debilidades estructurales de antaño se han corregido, así como los errores de gestión. Los *chaebols* también mejoraron su gestión: introdujeron mayores dosis de transparencia, aunque siguen siendo negocios «familiares», y aprovecharon los puntos fuertes, como las economías de escala, intangibles como el valor de la marca consolidada y el conocimiento y experiencia de ejecutivos que ya han desarrollado su carrera en diferentes sectores dentro del mismo grupo.[5] Los *chaebol* tienen una particularidad: las decisiones son verticales y ágiles. Sea-Jin, autor de *Sony vs Samsung*, lo explica con sucinta claridad: mientras Sony adoptó una estructura de toma de decisiones occidental, con el consabido Consejo de administración, Samsung, por contra, mantuvo (y mantiene) la autoridad de su presidente. En un contexto de un mundo global y acelerado, la rapidez y el acierto en la toma de decisiones les ha permitido seguir creciendo y poniendo en jaque a sus competidores.

---

[3] Jaume Giné: *Asia marca el rumbo*. Dèria editors, Barcelona, 2012.
[4] Jaume Giné: Ibíd.
[5] «Corea del Sur. El pequeño gigante», *Vanguardia Dossier*, n.º 43, abril-junio de 2012.

El reto de Corea del Sur es hacer que su tupido entramado de pymes consiga los mismos índices de competitividad que los grandes conglomerados. Tiene dos cartas a su favor: por un lado, la citada apertura exterior se prevé que estimule a los sectores hasta ahora más protegidos; por el otro, la calidad en la formación de los jóvenes surcoreanos. La educación es vista como una religión u obsesión. Todos los estudios e informes internacionales, entre ellos el PISA, ponen de manifiesto las grandes actitudes de los alumnos surcoreanos. No es debido tanto a la inversión pública como al empeño de las familias con las clases particulares y los refuerzos. El resultado es notable; el precio, el estrés y la infelicidad de los más pequeños. Pero todos apelan al estudio como la mejor herencia que un hijo pueda tener.

Singapur es otra plaza que dice mucho del dinamismo asiático. Su privilegiada localización la convirtió hace décadas en una plataforma logística de primer orden. Su puerto y su zona franca, además de su aeropuerto internacional, la trocaron en la ciudad Estado insorteable si había que exportar o importar a/de aquel continente. Lee Kuan Yew, el eterno gobernante, la moldeó a su antojo. Ciudad seria y estricta, poblada en su mayoría por población de origen chino, su origen británico es palpable. A pesar de la creciente rivalidad de Hong-Kong y en especial de Shanghái, Singapur se ha reinventado sin apenas pestañear. Sin perder un ápice de su competitividad logística (estar junto al estrecho de Malaca, por donde pasa todo el tráfico entre Asia con Europa, Oriente Medio y África, ayuda), ha reforzado su posición como plaza financiera y desarrollado otros sectores económicos nada desdeñables, como el turismo de calidad. Despojados de maximalismos ideológicos,[6] los gobernantes actuales han jugado sus bazas: por un lado, una baja fiscalidad ha atraído talento y numerosas fortunas que buscan un refugio en una ciudad tranquila, con oferta variada en ocio y cultura, muy estable y segura en materia jurídica; por el otro, el liderazgo gubernamental ha marcado el camino para impulsar nuevos sectores, como el de la sostenibilidad.

2 Los retos estratégicos futuros

Este dinamismo y la aparente historia del éxito asiático han provocado numerosos análisis en los que se pone de manifiesto que el siglo XXI es el siglo asiático por

---

6 «What Singapore can teach us», Matt Miller en *The Washington Post*, 2 de mayo de 2012.

antonomasia. El crecimiento desaforado y la intensificación de los intercambios comerciales regionales y con el resto del planeta apuntan en la misma dirección: la *asianización* del mundo. Y todo gracias a un continente que, tras los desastres de la Segunda Guerra Mundial, ha sido capaz de enlazar sin pausa el milagro económico japonés y la eclosión de los tigres asiáticos con el inicio de la apertura, primero de China y después de la India. Pero hay sombras e interrogantes sobre cómo evolucionarán algunos de esos países ante retos internos que ahora apenas se vislumbran, así como ante los problemas vecinales.

En relación con los problemas de vecindad, el continente asiático cuenta con un país que está llamado a desempeñar un rol importante en el devenir futuro: EEUU es un actor asiático más. El presidente Obama anunció en 2013 que el futuro estratégico de su país, y en consecuencia su apuesta en materia de seguridad y diplomática, pasaba por reforzar su presencia en Asia. El país que *americanizó* el mundo quiere frenar ese cambio, ralentizarlo para no perder la posición privilegiada de la que goza. Y no solo él, sus aliados asiáticos le empujan a ello. Japón, en muy poco tiempo, vista la amenaza norcoreana y el auge imparable de China, ha cambiado su discurso: ahora quiere reforzar su alianza con Washington y se plantea si valdría la pena reformar el artículo 9 de su Carta Magna por el que se le niega el derecho a la beligerancia. ¿Por miedo a quién, a EEUU? Más bien a alguno de sus vecinos asiáticos. También Seúl considera que Washington es su mejor seguro de vida para defender su actual integridad frente a los desmanes de Pyongyan. Asimismo, Taiwán considera que los lazos con Washington le aseguran una tranquila reconciliación futura con Pekín, sin sufrir presiones que rayen la extorsión o la directa ocupación.

En este contexto, no es casualidad que el secretario de Defensa de EEUU, Leon Panetta, escribiera un artículo en el que dejase clara la voluntad de Washington de imprimir un giro en su política exterior: «planeamos tener el 60 % de nuestra flota naval basada en el Pacífico para 2020».[7] Dicho de otra manera, tras el desarrollo de las nuevas tecnologías de extracción de energía, la Agencia Internacional de la Energía reconocía recientemente que en el horizonte no tan lejano del 2020, EEUU sería el primer productor mundial de petróleo y gas, con lo que, tal y como apunta Javier Solana,[8] «la autosuficiencia energética es la coartada perfecta para retirarse progresivamente de Oriente Próximo. Liberado de su dependencia energética, el país podrá centrarse en el Pacífico».

---

[7] «El reequilibrio de EEUU hacia el Pacífico». Leon E. Panetta, *El País*, 7 de enero de 2013.
[8] «Estados Unidos, deseo y realidad». Javier Solana, *El País*, 14 de diciembre de 2012.

Ahora bien, si Asia concentra buena parte del aumento en gastos en defensa del mundo, también hay movimientos en otros ámbitos. Con una escasa estructura política regional, los acuerdos de libre comercio marcan la pauta. Como bien dijeron los estrategas de Bill Clinton en su primera campaña presidencial, en Asia parecen tener claro aquello de *It's the economy, stupid!* Ciertamente, ante la incapacidad de conseguir un acuerdo multilateral en el seno de la OMC, los acuerdos regionales y bilaterales han tomado el testigo. Qué duda cabe que la integración de China en la OMC marcó un antes y un después, pues su creciente integración en los mercados mundiales incentivó y dinamizó aún más unos intercambios que no eran solo entre China y EEUU y la UE sino también entre China y sus países vecinos. La creciente interdependencia entre los países de la región ha llevado a tomar la iniciativa a unos y, a otros, a no querer quedar arrinconados o descolgados.

Así pues, China, además de negociar acuerdos bilaterales y preferenciales con numerosos países que le aseguren la entrada de sus productos en África y Latinoamérica a cambio de inversiones y la compra de materias primas fundamentales, ha apostado fuerte por acuerdos de libre comercio en la región. Una buena muestra de ello es el acuerdo con Taiwán, en 2011, y otro que culminará en 2015 que le permitirá el libre comercio con los países de la ASEAN.[9]

La alternativa al dinamismo chino es Corea del sur, que está embarcada en una frenética carrera de apertura comercial ahora que ya es un país plenamente desarrollado. Seúl ha firmado acuerdos con numerosos países, pero destacan dos: el firmado con EEUU y con la UE. En definitiva, ese particular empeño de abrirse al exterior se debe no solo a ofrecer un sinfín de oportunidades a sus potentes *chaebols*, sino a diversificar su creciente dependencia del mercado chino. Es, según se mire, una estrategia semejante a la seguida por México en relación con EEUU. La apoteosis de ese dinamismo del libre comercio sería la integración de los tres grandes (China, Japón y Corea del Sur) con el bloque formado por la ASEAN. Si ese proceso llegara a buen puerto, la ganadora sería China y su moneda, que reinaría en la región, por lo que Tokio y Seúl son favorables a abrir el abanico de posibilidades e impulsar otros proyectos que abarquen a los países anglosajones de Oceanía y al otro lado del Pacífico. No es extraño, pues, que el presidente norteamericano Obama promoviera, en el marco de la APEC, una alianza transoceánica para dinamizar el comercio entre las dos orillas del Pacífico.

---

[9] La Asociación de Naciones del Sudeste Asiático (ASEAN) la forman diez países: Tailandia, Myanmar, Camboya, Laos, Vietnam, Filipinas, Indonesia, Brunei, Singapur y Malaysia. Con más de 500 millones de habitantes, en lo económico, ha cobrado una importancia capital en la región, pues la mayoría de las estrategias regionales pivotan sobre esta asociación.

3   Dos visiones ante el cambio

Hoy, Asia está más en primera página por sus éxitos y potencialidades que por los problemas y las miserias de un continente desigual, sí, pero también emergente. Flota en el ambiente un resurgir del orgullo asiático y hay una firme convicción entre sus gentes de que el futuro les pertenece.

No es extraño que algunos autores hablen del siglo asiático, de las cartas y los ases que todavía guarda el continente en la manga, en detrimento de Occidente. Acostumbrados al centro, al dominio perenne de los asuntos mundiales, EEUU y muy especialmente el Viejo Continente, reflexionan sobre esa inevitable decadencia. ¿Inevitable de verdad? Sí, en opinión de autores como Kishore Mahbubani, que afirman con la contundencia del que se sabe en el lado ganador que el dominio occidental en los dos últimos siglos «son la excepción y no la regla». Mahbubani habla de la suma «complacencia» y el exceso de confianza que Occidente adquirió tras la caída del Muro de Berlín y la derrota de la URSS. Ganadores de la Guerra Fría, Washington y las principales capitales de la Europa Occidental no valoraron en su justa medida los cambios que se estaban produciendo. Así, para este profesor de la Universidad Nacional de Singapur, tres son los errores que Occidente cometió en el análisis posterior:

– Juzgar que la victoria sobre la URSS se debió a la superioridad de sus valores, cuando en realidad fue consecuencia de las ineficiencias y contradicciones internas del sistema soviético.
– Pensar que todas las sociedades, independientemente de su origen, cultura o grado de desarrollo, pueden adoptar el modelo liberal y democrático occidental.
– Creer que las diferencias culturales no importan, ya que la sociedad liberal y democrática occidental es universalmente aplicable a cualquier sociedad, al margen de los valores confucianos, musulmanes o hindúes que en ella predominen.

Otras ideas que refuerzan el resurgir asiático es la falta de legitimidad que, a su entender, tienen los organismos internacionales que han sido cooptados por los intereses occidentales. El mejor ejemplo: el descrédito del FMI tras la crisis asiática de 1997 y las medidas alternativas que se implantaron a nivel local para evitar nuevos problemas, como la iniciativa Chiang Mai.

Pero, claro está, hay otras maneras de ver las cosas. Minxin Pei,[10] por ejemplo, duda de que el futuro esté escrito y que vaya a ser asiático. A lo sumo, será un

---

[10] «Asia's rise». Minxin Pei, *Foreign Policy*, julio-agosto de 2008.

mundo más multipolar. Según él, el auge se debe más al peso de su población y los bajos costes de la mano de obra que a la eficiencia y la productividad. El deseado bienestar asiático es, para la mayoría de los habitantes, una quimera. Y pone cifras: Asia necesitaría 77 años para igualar la renta de EEUU (China 47 e India 123). Ahora bien, un líder puede conseguir esa posición a través de dos vías: por la imposición o por la seducción. La imposición no es viable, a día de hoy, si no se quiere sembrar la autodestrucción y el enfrentamiento entre los diferentes países asiáticos; y la seducción, inimaginable. El atractivo de China en el mundo es su crecimiento pero no su modelo político, basado en la negación de las libertades más básicas a las que buena parte de la población mundial ni se plantea renunciar. Por tanto, en lo referente a las ideas, Asia, y China en particular, no las producen.

Un liderazgo consistente ha de tener respuestas para enigmas hoy sin respuesta: ¿qué pasará con los profundos cambios demográficos, la inexistencia de políticas de bienestar y la gestión de las elevadas tasas de ahorro depositadas muchas de ellas en Occidente y con un dólar a la baja tras las políticas expansivas de la Reserva Federal? De igual manera, el liderazgo estadounidense se ha centrado en atraer talento, en gestionar eficientemente el conocimiento, en apostar por la innovación. Y todo ello, gracias a una tupida red de universidades de prestigio, que concentran y atraen a las mentes más privilegiadas del planeta. ¿Qué universidades de renombre internacional tienen hoy los países asiáticos? ¿Serán capaces de hacer lo mismo? Una última duda: el auge chino ha causado seria preocupación en no pocos países asiáticos. En Asia, difícilmente va a haber procesos de unidad y sí en cambio un aumento considerable de la rivalidad, ya que las potencias en expansión tienen una tendencia innata a aumentar sus ansias de nacionalismo, y en Asia son muchos los países que van a más. No será fácil gestionar ese dinamismo en una senda de absoluta estabilidad. Riesgos, pues, los hay, y son de hondo calado para consolidar el liderazgo asiático.

4 Los retos del modelo chino

China, el Imperio del Centro, tiene una visión muy etnocéntrica del mundo. Y ahora que el crecimiento económico le acompaña y está en proceso de ser lo que siempre fue, el país con la economía más importante del mundo, ese sentimiento y orgullo se ha reforzado. De hecho, a los ojos de un ciudadano chino, lo que ahora está pasando, es una vuelta a la normalidad. Históricamente, la economía china, junto a otras asiáticas, representaban en relación con el total mundial un porcentaje acorde a su dimensión demográfica. Las lecturas de los escritos de jesuitas que, como Mateo Ricci, en los siglos XVI y XVII, arribaban a las costas del Imperio del Centro y, asombrados por su desarrollo, se veían desbordados por los conocimientos técnicos y científicos son muy reveladoras del grado de desarrollo que conocieron aquellas tierras. Aquel choque cultural era, según se mire, una cura de humildad para el occidental que, convencido de su superioridad, llegaba a un territorio tan o más avanzado que la dinámica y, hasta cierto punto, engreída Europa. La historia se repite. Las dimensiones de la transformación de la China de hoy es tan brutal que choca con el hasta ahora sentimiento de superioridad y autosuficiencia europeo o estadounidense.

Con posterioridad a la llegada de los jesuitas, Europa vivió su particular revolución que le permitió dominar el mundo.[11] Se abría así un paréntesis de más de doscientos años en los que Europa y después EEUU dominaron política, economía y culturalmente los cinco continentes. China vivió esa decadencia y posterior postración ante británicos y el resto de occidentales como una humillación. La desintegración del país, la decadencia y la larga guerra civil, junto a la dominación japonesa, desembocó en el triunfo de la Revolución. Por eso el desenlace de la Larga Marcha y la proclamación de la República Popular China por parte de Mao Zedong en la plaza de Tiananmen en 1949 es vista como el principio del fin de la decadencia nacional. Se sentaron las bases para el futuro desarrollo de la China continental que hoy conocemos.

No es extraño, pues, que el triunfo comunista viniera acompañado de un fuerte componente nacionalista aún hoy muy visible. Ahora bien, la evolución reciente de China ha estado marcada por dos etapas bien diferenciadas. Una primera, liderada por Mao Zedong, en la que la ideología se impuso a la economía, con resultados desastrosos (en el Gran Salto Adelante, a finales de los cincuenta, murieron más de veinte millones de personas; y la Revolución cultural, que entre 1965 y 1975 paralizó el país y sirvió a Mao para hacer una purga de sus enemigos dentro del partido). La segunda etapa, liderada por Deng Xiaoping, estuvo y está marcada por una supremacía clara de la economía por encima de los postulados ideológicos. Así es China, una cultura oriental, en la que los extremos conviven con suma naturalidad: del extremismo ideológico más recalcitrantemente comunista a abrazar el capitalismo más descarnado. El yin y el yang, los extremos que se dan la mano.

4.1   Crecimiento, desigualdad y democracia

Ciertamente, Deng Xiaoping cambió China. Fue el gran reformador, el hombre que entendió que el principio básico que debía guiar su mandato era mejorar la

---

[11] Niall Ferguson: *Civilización: Occidente y el resto*. Debate, Madrid, 2012.

vida de sus conciudadanos. Para ello había que crear riqueza y la mejor manera de hacerlo era introducir reformas. Su máxima era sencilla: «no le importaba si lo que hacía era ortodoxo o no; lo decisivo era que fuese bueno para los chinos».[12] La apertura fue gradual y progresiva, se ensayaba a pequeña escala antes de generalizarse por todo el país. Las primeras reformas se aplicaron en el campo, y los resultados fueron un aumento substancial de la productividad. Después, en las zonas económicas especiales hubo un relanzamiento de las reformas que coincidiría en el tiempo con la desaparición de la URSS, la expansión del capitalismo y los primeros acelerones de la globalización. La apertura llevó a China a integrarse en la Organización Mundial de Comercio y, así, a reforzar su modelo de crecimiento.

Basándose en las economías de escala, la abundante mano de obra, los bajos costes salariales, así como en las condiciones laborales, medioambientales y de otra índole mucho más precarias que en Occidente, China se abrió paso en los mercados internacionales. Acumuló divisas, su sector exterior tiraba del carro del crecimiento y ponía en jaque a economías de medio mundo. Su moneda, el yuan o renmimbi, no cotizada en los mercados internacionales, ayudaba a retener una competitividad que, tras el crecimiento sostenido de casi tres décadas, debería de haber perdido en beneficio de terceros tras la lógica apreciación de la moneda, aunque hasta la fecha no se ha producido. Eso la ha enfrentado a Occidente en no pocas ocasiones, pero las mutuas dependencias creadas han evitado un choque frontal de consecuencias incalculables para unos y otros.

Claro que una parte de los déficits comerciales que EEUU o Europa soportan fueron provocados por la deslocalización industrial, producida en los años noventa y principios del presente siglo por empresas occidentales, que aumentaban sus márgenes y beneficios produciendo en Asia.[13] Así, el mundo se ha estructurado de una manera aparentemente contradictoria: los superávits comerciales de los países emergentes han seguido alimentando los desequilibrios de muchos países desarrollados, ávidos de crédito que financien su creciente endeudamiento. Y China es el paradigma de ese contrasentido.

---

[12] Este es el punto de vista que Shen Dingli, decano del Instituto de Estudios Internacionales de la Universidad de Fudan, mostraba en el libro de José A. Zorrilla: *China, la primavera que llega* (Gestión 2000, Barcelona, 2006).

[13] La evolución de la inversión extranjera ha sido espectacular: en 1983 recibió 916 millones de dólares, mientras que en 2007 el montante ascendía a 74.800 millones, habiéndose multiplicado por 81 en esos años («30 años de reforma en China», Enrique Fanjul, *Real Instituto Elcano*, Madrid, 11 de diciembre de 2008).

En cualquier caso, ese modelo de crecimiento tiene fecha de caducidad. En muchas zonas costeras, las más desarrolladas del país, los costes salariales y de producción son elevados y el modelo urge de ser revisado. Si nos atenemos al significado que tiene en China la palabra crisis: el contexto económico actual es visto como una oportunidad. Los dirigentes chinos son conscientes de que el desarrollismo desaforado ha dualizado el país. Millones de personas han salido de la pobreza, pero las desigualdades se han agudizado y son visibles a los ojos de los ciudadanos, que saben de la creciente corrupción. Exigen un cambio (que no revolución) que salvaguarde la estabilidad y el crecimiento y permita un mayor bienestar. Es lo que el partido bautizó como el crecimiento armonioso. Todo ello pasa por reducir la dependencia del sector exterior y aumentar el consumo interno en previsión de que un día el sector exterior no crezca a los ritmos actuales (se supone que la moneda se acabará apreciando y los costes más bajos de otros países reforzarán una creciente competencia). El Gobierno ha diseñado un plan para cubrir las necesidades sanitarias de la población. Son las bases del futuro Estado del bienestar chino.

Con esas necesidades cubiertas, el consumo interno aumentará. El problema es que esas necesidades irán en aumento, pues la política de hijo único ha estancado el crecimiento demográfico. Así las cosas, puede que China se haga vieja antes que rica. Esta tensión ha aumentado en las calles[14] y, en algunos casos, las huelgas, especialmente si afectaban a multinacionales extranjeras,[15] han sido permitidas, pues los aumentos salariales logrados refuerzan la dinámica de cambio del patrón de crecimiento: más demanda interna en detrimento de la exterior. El cambio, pues, está perfectamente orquestado por el poder del Partido, que sigue controlando la economía de cerca. La planificación es arbitraria, pero absoluta. Es un sistema singular, en el que «las ventanas se abren y se cierran»[16] en función de los intereses del país, de sus empresas o de los próximos al poder.

---

[14] «Grietas en la Gran Muralla», *El País*, 2 de noviembre de 2012. El corresponsal del diario, José Reinoso, se hacía eco de los cálculos que había hecho el experto Sun Liping, de la Universidad Qinghua en Pekín, que estimaba que «en 2010 se produjeron en China unos 180.000 incidentes de masas, eufemismo con el que el Gobierno denomina las protestas, huelgas y disturbios sociales».

[15] «The rising power of the Chinese worker», *The Economist*, 29 de julio de 2010. El semanario británico analizaba que el aumento del 20 % de la capacidad adquisitiva de los trabajadores chinos podría suponer un incremento de las exportaciones estadounidenses a China por valor de 25.000 millones de dólares, lo que se traduciría en la creación de 200.000 nuevos puestos de trabajo en EEUU.

[16] Afirmación realizada al autor por un responsable de la Embajada de España en Pekín, en el verano de 2011.

Uno de los intereses actuales, además de incentivar el consumo interno, es dotar de mayor valor añadido a la producción local. El inicio del cambio fue la manufactura barata. Hoy, China ha evolucionado y diversificado su estructura empresarial. Ese cambio que se busca queda recogido en la transición que se quiere hacer desde el *made in China* (fabricado en China) al *designed in China* (diseñado en China).

Ahora bien, ese poder, que decidió relajar las bridas de la economía y animar y alentar la iniciativa privada, las ansias de enriquecimiento y, en definitiva, el crecimiento de la riqueza nacional, amarra con fuerza las de la política. ¿Hay demanda de cambio? Sí, pero no como lo entienden en Occidente. Europa y EEUU consideran que China ha de evolucionar hacia la democracia. Y lo cierto es que la transformación económica tiene profundas repercusiones en lo social y en lo político. Existe un riguroso control de lo que se dice en la red, pero, hecha la ley, hecha la trampa. En las redes se utilizan símiles y eufemismos para comentar y criticar lo que el poder quiere atajar y cercenar. Las pujantes clases medias, y especialmente los más jóvenes, han crecido apegados a las nuevas tecnologías, han manejado más y mejor información de la que nunca tuvieron sus padres, y esa experiencia, unida a una imparable demanda de mayor trasparencia hacia el poder político, ha condicionado la respuesta que este ha dado en numerosas ocasiones. China es un país más autoritario que dictatorial, con un régimen de partido único, sí, pero en el que los espacios de libertad se han ensanchado, aun a costa de la voluntad del poder central.

Así pues, no es democracia, al estilo occidental, lo que piden los ciudadanos, sino mayor libertad y buen gobierno. El chino de hoy está más preocupado por enriquecerse que por votar. Fue Napoleón Bonaparte el que dijo que las revoluciones se hacían con los estómagos vacíos, y hoy, en China, los estómagos están más llenos que ayer y seguramente menos que mañana. Se ha destapado la ilusión ante la posibilidad de prosperar, enriquecerse, adquirir un estatus y una capacidad de consumo y bienestar desconocida en las generaciones que padecieron la Revolución cultural.

China tiene su particular lógica: es, según se mire, el país en que lo imposible es inimaginable hasta que la imaginación echa a andar y se convierte en realidad. Desde que Deng Xiaoping forzó un giro copernicano, sus sucesores han articulado políticas que refuerzan la senda reformista. Han acompasado el ritmo a las necesidades del país y a mantener el equilibrio dentro del partido. La diferencia entre la China de hoy y la de ayer es que ahora las decisiones son colegiadas y cuesta imaginar que descarrile la senda del cambio, pues se han tejido suficientes complicidades dentro y fuera del partido, demostrando cintura y pragmatismo. Así, no convienen olvidar que el Partido es la organización política más numerosa y poderosa del mundo: ochenta millones de militantes lo atestiguan. Lo curioso es que ese partido se ha amoldado a las nuevas realidades: los empresarios forman parte de él. No obstante, también existen sombras. La lucha intestina entre las diferentes facciones apenas sale a la luz, ya que el obscurantismo y el hermetismo siguen siendo la norma. Pero los problemas tarde o temprano emergen y la ciudadanía conoce los desmanes de cúpulas corruptas, de dirigentes con extrañas y sospechosas amistades que tienen intereses ocultos. Así pues, existe un poder que ha diseñado una estrategia reformista, alentada desde el pragmatismo más absoluto, alejada del exceso de la púrpura ideológica y que sabe de los retos presentes y futuros: el cambio de modelo económico, los riesgos de fractura social, la erradicación de la corrupción y las demandas de mayor libertad. Ahora bien, el modelo chino es eficaz pero ineficiente: eficaz porque ha conseguido altas tasas de crecimiento durante treinta años, ha reducido la pobreza y se ha convertido en una potencial de alcance casi global. Pero esa eficacia convive con una ineficiencia alarmante: en el consumo energético y en la lucha contra el medio ambiente, por poner dos ejemplos. Pero ¿cómo hacer compatible esas medidas con el mantenimiento de los altos índices de crecimiento económico? El reto de Pekín es encontrar el punto de equilibrio. En este sentido, la toma de conciencia de la sociedad china en relación con estos asuntos, y la capacidad de influencia y presión que se haga desde la sociedad civil será fundamental para conocer qué derroteros seguirán las políticas públicas en el ámbito de la sostenibilidad.

Queda un último aspecto por destacar. Hace referencia a los cambios sociales, los nuevos hábitos de consumo y la profunda transformación del país. Un país que crece de media al 10 %, en apenas siete años y medio dobla la riqueza. Y si es capaz de doblar la riqueza varias veces en treinta años, es un país radicalmente diferente. La tendencia al bien colectivo deja paso acelerado a un creciente individualismo, ajeno a la tradición confuciana china. De la misma manera, en cuestiones más banales, como la vestimenta, China ha cambiado profusa y profundamente: hoy prima el clasismo, la lucha por la distinción y el marcar las diferencias que el nuevo estatus social te permite visualizar. El «marquismo» desaforado, los nichos de mercado tendenciosos, así como la obsesión por el lujo explican qué está pasando en una sociedad fragmentada y cada vez más estratificada.

China es hoy, además, urbana, dinámica, con nuevas clases sociales, crecientes abismos generacionales y ganas de agradar y sorprender. Se construyen altos rascacielos, largos y costosos puentes suspendidos sobre el mar, como muestra de su creciente poderío. Busca dejar huella permanente de su renacer y anhela el liderazgo mundial. Dice defender y representar a un mundo más pobre, emergente, pero no se resiste a demandar nuevas cuotas de poder, que, por su dimensión y creciente riqueza, dice ya merecer. Mueve con destreza y sumo sigilo sus piezas. Su baza: sus divisas y las deudas de los países ricos que se resisten a un cambio aparentemente inevitable.

5 El auge indio

El subcontinente indio ha vivido a la sombra del dragón chino. Pero ese aparatoso elefante hace tiempo que se alzó y está dispuesto a reivindicar su rol en Asia y en el mundo. Algunos autores hablan de la simbiosis y la complementariedad de estos dos gigantes: *Chindia*,[17] aunque, en realidad, son muchas más las diferencias que las semejanzas. En cualquier caso, sus más de 2.500 millones de habitantes suponen el 40 % de la población mundial.

India, a diferencia de China, no impuso durante el pasado siglo restricciones importantes a la natalidad, y el resultado es que el país ha seguido creciendo demográficamente, y en pocas décadas, será el más poblado de la tierra. En el futuro, eso será un aval que puede reforzar la senda de crecimiento de la economía india: su pirámide demográfica tiene sólidas y amplias bases, con una reserva de millones de personas como futura mano de obra.

Ahora bien, desde el punto de vista demográfico existe un gran desajuste que se debe, básicamente, a cuestiones culturales: dice un refrán local que «tener hijas es como regar el jardín del vecino», pues , al casarse, han de aportar una dote que, para la mayoría de las familias, supone una descapitalización importante. En cambio, el hombre gana: la dote y la mujer. Esa descompensación, en un entorno de suma pobreza, ha provocado una dinámica perversa: el infanticidio femenino. No es casualidad, pues, que su pirámide demográfica tenga una base descompensada, pues en ella hay muchísimos más hombres que mujeres. Es un grave problema social, ya que millones de hombres están condenados a emigrar si quieren formar una familia. Pese a los hándicaps que tiene, el país hace dos décadas que entró en una senda de crecimiento sostenido. Tras las primeras reformas aplicadas a principios de los años noventa por el Gobierno de Narasimha Rao, el crecimiento económico empezó a ser notable, y lo hizo con unos parámetros opuestos al chino: el motor reside en la fuerte demanda interna, ya que el sector exterior nunca fue, ni es, un dinamizador claro. Al elevado proteccionismo, hay que sumarle la escasa capacidad de atracción de capitales que la India ha tenido, ya que ha hecho poco para captar y canalizar, especialmente hacia el sector industrial, ese capital.

En India las exportaciones, en 2007, apenas suponían el 15 % del PIB. Pero la tendencia ha cambiado, aunque para acelerar ese proceso el país debería mostrar un mayor compromiso, tanto en la apertura de sectores como en la eliminación de barreras burocráticas y competenciales entre las administraciones que desincentivan

---

[17] Pablo Bustelo: *Chindia. Asia a la conquista del siglo XXI.* Tecnos, Madrid, 2010.

la presencia de empresas internacionales en el mercado local. Al inicio del presente siglo, las noticias en el ámbito de la inversión extranjera han variado a mejor: China multiplicaba por once la inversión en India en el año 2000, mientras que ahora es solo tres veces superior.[18]

Un problema para India es que el crecimiento económico se encuentra condicionado por unas infraestructuras en un estado lamentable (recuérdese el apagón que sufrieron 600 millones de personas en agosto de 2012): la red de transporte por tierra, mar y aire, así como las infraestructuras de suministro de agua, luz y gas son muy deficientes. Si a eso le añadimos que las migraciones campo-ciudad apenas han comenzado, podemos imaginar el reto que supondrán el día que se produzcan. Por todo ello, algunos autores consideran que «seguramente, el modelo de desarrollo de India, basado en el fomento temprano de las exportaciones de servicios, no es apropiado para un país tan poblado y tan joven».[19] India necesita más y mejores infraestructuras y un sector industrial más potente, capaz de absorber la cuantiosa mano de obra que cada año se incorpora al mercado laboral y que otros sectores no pueden aprovechar. Con un mayor grado de industrialización, se reforzaría el anclaje del país en la economía internacional. Por ahora, servicios y demanda interna son los ejes sobre los que pivota su economía. Romper ese bucle y diversificar el patrón de crecimiento forma parte del reto que el país tiene ante sí.

Por todo ello, no es extraño que exista un vivo debate sobre el futuro de este subcontinente superpoblado. En ocasiones, el Gobierno tiene serios problemas para sacar adelante sus reformas. Entre otras cuestiones, por la precariedad de la mayoría que le apoya. La coalición que encabeza el Partido del Congreso necesita de partidos más pequeños pero altamente críticos con la agenda reformista. Un buen ejemplo de los problemas para avanzar por esa senda fueron los reiterados retrasos en sacar adelante la ley que liberalizó parcialmente el sector de la distribución. Desde 2012, los grandes grupos de distribución comercial podrán tener hasta el 51 % del capital en empresas del negocio minorista. Aunque hay limitaciones: los supermercados o hipermercados extranjeros solo se establecerán en ciudades (53 según el último censo) de más de un millón de habitantes y con una inversión mínima de algo más de 75 millones de euros. La reforma favorecerá la modernización de la cadena de suministro y mejorará algunos aspectos, como la cadena de frío, hasta la fecha

---

[18] «India desacelera, pero mantiene el optimismo», Jordi Joan Baños, *La Vanguardia*, 16 de octubre de 2011.

[19] «India: ¿el final de la era dorada del crecimiento económico?», Pablo Bustelo, *Real Instituto Elcano*, Madrid, 7 de agosto de 2012.

ausente o muy deficiente, lo que provocaba que se perdiera parte de la producción agrícola cada año, pero enfrentará a las nuevas cadenas con las tradicionales *kiranas* indias o tiendas de conveniencia, pequeños establecimientos de proximidad. Toda una revolución (tardía) en uno de los sectores económicos más importantes del país.

Esa es la realidad india: sectores tradicionales, poco competitivos e ineficientes, pero apegados a la realidad del entorno, que conviven con grupos multinacionales (Tata, Infosys o Mittal) de sectores diversos (automoción, TIC o acero) convertidos en líderes mundiales. La pujanza de la nueva India es una realidad imparable. Sin embargo, existen crecientes dudas sobre la sostenibilidad del potencial de crecimiento demostrado hasta la fecha (6-7 %) y algunas previsiones apuntan a la posibilidad de una ligera ralentización (4-5 %), que alargaría en el tiempo algunas de las soluciones pendientes en su economía.[20] ¿Un problema de percepción o hay razones de fondo que justifiquen ese pesimismo? La respuesta no es sencilla, pues por la propia estructura económica del país, hay un aspecto que escapa al control del hombre: el poder de la madre naturaleza. Con más del 70 % de la población en el mundo rural y buena parte de ella dedicada a la agricultura, una prolongada sequía así como una abundante temporada de lluvias durante el monzón puede significar un espaldarazo importante al dinamismo que capitanea el sólido consumo interno.

5.1 *Las contradicciones de un gigante*

Las dimensiones de India y las diferencias étnicas, lingüísticas, religiosas o culturales que encontramos en su seno son de tal calibre que dificultan enormemente su síntesis. Si a eso le añadimos los efectos de un cambio acelerado en la sociedad fruto de un crecimiento sostenido durante tantos años, entenderemos que describir en unas pocas líneas la realidad de este país es una tarea hercúlea, si no imposible: «por cada generalización, hay una excepción» y «por cada similitud, existe una diferencia significativa».[21] En definitiva, India es una suma de complejidad y diversidad.

Sin duda, esa complejidad y diversidad son fruto de la demostrada capacidad de absorber y hacer suyos algunos aspectos de las culturas, civilizaciones e imperios foráneos que a lo largo de la historia han influenciado a sus habitantes. Desde creencias religiosas a modelos de Estado. En definitiva, la sociedad india es más holística

---

[20] *Will India Be The First BRIC Fallen Angel?*, análisis de Joydeep Mukherji y Takahira Ogawa, Standard & Poor's, 8 de junio de 2012.
[21] Pavan K. Varma: *La India en el siglo XXI*. Ariel, Barcelona, 2006.

que individualista; es una suma de muchos elementos que, unidos, conforman una civilización compleja pero sumamente rica. Poliédrica, multiétnica y multirreligiosa, pero que ha sabido proyectarse al mundo trasmitiendo una imagen rayana en tópicos tras los que se esconde una realidad sorprendente.

Los contrastes y las paradojas son elementos significativos del país. Así, la imagen que muchos tienen de la India es la del liderazgo mundial en las TIC. Pero la existencia de universidades especializadas en la formación de ingenieros informáticos en Bangalore y Hyderabad, que concentran buena parte de esa avanzadilla de la industria de los servicios y las nuevas tecnologías, convive con una dura realidad: la alfabetización de la población alcanza solo al 60 %. Así, frente a los avezados ingenieros e informáticos, conviven analfabetos integrales. Las diferencias son especialmente notables entre el campo y la ciudad. Una baja educación, por ende, alienta las altas tasas de natalidad; por el contrario, más educación y urbanización, así como un mayor progreso económico y bienestar redundarán en unas tasas de natalidad más contenidas.

El país es caótico, además de complejo. Y el caos se une al pragmatismo, el cual, a veces, raya en la corrupción. En el quehacer diario, duro y difícil por las desigualdades y la falta de oportunidades, los hay que viven con desahogo el déficit de ética, «su prioridad es la supervivencia, no la salvación».[22] Ante el incentivo monetario y la posibilidad de enriquecerse, la reacción es inmediata. Por eso mismo, uno de los mitos más curiosos en la India contemporánea es el que los británicos transmitieron al mundo: los indios, además de apáticos, son trascendentales y espirituales. Quizá lo sean, pero eso no les impide ser también muy materialistas.

Por eso muchos de los occidentales que se acercan por primera vez a este país, llevados por la imagen idealizada de Gandhi, no ven que tras esa figura de estoica resistencia, reside otra realidad más acorde al consumismo imperante en las grandes ciudades: «la inmunidad de Gandhi a las tentaciones del mundo material les sorprendió, pero no los convirtió».[23] Digamos que su figura es un icono de la resistencia pacífica, el padre de la India contemporánea, al que sus hijos rechazaron imitar. Su triunfo, la independencia lograda ante el todopoderoso Reino Unido; su fracaso, el rechazo de los valores que él representaba. Es más, en los años noventa, con las reformas y el incipiente proceso de apertura, el país y muchos ciudadanos se destaparon como magníficos emprendedores, hábiles negociadores y ávidos consumidores.

Poco queda de aquella India idílica que el partido del Congreso, con Nehru al frente, moldearon a su antojo. Del estatismo y la economía planificada y socializante

---

22 Pavan K. Varma, Ibíd.
23 Pavan K. Varma, Ibíd.

se ha pasado al dinamismo y al proceso de apertura y de liderar el bloque de los No Alineados durante la Guerra Fría, a articular el multialineamiento. Su tamaño y las posibilidades de ser vista como el contrapeso natural al auge chino, han permitido a Nueva Delhi desarrollar su política exterior. Aunque el reconocimiento de gran potencial está lastrado ante la imposibilidad en el corto plazo de optar a un asiento permanente en el Consejo de Seguridad de la ONU. Ello no le ha impedido jugar a varias bandas: reforzar lazos económicos con China, firmar acuerdos de colaboración militar con Israel, asegurarse el suministro energético con Irán y el acuerdo en materia nuclear firmado con Washington. ¿Quién da más?

5.2 *El país de las castas*

La mayor democracia del mundo. Una idea que los indios repiten machaconamente, henchidos de orgullo. Haciéndolo marcan distancias con el gigante vecino, que es muchas cosas pero no un país democrático. Ahora bien, cómo es posible que un país tan grande y dominado por un sistema de castas se haya convertido en la primera democracia del mundo desde el primer día que logró la independencia. ¿Cabe mayor paradoja?

El país ha conjugado los dos sistemas (uno político, el otro cultural) hasta lograr una armoniosa simbiosis entre ambos, algo que para los indios ha sido una oportunidad, gracias a su pragmatismo. Muchos de ellos, al votar, reforzaban las castas, ya que tenían por costumbre votar partidos de sus respectivas castas. Lo que es indudable es que las leyes dictadas a partir de la denominada *reservation policy* (las cuotas que benefician a las castas más bajas) han permitido acceder a trabajos en la Administración o estudios en la universidad a personas desfavorecidas.

Para entender el sistema de castas hay que despojarse del individualismo imperante en Occidente; en las sociedades holísticas, prima la interdependencia y la complementariedad. Entonces, ¿qué son las castas? Históricamente, un modelo de ordenación social, que estratificaba la sociedad a imagen y semejanza de la sociedad feudal europea durante el Medievo. En origen, la casta, que se heredaba y no se podía cambiar por otra, venía dada por el oficio.

Dicha estratificación, aún hoy existente, choca con una sociedad donde el mérito se mide más por el éxito económico que por el de pertenencia a una casta determinada. Claro está que en el ámbito rural, esa presión de casta es mucho más evidente que en un entorno urbano. Es el sino de los tiempos: la dualidad de las dos Indias, la moderna y urbana, aún hoy minoritaria aunque pujante y con futuro; y la rural, más conservadora, aunque abrumadoramente mayoritaria, que lucha por no quedar relegada.

Capítulo 5
América Latina, la heterogénea

1   Los problemas y retos del futuro

América Latina es vista por buena parte de los europeos erróneamente como un continente compacto y homogéneo, en el que reina la desigualdad social y la inseguridad ciudadana. Estas dos últimas cuestiones son difíciles de negar; las dos primeras hay que rebatirlas. En Latinoamérica prima la heterogeneidad en todos los ámbitos: en la composición étnica de la población, el tamaño, el peso y la influencia de cada país, así como en las respectivas apuestas ideológicas y geopolíticas o su trayectoria histórica. Además, buena parte de los países latinoamericanos han sufrido el populismo y los procesos revolucionarios y dictatoriales. Ese complicado y tortuoso tránsito hasta la democratización casi completa tiene sus raíces en cómo se produjo su proceso de independencia de España y Portugal.

Las elites criollas no tenían el espíritu revolucionario que Hugo Chávez daba a entender cuando ensalzaba la figura de Simón Bolívar. Que había ansias de cambio era evidente. La incompetencia de España por articular un sistema más justo para con Latinoamérica provocó que, en un momento de serias turbulencias, con la ocupación de la península Ibérica por las fuerzas napoleónicas, se produjeran procesos de independencia que culminaron todos de la misma manera: nacían nuevos países, pero no nuevos modelos. Social, política y económicamente, los países latinoamericanos eran parecidos a los de la era colonial: ni reformas agrarias ni redistribución de poderes. El poder cambió de propietario… para seguir en las mismas manos de siempre, de modo que aquel proceso fue cualquier cosa menos una revolución. La sociedad siguió fuertemente estratificada y poco articulada; los poderes fácticos, reforzados; el ejército, encumbrado, así como la Iglesia católica. El conservadurismo social y el déficit de representación de los más desfavorecidos se convirtieron en un dogma difícil de romper o modificar.

Ahora bien, la gran aportación de Latinoamérica al mundo ha sido el populismo. ¿Cómo nace y en qué contexto? Michael Reid, editor de las Américas del semanario británico *The Economist*, describió muy bien en *El continente olvidado* las razones de ese nacimiento.[1] Aparecieron en los años veinte del siglo pasado, los populismos fueron movimientos de masa que apostaron, en un marco de creciente urbanización, por una industrialización de los sectores productivos. Adquirieron pronto un marcado tinte nacionalista y dependían de la existencia de un líder con alta capacidad de oratoria y elevadas dosis de demagogia. Una de las claves de su éxito fue la apuesta de estos líderes por conseguir una ligación casi mística con las masas y desarrollar una política paternalista para con ellos. No por casualidad «emergieron al mismo tiempo que la radio y el cine».

El problema del populismo es que establecieron redes clientelares en vez de una democracia articulada y sólida. Primaba el discurso demagógico antes que el debate sereno y racional. Así pues, los beneficios de la acción de gobierno eran más un premio a la fidelidad que un derecho adquirido por ser ciudadanos. El objetivo último era el monopolio del poder, creando todo tipo de asociaciones, sindicatos y partidos que reforzaran el poder del líder o del movimiento. En definitiva, el populismo era un sistema político que se convirtió en una maquinaria semiperfecta de poder cuasi absoluto. El recorrido era siempre el mismo: del aplauso, la ilusión y el entusiasmo, al hastío y la desafección. La historia se repitió, en diferentes países, en diferentes épocas. Aún hoy.

Políticamente, América Latina es muy diversa. Democracias más o menos sólidas, aunque también existen dictaduras con fecha de caducidad, caso de la cubana. Pero no siempre fue así, la Guerra Fría hizo mucho daño al continente, ya que conflictos locales, como la revolución sandinista nicaragüense o la revolución cubana, se vieron condicionados por el enfrentamiento entre Washington y Moscú. La tensión política se canalizó a través de movimientos guerrilleros, revoluciones triunfantes y otras muchas fracasadas, así como gobiernos populistas y otros abiertamente dictatoriales. El continente vivió años negros, hasta que la caída del Muro de Berlín despejó el futuro: procesos de reconciliación nacional, desmovilización de las guerrillas, unido a la caída de las dictaduras militares que a lo largo de los ochenta dejaron paso a gobiernos democráticos. Ese clima de mayor distensión fue favorable, pero no impidió que hoy el continente siga sin tener unión política ni económica, lo que debilita el rol latinoamericano en el mundo. Brasil es la gran potencia regional, pues México, que por tamaño geográfico, demográfico y económico, bien podría haber

---

[1] Michael Reid: *El continente olvidado*. Belacqua, Barcelona, 2009.

optado a ello, renunció al firmar en los noventa el acuerdo de libre comercio con EEUU y Canadá. México miró al Norte y dejó, por el momento, el camino expedito a otros. La figura de Hugo Chávez en Venezuela tensionó las relaciones regionales, pues polarizó las relaciones en función de una política tradicional del populismo: el maniqueísmo del conmigo o contra mí. Así, a su vera, se situaron los países que han seguido, en todo o en parte, su senda: Bolivia, Ecuador y Nicaragua, básicamente. Argentina, con el matrimonio Kirchner, ha mostrado no pocas simpatías a ese club. El resto, prácticamente todos han optado por un mayor pragmatismo ideológico y económico:

- **Brasil** ha mostrado el camino y la senda de compatibilizar las políticas de izquierda con la globalización;
- **Chile,** la capacidad de articular, tras la herencia pinochetista, una alternancia en el poder entre los gobiernos de la concertación y la derecha que cierra una larga transición;
- **Colombia,** tras el uribismo, se muestra como una potencia emergente, con un enorme potencial económico;
- **Perú** ha sabido sortear la tentación de volver al fujimorismo con la no elección de su hija Keiko Fujimori;
- y **Uruguay** ha sabido consolidar un modelo estable en lo político y económico, alejado de populismos y liderazgos malsanos.

El continente vive hoy una era dorada. Acostumbrado a ser un apéndice de EEUU y de Europa, América Latina ha sorteado la gran crisis sin apenas rasguños, de manera generalizada, aunque no todos están en la misma senda de crecimiento ordenado ni tienen el mismo horizonte despejado. El mérito tiene explicaciones claras:

- el *boom* de las materias primas por la demanda creciente de los emergentes, y en particular de China. Es el signo de los tiempos. Los países bañados por el Pacífico han descubierto un nuevo mundo al otro lado de ese inmenso océano.
- tras la década perdida de los ochenta y los duros ajustes de los noventa, América Latina entró en una senda de mejora en la gobernanza macroeconómica y ha actuado con mesura, evitando los desmanes que otros lares cometieron en los sistemas financieros.

Aun así, existen riesgos y retos: depender en demasía del precio internacional de las materias primas es volver a las andadas. La excesiva dependencia a la exportación de determinados productos debería de ser aprovechada para diversificar y modernizar las estructuras productivas que han llevado a cabo México o Brasil. Un ejemplo que seguir.

Ese éxito exportador ha provocado un aumento de las divisas, y en algunos casos una apreciación de sus monedas en relación con el dólar, lo que perjudica notablemente la competitividad futura. Claro está que ese problema excede el escenario latinoamericano, pues esa apreciación ha sido, en parte, fruto de la voluntad de las autoridades estadounidenses de devaluar el dólar para reactivar su economía. La falta de una gobernanza global puede poner en un brete el renacer latinoamericano si no se toman medidas, antaño vistas como anatemas y que hoy incluso el FMI defiende, como el control de capitales para evitar males mayores.

Ahora bien, dos de los grandes retos del continente son la educación y la desigualdad. De hecho, las dos van unidas. Con una mayor educación y formación, se ayudaría a desarrollar un sistema económico con mayor valor añadido, lo que permitiría crear más riqueza y con esta, reducir la pobreza. Es evidente que para reducir la desigualdad hay que articular políticas redistributivas, y para ello, recaudar, pero el sistema impositivo es un desastre. La recaudación fiscal regional es de las más bajas del mundo, por su ineficiencia y su corrupción. Sin recursos, no hay redistribución ni políticas sociales que pongan coto a la dualidad social hoy imperante. Los datos así lo avalan: de media, en el continente no se recauda ni el 20 % del PIB, cuando la media de los países de la OCDE supera, en algunos casos, de largo, el 36 %. Esa falta de recursos públicos provoca la falta de oportunidades para los más desfavorecidos y el auge de la violencia (el 42 % de los asesinatos del mundo ocurren en Latinoamérica, que solo acoge al 8 % de la población mundial).

Ahora bien, la evolución de la tasa de pobreza se ha reducido más que nunca. Aquí vuelven a aparecer las disparidades regionales. Aunque Centroamérica queda retratada para mal, la consolidación de las clases medias en el continente son un aval que repercute positivamente en diversos ámbitos: en el económico, pues la mayor capacidad de consumo dinamiza, a su vez, la demanda interna de esos países, y en lo político, ya que las clases medias moderan los discursos de los gobernantes y opositores, abjuran de los populismos, de las aventuras hacia la nada y ayudan a centrar y encarrilar en la moderación los discursos. Esas incipientes clases medias se vuelven pragmáticas: exigen resultados y eficiencia en el buen gobierno. Son capaces de cambiar de voto si su candidato se corrompe o no cumple sus expectativas. En definitiva, el sistema madura y con él, la democracia se asienta y consolida.

Hay, eso sí, otro mal endémico: la manifiesta incapacidad de los países para avanzar al unísono en pos de una integración regional que solo tendría beneficios. El problema radica en la dificultad de compatibilizar discursos pro y anti populistas. Aunque no es solo un problema de egos y de personalismos, también lo es económico: algunos países tienen una clara vocación librecambista: Chile, Colombia, Perú y México, entre otros. No es casualidad que hayan creado la Alianza del Pacífico, cuyo objetivo es aunar esfuerzos y dinamizar el comercio entre estos cuatro países, que suman el 35 % del PIB regional, así como trazar una estrategia común para incrementar las relaciones con la otra ribera del Pacífico. Para empezar, han eliminado la necesidad de visados para sus respectivos ciudadanos.

Por el contrario, Brasil o Argentina, tienden a poner barreras para proteger sus industrias locales.

Venezuela ha creado su propia apuesta (el Alba, la Alternativa Bolivariana de las Américas), que está pensada más desde una perspectiva ideológica que no de lógica económica: los integrantes son los que comparten su visión antiimperialista, más allá de la complementariedad de sus economías, y está asentada por el poder de los petrodólares venezolanos.

También existen propuestas como la Comunidad andina, Mercosur o el Caricom, pero no son verdaderamente latinoamericanas, ya que la conforman solo una parte. No es extraño, pues, que a diferencia de Europa, donde más del 65 % de sus exportaciones son intrarregionales, o del 45 % en Asia, en América Latina solo se haya alcanzado el 17 %. Es un asunto en el que los países latinoamericanos, todos, tienen un debe en su haber. De hecho, cuando EEUU quiso expandir el Tratado de libre comercio de América del Norte a todo el continente para crear el Tratado de Comercio de las Américas, el resultado fue negativo. América Latina no negoció con una única voz y eso permitió a EEUU articular una nueva estrategia: negociar individualmente con cada país. Colombia, Chile, Costa Rica o Perú son buenos ejemplos de ello. Y Uruguay, que forma junto a Paraguay, Argentina, Brasil y Venezuela el Mercosur, ha señaló su interés por iniciar negociaciones, lo que, de llegar a buen puerto, dinamitaría dicha asociación.

2　Un viaje de Norte a Sur

El reto, ahora, es ver con mayor detenimiento cuál es la realidad en algunos de los países latinoamericanos más importantes.

México

Geográficamente, los mexicanos se consideran norteamericanos, lo que quizá todavía sorprende a algunos. Hecha esta salvedad, la historia mexicana es un vivo retrato de los males del continente: el paradigma del populismo lo representa el Partido Revolucionario Institucional (PRI), que moldeó el México del siglo xx. La razón es evidente: mantenerse en el poder durante 71 años sin una mala noche electoral es digno de estudio, más que de elogio. Tan loable resultado electoral fue definido por Vargas Llosa como «la dictadura perfecta». El PRI controló todos los resortes de poder con la anuencia y la colaboración de los grandes grupos empresariales, así como buena parte de la estructura social, formada por asociaciones y sindicatos, moldeados a la sombra del poder *priista*. Así, una de las máximas para muchos cargos y miembros del partido era: «no quiero que me den sino que me pongan donde hay». El partido consolidó su férrea estructura de poder a costa del erario público.

Pero esa maquinaria de poder fue perdiendo eficiencia. El partido, desprestigiado de manera creciente de puertas afuera, dentro era una familia dividida y enfrentada. El asesinato del candidato presidencial Luis Donaldo Coloso en 1994 fue la señal definitiva de la descomposición. De hecho, históricamente la elección de candidato a la Presidencia de la República por parte del PRI era muy singular: la elección estaba en manos del Presidente en ejercicio. Ese *dedazo* presidencial era un símbolo de cómo se hacían las cosas en México. El último presidente del PRI en los noventa, Ernesto Zedillo, tuvo a bien reforzar un organismo independiente: el Instituto Federal Electoral. Casualidad o no, la siguiente campaña no la ganó el PRI, sino uno de los partidos de oposición, el derechista Partido de Acción Nacional (PAN).

Tras dos presidencias panistas, las de Vicente Fox y Felipe Calderón, se frustraron muchas expectativas de modernización, pero su sola existencia demostró que el país había cambiado. La herencia, un país en guerra contra el narcotráfico y ávido de reformas que no se han llevado a cabo por la imposibilidad del sistema: presidente y Parlamento raramente coincide en un mismo color.

A pesar de la alternancia, el PRI siguió siendo una poderosa maquinaria de ganar elecciones en los Estados. Sea como fuere, el país tiene una oportunidad para, desde el consenso, sacar adelante varias reformas.

Con la globalización, México parecía la perdedora de la historia. Todo lo que ganó con la instalación de las *maquilas* tras la firma del NAFTA era visto como una segura derrota, ya que China, más barata, atraía a la industria estadounidense. Pero la profunda y acelerada transformación que ha vivido el gigante asiático ha repercutido negativamente en sus costes, con lo que la proximidad al gran mercado estadounidense ha provocado un resurgir del coste/oportunidad mexicano. De hecho, este país exporta manufacturas equivalentes a la suma del resto de Latinoamérica.

Por tanto, el futuro aparece lleno de oportunidades… si el país es capaz de introducir las reformas que tanto necesita: más liberalización en medios tan dispares como las televisiones, en pos de una mayor pluralidad, o las telecomunicaciones,[2] así como despojar de tutelas el sistema educativo o permitir nuevas formas de gestión en la empresa estatal de petróleos, Pemex. Esta ha de elegir a quién quiere parecerse. Dos son, básicamente, las opciones: Petrobras o PDVSA. Para parecerse a la primera, debería colaborar con multinacionales del sector, para que aportasen *know how* y músculo financiero y aumentar, así, las inversiones y, por ende, producción de hidrocarburos que decae año tras año; de parecerse a la segunda, mantendría el discurso arcaico, aislacionista, prohibiendo toda inversión extranjera y el resultado bien podría ser el mismo: una gestión donde mandan más los intereses particulares (en este caso, sindicales) que los colectivos.

Así pues, el futuro de México pasa por las reformas y éstas por un mayor consenso político. Si ese clima de consenso se consolida y sale adelante una reforma fiscal más justa que la actual, todo es posible.

Colombia

De geografía complicada, ha sido el país más estigmatizado de Latinoamérica. En un tiempo en el que las guerrillas se desmovilizaron y la violencia política era cosa del pasado, los colombianos vieron con frustración que la situación se complicaba por momentos: narcotraficantes, dos guerrillas con miles de seguidores (las FARC y el ELN), así como los paramilitares más un Ejército sobre el que recaían muchas sospechas de connivencia con los *paras*. Un cóctel explosivo que trajo más injusticias, arbitrarias confiscaciones de tierras, más de dos millones de desplazados, y miles de secuestrados y muertos en combate.

Políticamente, el país funcionaba con un bipartidismo imperfecto: liberales y conservadores se alternaban con más o menos orden. Ese panorama saltó hecho añicos tras el fracaso de la apuesta negociadora con la guerrilla del presidente Andrés Pastrana en San Vicente del Caguán. La historia se mueve como los péndulos, de un extremo al otro: la demostración palpable de la falta de voluntad de las FARC coincidió con el discurso del nuevo presidente, Álvaro Uribe, que llamaba a derrotar a las guerrillas, sin más. Su firme voluntad política y los éxitos militares de su estrategia de «ganar la seguridad», le permitieron ser aclamado y reelegido, previo cambio constitucional. Su figura dinamitó la estructura de poder y el arcaico sistema de partidos. Ahora hay en Colombia unos partidos de centro izquierda y otros de centro derecha. Su sucesor en la

---

[2] «Señores, *start your engines*», *The Economist*, 24 de noviembre de 2012.

presidencia, Juan Manuel Santos, el que fuera su Ministro de Defensa, apostó de nuevo desde 2010 por una negociación pero sin las vergonzantes concesiones de 1998. El poder está ahora en manos del Estado y son las FARC las que se han de mover. El proceso de reconciliación, una vez más, está en marcha. Si llega a buen puerto saldrá a relucir el potencial económico e industrial de un país que tiene todo por hacer, empezando por las políticas sociales que pongan remedio al sufrimiento y dualidad social lacerante.

Venezuela

Ha sido tradicionalmente la Arabia Saudí del Caribe. Con una renta per cápita muy superior a la media por las regalías que dejaba el oro negro, el poder estuvo en manos de dos partidos que se alternaban sin problemas. Aunque el problema existía: Copei y Acción Democrática vivían en un mundo lleno de componendas, con una parte de la sociedad, no pequeña, alienada y marginada del resto y una corrupción institucionalizada. Solo así se entiende que tras el fracaso de una asonada militar, uno de sus promotores acabara presentándose a unas elecciones, las ganara y, a partir de ahí, revolucionara el panorama, hasta transformar Venezuela en el país que es hoy. Venerado por unos, criticado por otros, el presidente Hugo Chávez, fallecido en 2013, y su modelo no dejaron indiferente a nadie. Por múltiples razones: por lo que representó, por sus resultados y por la herencia que dejó. Su proyecto, inicialmente regeneracionista, era necesario; no tanto su desarrollo posterior.

Un análisis desapasionado de su trayectoria nos lleva a una conclusión que tiene múltiples matices. El socialismo del siglo XXI es una cantinela que depende del precio del barril de petróleo. El poderío del nuevo sistema se sustenta en los petrodólares. Sin ellos, no hay nada, pues una de las derivadas de la apuesta populista ha sido la institucionalización de un discurso crítico con el capitalismo, con lo que el sector privado ha visto, en estos casi tres lustros de chavismo, reducidas a la mitad el número de empresas. Eso explica que el país tenga que importar el 80 % de lo que consume, con lo que una derivada ha sido la instauración de un control cambiario de divisas, dependiente de la Comisión de Administración de Divisas o Cadivi, creado en 2003, y las crecientes dificultades para muchas empresas al repatriar beneficios.[3] Por todo

---

[3] En febrero de 2012, la devaluación oficial del bolívar provocó la pérdida de valor de los beneficios empresariales acumulados por empresas extranjeras y que el régimen chavista había imposibilitado repatriar. La devaluación, que rozó el 40 %, supuso además una pérdida de poder adquisitivo generalizada, no así para el Gobierno, que cobraba en dólares el petróleo.

ello, no es descabellado decir que hay demasiado espacio para la arbitrariedad y poco para la seguridad jurídica.

Tras la palabrería, los ataques gratuitos y la iconografía pseudorrevolucionaria, la Venezuela de hoy responde a un caudillismo no disimulado, incapaz de tapar sus vergüenzas. Y para muestra, dos ejemplos:

- aunque es una potencia energética, tiene que importar gasolina y asume apagones periódicos por falta de suministro eléctrico;
- sufre un auge preocupante de la criminalidad, especialmente en Caracas. No hay en el mundo ciudad más violenta (80 asesinatos por cada 100.000 habitantes).

A pesar de todo, la iconografía chavista todavía convive con un consumismo que se traspira en los centros comerciales, siempre llenos. Ésa es la principal paradoja: la realidad fusiona en una particular simbiosis caribeña la oratoria revolucionaria con las compras del fin de semana. Otra particularidad del país es la obsesión con la imagen de la mujer: Venezuela es el país de las *misses* y los concursos de belleza. Nadie se plantea si eso significa denigrar o convertir a la mujer en un objeto de deseo. Las operaciones de estética son bien vistas y las jóvenes lo piden como regalo a los padres cuando se acercan a la mayoría de edad, si no antes. La otra cuestión que el chavismo no ha cambiado, si acaso lo ha reforzado, es la corrupción. Quizá han cambiado los destinatarios pero no las prácticas.

En definitiva, el país, políticamente fracturado, tiene pendiente una reconciliación que hay que empezar a gestionar con sumo tacto ahora que la figura de Hugo Chávez ha desaparecido. La desideologización de las estructuras del Estado, así como la desmovilización de las milicias chavistas, armadas y convertidas en las verdaderas defensoras del régimen son todavía una velada amenaza al futuro de Venezuela. Con la inestimable colaboración del régimen cubano, Hugo Chávez supo conectar con aquellos que durante décadas se sintieron desasistidos por un Estado copado por criollos blancos, por partidos que miraban por intereses de otros. Esa otra Venezuela es la que la retórica de Chávez supo movilizar, y aún hoy los hay que valoran el trabajo de las «misiones»: la enseñanza, comida o asistencia sanitaria. Otra cuestión es si esa política asistencial no ha creado estómagos agradecidos en vez de estimular el dinamismo empresarial, pero los datos confirman que la pobreza, y especialmente la más extrema, se haya reducido del 50 al 30 % y del 20 al 8 %. Esa es la Venezuela que ha heredado Nicolás Maduro: un país con menos libertad, más arbitrario, menos desigual pero más corrupto y tremendamente polarizado.

Brasil

Mucho ha llovido desde que el estigma de la frase pronunciada por Stehen Zweig, «Brasil es un país con un magnífico futuro que nunca llega», se demostrase equivocado en el largo plazo. Efectivamente, su dimensión geográfica, sus riquezas naturales, su peso demográfico y su estabilidad política, así como voluntad de liderazgo han convertido a este gigante sudamericano en el referente continental. Hay países inestables que, de bandazo en bandazo, avanzan a trompicones; con Brasil fue así durante mucho tiempo, pero desde el gobierno de Fernando Henrique Cardoso se estabilizó tras el duro plan Real. Ahora, la senda es la correcta y los que han venido después (Lula y Dilma Rousseff) han tenido la sabiduría, la visión o el acierto de poner énfasis en unas políticas retributivas, más sociales, pero que no pusieran en riesgo la estabilidad lograda. Es curioso que, en el ámbito internacional, el que ha capitalizado todo el mérito ha sido Lula da Silva, cuando internamente tuvo mucha mayor oposición y descrédito del que en EEUU o Europa se observó. Rousseff, en cambio, considerada su delfín, ha cortado por lo sano con las ligaduras del pasado y está siguiendo una senda propia que pasa por una mayor y más eficiente lucha contra la corrupción. El dinamismo brasileño, su fuerza, vitalidad y atractivo tiene fundamentos sólidos: la economía crece, la pobreza disminuye, el crédito fluye, la inflación se contiene y a la sólida industria local y a las inversiones captadas se les une el descubrimiento, frente a las costas de Río, de unas enormes reservas de crudo que convertirán a Brasil en una potencia energética de alcance mundial. Pero quizá el cambio de signo, el optimismo, es el mayor índice de bancarización de las familias, que abren cuentas corrientes, ahorran, consiguen tarjetas de crédito y consumen: el aumento de la demanda interna refuerza un modelo de crecimiento basado en las exportaciones, que se han visto perjudicadas por la apreciación del real y la pérdida de competitividad internacional, a raíz de las políticas seguidas por Washington de expansión cuantitativa sin freno. Sea como fuere, que en Brasil haya treinta millones de brasileños que hayan dado el salto desde 2003 a lo que allí se denomina la clase C, unos ingresos entre 1.610 y 6.940 reales al mes (entre 535 y 2.300 €, o 700 y 3.000 US$) y el número de ricos siga creciendo, eso sí es un cambio de fondo.[4]

Ahora bien, también hay sombras entre tantas luces. El aumento del consumo no puede hacerse a costa del endeudamiento continuo si no se quiere comprobar en carne propia lo que ha sucedido en otros países. De la misma manera, el crecimiento, que en los últimos años se ha ralentizado, podría verse estimulado si se

---

[4] Fundación Getulio Vargas (www.fgv.br).

redujera «el coste Brasil»: la enorme complejidad burocrática, la maraña legislativa y fiscal, los elevados costes de transporte o la corrupción, amén de las elevadas barreras arancelarias y del dominio de las empresas locales sobre el mercado nacional. Que Brasil sea un referente emergente y con una dimensión de mercado de 200 millones de personas también ha provocado otro efecto que multiplica la competencia: al país han acudido todas las grandes empresas y grandes marcas. Nadie quiere perder una oportunidad. Pero la gestión del tiempo es lenta en Brasil y se requiere paciencia para fructificar cualquier apuesta empresarial.

Argentina

Durante unos años, Argentina tuvo la firme voluntad de liderar Latinoamérica. Rivalizaba con Brasil por ello, pero la crisis del *corralito* puso las cosas en su lugar. Fruto de sus errores y su carácter nacional, es hoy un país que quiere pero no puede. Fue potencia en los años de entreguerras y después, tras el populismo de Perón y los años de dictadura, llegó a la era contemporánea con un Gobierno salido de la desafección hacia una Junta militar que perdió en las Malvinas el poco crédito que le quedaba. La solución en tiempos del peronista Menem fue la práctica dolarización de la economía al crear un cambio fijo de un peso por dólar. A ello hay que añadir que Argentina se convirtió en alumna aventajada del FMI: las políticas de privatización y liberalización se llevaron a cabo con ahínco y esmero. Durante unos años, volvió la euforia y el engreimiento generalizado de vivir en el marco de crecimientos sólidos y constantes, cuando en verdad no era más que un espejismo de vivir con una moneda fuerte que no se correspondía con la realidad. Cuando en EEUU se producía un aumento exponencial de la productividad con el *boom* de la nueva economía, el aparato productivo argentino empezaba a sufrir la fortaleza del peso. Eso, unido a la crisis del real brasileño y su devaluación en 1998, provocó un terremoto considerable: el optimismo se volatilizó, el paro empezó a aumentar, los costes sociales también, y el déficit, que había desaparecido falsamente mientras se conseguían ingresos extraordinarios al privatizar las joyas de la abuela, reapareció para quedarse. Así, la huida de capitales se precipitó. Sin crédito posible, el Gobierno radical de De la Rúa se vio en la obligación de congelar los fondos de unos bancos que corrían el riesgo de descapitalizarse ante la creciente avalancha de los argentinos por recuperar sus ahorros. El corralito trajo consigo la ruptura con el dólar y la devaluación automática del peso. De 1-1, al 4-1. Todas las deudas dolarizadas se multiplicaron por cuatro. El Estado hizo *default*, quedó fuera de los circuitos del crédito internacional y la economía se hundió. De un plumazo, el ahorro de varias generaciones se volatilizó. A partir del hundimiento, la rápida recuperación: con un sector agrícola potente, dinámico y eminentemente exportador, con la acumulación de divisas y la vuelta de la confianza, unido a la mayor estabilidad política gracias al poder creciente del matrimonio Kirchner. El tándem Néstor-Cristina funcionó hasta después de la muerte del primero.

La singularidad argentina viene de la mano de lo imprevisible que resulta operar en un Estado donde las leyes no se cumplen y la lucha de poder no es entre partidos, sino dentro de un partido transversal, el partido Justicialista (los peronistas de toda la vida). Dicha formación es capaz de acoger en su seno a gobernantes tan dispares como Carlos Menem o Néstor Kirchner, que aplicaron políticas diametralmente opuestas (del neoliberalismo más militante a las políticas autárquicas y nacionalizadoras del populismo tradicional). En Argentina, eso es normal. Como también lo es que si las estadísticas no agradan al gobernante, se alteran para que la realidad no contradiga el discurso oficial. Así, en Argentina hoy nadie sabe qué inflación hay. Se sabe que es muy alta, que dobla la oficial, pero no hay cifras. Ese es el sino de este país: condenado a repetir los ciclos de la historia pero agudizando los picos. Está en el carácter nacional, en su ADN. Argentina es dual:

- Hay una parte de la población que compra el discurso populista, que adora a su mentora (ahora Cristina, antes Eva) y a su séquito: desde los jóvenes de la Cámpora, una facción de jóvenes kirchneristas que se han hecho fuertes en buena parte de las estructuras de Estado, así como al joven economista Axel Kicillof.
- También hay otra Argentina minoritaria que rechaza esas políticas por populistas, contraproducentes y arbitrarias, que siente impotencia, incluso vergüenza, que ve que no puede cambiar el país.

Para muchos, aún hoy, la mejor salida de Argentina está en Eceiza.

Capítulo 6
Entorno árabo-musulmán

1 El convulso mundo árabe

La denominada primavera árabe ha comportado un cambio para bien en la imagen que el mundo, especialmente Occidente, tenía de los países que conforman una de las civilizaciones más importantes de la historia. Los estigmas, tópicos y clichés, muchos de ellos falsos, habían creado una imagen distorsionada de los árabes. De hecho, las teorías relativas al choque de civilizaciones impulsadas por politólogos como Samuel Huntington[1] y, por supuesto, los efectos del 11-S, ayudaron a crear esa imagen. Se veía y se asociaba a los árabes como gente de poco fiar, fanáticos musulmanes, muchos de ellos terroristas o simpatizantes con el terrorismo islamista, que no respetaban a las mujeres y que, además, odiaban a Occidente.

Las movilizaciones masivas en Túnez y Egipto, que no tardaron en expandirse por otros países, ayudaron a cambiar esa imagen. De pronto, esa juventud, con altas dosis de heroicidad, provista de sus móviles, perfiles de Facebook y cuentas de Twitter, era vista como parte de unos semejantes, luchadores por una libertad y una democracia que unos tiranos les negaban sin razón. De la noche a la mañana, las distancias se acortaron, los estigmas escamparon y las simpatías revolotearon en todos los ámbitos: la red se posicionó en favor de esos árabes que luchaban a pie de calle por recuperar una dignidad secuestrada por regímenes corruptos, por dictadores que llevaban en el cargo una eternidad. En medio del desbarajuste, renació una estima antes desconocida y una simpatía sin igual.

Lo curioso del caso es que esa juventud movilizada, urbanita en su mayoría, con estudios y una mochila cargada de ilusiones, se parecía a esa otra juventud que, al

---

[1] Samuel P. Huntington: *El choque de civilizaciones*. Paidós, Barcelona, 1997.

otro lado del Atlántico o del Mediterráneo, asistía conmovida ante la brutal reacción de aquellos regímenes que se resistían al cambio. Buscaban lo mismo: libertad y un porvenir mejor. En el ocaso de sus mandatos, esos dictadores se habían recluido y atrincherado en sus palacios presidenciales. Se resistían a una transición o revolución que ya había llegado. Aunque sus sicarios intentaban magnificar el caos para reivindicar ante las cancillerías occidentales que la alternativa a su dominio era la anarquía. Esa estrategia no dio esta vez frutos y los dictadores acabaron defenestrados. Unos muertos, otros detenidos y otros exiliados.

En definitiva, los prejuicios daban paso a las simpatías. Pues bien, ese cambio político no está claro en qué acabará, ¿en una primavera árabe o en un invierno islamista? La única certeza es que esas revoluciones han puesto encima de la mesa la complejidad del mundo árabe.

Esa complejidad tiene numerosas causas:

- La fragmentación existente en un mundo que dista mucho de esa imagen compacta que en Occidente muchos tenían de él.

- Existe un profundo enfrentamiento entre países árabes. Por tanto, más que una amenaza contra Occidente, es una amenaza interna, entre las partes de ese complejo mecano. Ese enfrentamiento se debe a razones de índole política, geopolítica, económica y religiosa.

- La composición de los países árabes no es uniforme. Los hay homogéneos étnica y religiosamente; otros, fragmentados por las mismas razones.

- Tras la pérdida de poder del Imperio otomano, y la toma de control por parte de Francia y el Reino Unido en la región, los diferentes territorios se articularon con una estructura sociopolítica que poco o nada tenían que ver con su pasado y su cultura. El establecimiento del Estado-nación europeo, impuesto por las metrópolis, suplantaba una estructura basada en la afinidad tribal. Asimismo, muchas tribus nómadas vieron cómo se imponían unas fronteras marcadas por intereses occidentales, no locales.

- En el mundo árabe se ha alterado el proceso de la historia: mientras que en otras latitudes del mundo, la natural evolución histórica (con guerras y tratados) acababa conformando unas fronteras hoy sólidas y reconocidas, en el mundo árabe, el proceso fue a la inversa: la imposición de unas fronteras, en muchos casos arbitrarias y trazadas con regla y cartabón, generaron guerras: el conflicto árabe-israelí, la reivindicación siria sobre el Líbano, la de Irak sobre Kuwait, la guerra de las arenas entre Argelia y Marruecos o la reivindicación saharaui ante la ocupación marroquí, por citar algunas.

- Las diferencias que se generaron en los distintos países cuando se independizaron, en plena Guerra Fría: las monarquías estuvieron junto a Londres y Washington; mientras que buena parte de las repúblicas apostaron por el socialismo y el arabismo, cerca de la órbita soviética.

- Por último, la sima religiosa: el socialismo arabista se decantaba hacia un laicismo que les alejaba de visiones como el conservadurismo wahabita saudí, impulsor allende de sus fronteras de una interpretación muy rigurosa y conservadora del islam suní. Y a ello cabe añadir que dentro del Islam existe una verdadera guerra civil entre suníes y chiíes que ayuda a fragmentar aún más ese mundo, y esos países ya de por sí muy divididos. El Líbano es, seguramente, el mejor ejemplo.

Esa fragmentación no evitó que la mayoría de monarquías conservadoras y repúblicas con un pasado revolucionario se convirtieran (y he aquí la gran aportación a la ciencia política de los árabes) en repúblicas hereditarias. Los esfuerzos baldíos en pos de la modernización acabaron, pues, en fracaso.

En un primer estadio, los líderes que lograron las independencias vivieron con el reconocimiento de sus semejantes, pero con el tiempo y en el marco de un nuevo orden internacional, los bandos se diluyeron. Quedó al descubierto el fracaso de esos regímenes: con poblaciones jóvenes, el autoritarismo y la represión en aumento, el crecimiento económico no afloraba. Parapetados en poderosas estructuras de poder, impedían el relevo generacional y creaban no poca frustración, difícil de canalizar. No había alternativa política al descontento, pues el sistema en sí era una auténtica farsa. Basta con repasar los resultados de las elecciones y referéndums que durante los últimos lustros se celebraron: en algunos casos, las autoridades no se molestaban ni en disimular, anunciando victorias con el 99 % de los votos.

Solo en los países del Golfo escapaban a esa realidad: los petrodólares dieron pie a sueños de grandeza, a grandes construcciones, a modelos de ensueño que les separaba, aún más, de la lógica que imperaba en el resto del mundo árabe. Para el resto de países, la falta de alternativas provocó que se articulara en torno de aquellos que representaban un verdadero cambio un modelo alternativo. ¿Quiénes eran los que traían una buena nueva? Los islamistas, como luego veremos.

Esa realidad del mundo árabe tan fragmentada, además, está llena de contradicciones en lo geopolítico. Un buen ejemplo es la cita que Tomás Alcoverro hacía en una de sus crónicas sobre la visión que un periodista del *The New Yorker Books Review* tenía sobre la región: «Estados Unidos es aliado de Iraq, que es aliado del Irán que apoya al régimen de Bashar el Asad, al que quieren derrocar. Estados Unidos también es aliado de Qatar, que ayuda a Hamas que combate a Israel, pero, además lo es de Arabia Saudí, que financia a los salafistas que arman a los *yihadistas* que desean matar a los estadounidenses».[2] Estas y otras contradicciones han hecho de esta región una de las más problemáticas del planeta.

2   El islamismo como solución

En el marasmo de la desesperación, con un sistema de partidos tutelado por los autoritarismos desacreditados y con las fuerzas laicas sin el peso que muchos quisieran, la verdadera alternativa, la más articulada, la que tiene mayor reconocimiento social es la que conforma el islamismo. Pero ¿qué es el islamismo? Es evidente que representa un cajón de sastre, en el que caben muchas sensibilidades: desde las fuerzas que aceptan el modelo democrático hasta las que quieren usar la democracia como herramienta para conseguir el poder a fin de instaurar la *sharía*, que es la gobernación de un país basándose en las normas y leyes que dicta el Islam.

En definitiva, el islamismo político es una ideología que utiliza la religión para conseguir el poder. De discurso conservador, el islamismo considera que las modernizaciones han fracasado y que la salvación se encuentra en las fuentes de la historia. Todo pasado fue mejor. Cuando más esplendor tuvo el mundo árabe, cuando más se expandió y aumentó su influencia es cuando se regía por las normas religiosas que ahora hay que recuperar. Ese discurso, que topa con la oposición de una parte de la sociedad árabe, enfrenta al sujeto político a dos legitimidades: la voluntad divina y la de los conciudadanos. Para el islamista la elección es clara: prima la divina, lo que provoca recelo y rechazo de aquellos que no aceptan la norma divina por encima de la del hombre, bien por principios ideológicos y democráticos o bien por no compartir esa misma fe.

En el fondo, el éxito electoral que en reiteradas ocasiones cosechan los islamistas se debe a dos razones:

1. En un contexto de pobreza, de falta de recursos públicos para implantar políticas sociales, los islamistas abrieron comedores, escuelas y centros sociales,

---

[2] «Los espejismos de las primaveras», Tomás Alcoverro, *La Vanguardia*, 23 de diciembre de 2012.

dieron asistencia inmediata ante los desastres naturales y, en definitiva, se preocuparon de los desheredados y olvidados de los distintos gobiernos. Esas políticas sociales iban unidas al correspondiente proselitismo y se llevaron a cabo, a veces, con la ayuda exterior de países, como Arabia Saudí, interesados en aumentar su influencia a través de la religión.

2. Algunos regímenes corruptos y autoritarios, que tenían en Occidente a sus principales valedores, utilizaban con inteligencia la amenaza islamista. Se presentaban en las cancillerías occidentales como el dique de contención ante la marea verde. Ponían en un brete a los países occidentales que veían con horror lo sucedido en Argelia en 1992: la democratización del régimen llevó a los islamistas a las puertas de la victoria y si no la lograron es porque el Ejército frenó el proceso electoral, lo que dio pie a una sangrienta guerra civil en los noventa. La manera de conseguir apoyos era sibilina: persecución de los partidos liberales, marcaje férreo que les impedía prosperar y algo de aliento a las fuerzas islamistas que, unido a su mayor organización, les hacía aparecer como la única alternativa de cambio. La casuística, pues, era siempre la misma: cambio islamista o contención. Y Occidente solía escoger la contención. El supuesto mal menor, con lo que su imagen en el mundo árabe iba a peor. Se les veía como agentes contrarios al cambio, cómplices de la opresión. Y eso que decían representar la defensa de libertades frente a la intolerancia y la vulneración sistemática de los derechos humanos. ¡Menuda contradicción! ¿Cómo, si no, se explica que Egipto fuese, tras Israel, el país que más ayuda recibía de EEUU? ¿Eran ayudas en pos de un cambio, reforma o transición o eran más bien ayudas para mantener en pie un régimen que había firmado la paz con Israel y que gozaba de cierta ascendencia sobre el mundo árabe y sobre Hamas en particular al mantener controlada la frontera con Gaza?

El divorcio de la denominada calle árabe y sus dirigentes favoreció la eclosión de la primavera árabe. El *buenismo* de la expresión no oculta una incógnita sobre su futura evolución. ¿Es un cambio de fondo? Seguramente. ¿Ganará, pues, la democracia? No necesariamente, al menos, tal y como se entiende en Occidente. Lo que ha sucedido en buena parte del mundo árabe es, sin duda, un antes y un después. Lo que no quiere decir que acabe siendo lo que París, Londres, Washington o Berlín desearían que fuese. Las sucesivas votaciones han despejado el camino al triunfo islamista, pero ese islamismo tiene ahora ante sí un reto colosal: ha de gobernar, prestar servicios, mejorar la vida de la gente. Para llegar al poder han tenido que moderar su discurso, abrazar cierto pragmatismo. El reto está en si intentarán, como piensan algunos, «adaptar la modernidad a los preceptos de la religión, en vez de permitir que el Islam se contamine con la modernidad».[3]

En cualquier caso, a día de hoy, la legitimación de los islamistas es a través de las urnas, no de las palabras divinas. Puede que su cultura política no sea del todo democrática, pero se han tenido que amoldar a las circunstancias: un sistema democrático, unas leyes y unas mayorías que el pueblo, llegado el caso, puede revocar. La influencia de Dios está, cuando menos, limitada. Puede que los verdaderos promotores del cambio, los miles de jóvenes que se movilizaron primero en Túnez y luego en Egipto no sean mayoría en la sociedad; puede, incluso, que una buena parte de esta sea mucho más conservadora y próxima a los postulados islamistas, pero esa opción minoritaria ha conseguido marcar un hito: habrá democracia. Quizá no la que ellos habían soñado, pero menos es nada. Han roto con el lema islamista tradicional: «el Islam es la solución». El islamismo también se ha fracturado. Hay islamistas más conservadores que otros, pues no es lo mismo un islamista miembro de los Hermanos Musulmanes que un salafista. Este último es mucho más radical, más intolerante y exigente en el cumplimiento íntegro de sus postulados, que considera los únicos válidos. Aboga por la imposición, no acepta el consenso o la transgresión. Ese crisol islamista tiene un reto, y de cómo se aborde dependerá la evolución del mundo árabe. Si se mantiene monolítico, actúa coordinadamente e impone sencilla y llanamente la *sharía*, la tensión aumentará; si, por el contrario, se abre al juego de negociar y pactar con otras formaciones, el potencial de estabilidad, de generar nuevos climas de consenso redundará en unas transiciones más representativas de lo que es el mundo árabe hoy.

3 Más allá del mundo árabe

Curiosamente, dos de los países que más ascendencia histórica han tenido en relación con el mundo árabe no son árabes: Turquía e Irán representan modelos contrapuestos: democracia o *sharía*.

Turquía

Representa un modelo democrático, de plenas libertades, en el que las elecciones dictan sentencia. Pero no siempre fue así. La paradoja del modelo turco es que

---

[3] «Islam político 2.0»: Zouhir Louassini, *El País*, 25 de octubre de 2011.

esos principios y valores democráticos se impusieron por la fuerza. Mustafá Kemal *Atatürk*, militar de profesión, abolió en la década de 1920 el califato e impulsó una modernización del país, que él asociaba a una forzada occidentalización: adoptó la grafía latina, prohibió el uso del velo en los espacios públicos y adoptó una legislación inspirada en los patrones europeos. Ese nuevo republicanismo, unido a un fuerte componente nacionalista, se basaba también en la fuerza y ascendencia del Estado como referente de la política económica.

Ese Estado tenía, a su vez, un gran valedor de esos preceptos republicanos, el Ejército. Cuando la democracia se abrió paso, los militares supervisaron que nadie cruzara las «líneas rojas» o principios kemalistas. La convivencia entre las fuerzas islamistas y los poderes del Estado fueron tensas, nada equilibradas, pero el descrédito de los partidos políticos tradicionales y un cambio de fondo en la sociedad turca, con la emergencia de una burguesía islamista, nacida en la profunda Anatolia, transformó el mapa político y las relaciones tradicionales de poder: los islamistas, encabezados por Tayip Erdogan, ganaron con holgura las elecciones de 2003. Desde entonces, las reformas y el sólido crecimiento económico han convertido a Turquía en uno de esos países referentes del mundo emergente. Las fuerzas laicas y republicanas desconfían abiertamente de Erdogan y el AKP, al que acusan de tener un objetivo último: islamizar el país y cambiar las reglas de juego.

Turquía vive hoy un nuevo amanecer, su democracia se ha convertido en el faro de esperanza de los países árabes que ven en su modelo una alternativa válida a los regímenes de Mubarak, El Asad, Ben Alí o Gadafi. Aunque la Turquía de hoy no se entiende sin Atatürk y su revolución impulsada desde arriba e impuesta por la fuerza. Sea como fuere, desde 2003, los islamistas han introducido muchas reformas fruto de la negociación en pos de un acuerdo de adhesión; pero Europa se ha mostrado renuente a aceptar a Turquía como país de pleno derecho. A aceptar, en definitiva, a un país musulmán.

Irán

Tras la desastrosa herencia del *sha* Mohammad Reza Pahlevi,[4] la revolución de 1979 contó con la participación popular de todo el espectro político (islamistas, comunistas, monárquicos constitucionalistas), todos unidos con un objetivo: conseguir

---

[4] Ryszard Kapuscinski: *El Sha o la desmesura del poder*. Anagrama, Barcelona, 2003.

la renuncia del *sha*. Tras su marcha, el país derivó, bajo los auspicios del *ayatollah* Ruhollah Jomeini, en lo que es hoy, un régimen teocrático.

En su momento, esa revolución transformó el *statu quo* de la región. EEUU había asentado su poder en el golfo Pérsico a través de una doble alianza: por un lado, la que acordaron el presidente F.D. Roosevelt y el rey Abdelaziz Ibn Saud, por la que EEUU se comprometía a garantizar la seguridad de Arabia Saudí a cambio del suministro de petróleo. Representantes de dos modelo antagónicos en relación con la sociedad, los valores y la ideología, esa alianza, inquebrantable hasta el día de hoy, convivió largo tiempo, con la que EEUU tenía con el verdadero gendarme de la región: Irán.

El problema se produjo con la revolución de 1979. Irán cambió abruptamente y el miedo a que esa revolución se expandiera forzó movimientos de muy diferente pelaje. Las monarquías petroleras árabes del Golfo crearon el Consejo de Cooperación del Golfo (CCG) y el Irak de Sadam Hussein vio la posibilidad de pescar en río revuelto. Decapitado el régimen del *sha*, el dictador iraquí creyó poder derrotar fácilmente a Irán y le declaró la guerra. Aquel error sirvió para contener aquella revolución, lo que a su vez hizo que las monarquías del Gofo respiraran más tranquilas. El verdadero problema para Irán, además del acoso internacional por el tema nuclear y el marcaje que se le hace desde Tel-Aviv, es el fracaso de la propuesta teocrática si nos remitimos a los índices macroeconómicos. Una buena muestra de ello es el gran malestar causado tras la polémica elección de Mahmud Ahmadineyad para un segundo mandato frente al candidato reformista Mir-Hosein Musaví. Las fundadas sospechas de fraude provocaron numerosos altercados y manifestaciones masivas que el régimen de los *ayatollahs* no dudó en reprimir. Los más conservadores del régimen no entienden que tras más de treinta años desde el inicio de la revolución, el país es otro, ha sufrido numerosos cambios (más demográficos y sociológicos que económicos). La unión de los jóvenes y las mujeres son un motor de cambio que en algún momento se activará. De hecho, lo que está sucediendo con las primaveras árabes no gusta en Teherán ya que, de alguna manera, pone de manifiesto que, ante la cerrazón, solo cabe una revolución. Y la iraní está desgastada y desacreditada. El descrédito es tal que, antes o después, un elefante blanco dirigirá una transición más o menos pactada, si no se quiere volver a las andadas de 1979. La reciente elección de Hasan Rohaní es, en ese sentido, una incógnita. Hombre del régimen, ganó la elección atrayendo a su vera a los jóvenes y desencantados, con un discurso crítico de cómo se hicieron las cosas en la primera década del siglo XXI. Él o cualquier otro deberán desbrozar el camino del cambio si no se quiere dejar al país postrado y aislado internacionalmente.

Lo que es evidente es que, a día de hoy, el islamismo político no tiene un buen aliado en el régimen autocrático iraní: los jóvenes y las mujeres piden cambios, reformas y mayores cotas de libertad.

4 Los retos de futuro

No todos los países árabes están en la misma situación. En algunos de ellos, la primavera ha pasado de largo.

Marruecos

La figura del monarca, Mohamed VI, sigue siendo intocable, a pesar de la reciente reforma constitucional. Las manifestaciones, minoritarias, que tuvieron su eco y su momento, no han hecho mella en el núcleo duro de poder. El gobierno liderado por los islamistas convive con la voluntad de un monarca que ha defraudado a buena parte de sus súbditos.

Con mayor libertad de prensa que otros países de su entono, Marruecos tiene aún el conflicto sahariano sin resolver: no hay ni independencia ni integración. Su incapacidad manifiesta y su falta de cintura política para resolver de manera pacífica el conflicto le resta competitividad; además, a los gastos relacionados con la gestión del Sáhara y de Defensa se le suman sus necesidades sociales: alrededor de un tercio del gasto público. Más allá de ese problema irresoluto, Marruecos tiene su particular apuesta estratégica: situado en un extremo del arco árabe, y con un vecino con el que mantiene un duro litigio, Argelia, Rabat mira más a Europa que al Magreb. En consecuencia, Francia y España, las antiguas potencias coloniales, son sus principales mercados.

Argelia

Es la bestia negra marroquí: enfrentados en los años sesenta en la guerra de las arenas, esa rivalidad es, junto al firme apoyo argelino a los saharauis, una de las razones que explican la sinrazón de tener las fronteras cerradas. Dos países vecinos que viven de espaldas es un error mayúsculo: no hay en ello lógica económica ni política. Pero ése no es el único problema de Argelia. Afectada por una guerra civil en los noventa, la calma actual ha sorprendido a propios y extraños: los resortes de poder del preboste Abdelaziz Buteflika han sorteado la primavera árabe. El alto precio de las materias primas en los mercados internacionales le ha permitido al gobierno disponer de una liquidez con la que atemperar las demandas sociales.

El problema para Argelia es que el poder está en las manos de una elite poco dispuesta a cederlo y que el modelo de desarrollo está condicionado por las exportaciones de gas y petróleo. El resto de sectores productivos son poco significativos y la burocracia e ineficiencia le restan atractivo. El reciente reconocimiento por parte del presidente francés, François Hollande, de los errores cometidos en los años cincuenta y sesenta del siglo pasado hablan bien a las claras del peso de ese pasado no tan lejano.

Túnez

El más occidentalizado de los países del Magreb, el que abrió la espita de la primavera árabe, se encuentra hoy redefiniendo su futuro. Habib Burguiba moldeó el Túnez laico, le dotó de una singularidad diferente a la del resto de los países vecinos. La estabilidad tuvo continuidad a partir de los ochenta con Zine El Abidine Ben Alí.

Bajo un aparente manto de normalidad, la creciente voracidad de su entorno y familia, convirtieron, a ojos de Europa, el apacible, tranquilo y dinámico Túnez en un país secuestrado por una cleptocracia. Hasta que el hartazgo de un joven, cansado de arbitrariedades, injusticias y frenos a la libertad provocó una revolución. Una chispa hizo estallar el polvorín y el reguero de pólvora se extendió a otros países. La evolución de Túnez está en una fase de recomposición, los islamistas de Ennhada han sido los más votados y con esa reconocida influencia intentan redefinir el futuro, apostando por una mayor presencia del Islam en el escenario público.

Libia

La guerra civil que se desencadenó para derrocar al dictador Muammar el Gadafi se internacionalizó, y con el empuje especialmente de una Francia que había quedado retratada con el inicial apoyo que prestó a Ben Alí en Túnez, el régimen cayó derrotado y el dictador murió a manos de la turba. Ahora bien, hasta ese momento, la Libia de Gadafi recorrió una larga senda: derrocado el rey Idris, el coronel buscó una vía propia de modernización. Su grandilocuencia le llevó a escribir el Libro verde en el que marcaba el camino: estableció una nueva forma de gobierno, la *yamahiriya* o gobierno de las masas. El sistema estaba pensado y creado para dar rienda suelta a los despropósitos y ocurrencias del dictador y su familia. El grado de depravación y tiranía fue absoluto.

Libia, asentada sobre unas magníficas reservas de gas y petróleo, vivió con Gadafi etapas bien diferentes: defensor de movimientos terroristas, Reagan bombardeó el país y la respuesta de Gadafi —el atentado de Lockerbie— aisló a Libia. Tras colaborar con la comunidad internacional, olvidar sus planes de desarrollo de armas de destrucción masiva, la Libia de Gadafi dejó atrás su empeño por liderar la arabidad y se centró en un nuevo discurso africanista, sin excesivo éxito.

La actual Libia tiene una endeble estructura. El gobierno de unidad, creado tras la guerra civil, ha de hacer frente a un país divido en clanes tribales, que nunca ha conocido la democracia. El futuro se antoja complicado. La ventaja son los recursos de los que el país dispone. Pero esas riquezas son a veces más una perdición para los corruptos que una salvación para la sociedad.

Egipto

Por razones históricas, políticas, demográficas y económicas, Egipto es uno de los países más importantes del mundo árabe. Su particular trayectoria explica los múltiples giros que suele dar la historia. De ser el máximo exponente del arabismo, gracias a los discursos y la ideología que el presidente Nasser transmitía más allá de sus fronteras, a ser un país marginado y expulsado por la Liga Árabe, al firmar, unilateralmente, un acuerdo de paz con Israel. Y es que su vecino ha condicionado el desarrollo de su historia con las numerosas guerras en las que se han visto enfrascados.

En todas ellas, Egipto fue derrotado por Israel, pero de cada una se extrajeron consecuencias y derivadas políticas de gran calado. La de 1967 acabó con la imagen de Nasser como líder mesiánico y adalid del arabismo. En 1973, la dulce derrota revistió de estadista hasta el entonces gris El Sadat, lo que le permitió firmar la paz con Israel. El acuerdo de Camp David acabó con el magnicidio de Sadat y, tras su muerte, la llegada de Mubarak.

Treinta años después, las manifestaciones masivas y persistentes en la plaza Tahrir provocaron su caída y la toma de poder de la Hermandad musulmana. Egipto ha recuperado cierta ascendencia en la región, pero ha demostrado una vez más que la revolución dista mucho de haber acabado. La defenestración del presidente Mohamed Morsi por una masiva movilización ciudadana apoyada por el Ejército ha puesto de manifiesto una vez más que este es el verdadero poder fáctico del país. Su enorme entramado económico-empresarial hacen del Ejército un Estado dentro del propio Estado. En definitiva, un cuarto poder que escapa al control parlamentario y gubernamental. Morsi se equivocó, no gobernó para y por la mayoría, pero el golpe de Estado tampoco es el camino. En todo caso, es un crudo recordatorio de que Egipto se encuentra inmerso en una revolución a medio hacer.

Siria

En los momentos de escribir estas líneas, la cruenta guerra civil desangra al país en lo que todo apunta que es la cuenta atrás para el fin de los Asad. Ahora bien, Siria es, junto al Líbano, dos de las piezas más importantes en el tablero de Oriente Próximo. Decía el ex secretario de Estado norteamericano Henry Kissinger que «no habría guerra sin Egipto ni paz sin Siria», en relación con el conflicto con Israel. A mitad de esa ecuación, la revuelta siria abre una incógnita sobre el futuro de los lazos que Damasco ha mantenido con el Irán revolucionario y con Hezbullah, en el Líbano, y Hamas, en Gaza. El régimen de Bashar el Asad, más allá de su brutalidad, representaba un factor de cierta estabilidad. Su descomposición puede incendiar una región fragmentada y dividida en minorías religiosas. La extensión del conflicto al Líbano sería el acabose para una revolución que traía la democracia y puede terminar en un enfrentamiento comunitarista en el que sea peor el remedio que la enfermedad.

Líbano

El país es escenario de los intereses cruzados de las potencias extranjeras. Arabia Saudí defiende y alienta a los suníes, así como Irán y Siria, a los chiíes. Los cristianos siempre tuvieron como valedores a los europeos y a los israelíes. A eso hay que unir la división entre algunos de estos grupos, lo que fragmenta aún más el mapa de poder.

La democracia árabe más antigua tienen un problema: desde su fundación, el sistema ha vivido bajo un reparto de cuotas de los cargos políticos sin atender a los cambios demográficos que se han producido en los últimos treinta años. Conocido como la Suiza del mediterráneo, abierto, plural y diverso, vivió en los setenta el estallido de una larga y cruenta guerra civil que se alargó hasta inicios de los noventa. Los refugiados palestinos rompieron el precario equilibrio y precipitaron una escalada bélica que duró quince años. Desde entonces, los enfrentamientos han sido periódicos. Todo ello no impide que el dinamismo y la mentalidad del libanés haya mantenido a la capital, Beirut, como un referente dentro del mundo árabe en todos los ámbitos: el cultural, el político y también el del turismo, la moda y el divertimento. Ciudad vibrante, las penurias de la guerra han convivido con un constante renacer que ha dotado a sus habitantes de un reconocido espíritu de supervivencia, de no renuncia a un futuro mejor.

Los países del Golfo

Su realidad es bien diferente. Vivieron con inquietud y en primera línea la revolución iraní, así como la invasión de Kuwait por parte de Irak. Pero la alianza con EEUU les permitió sortear y mantener su integridad y su modelo en pie, sin cambios ni concesiones. Los efectos de la primavera árabe apenas se notaron, con la excepción de Bahréin, donde la mayoría de la población chií se reveló ante el dominio de la familia real suní. La situación, tensa, se resolvió con el envío de tropas saudíes.

Ahora bien, lo chocante de las monarquías del Golfo es el rápido desarrollo y la acelerada transformación que vivieron desde los años sesenta y setenta con el descubrimiento de yacimientos de gas y de petróleo. La población local pasó, en apenas una generación, de cultivar perlas, pescar, comerciar o vagar por el desierto a nadar en la abundancia de los petrodólares.

Arabia Saudí es el país de referencia, el más grande y poblado y el que tenía, tradicionalmente, más reservas y riqueza.

En Emiratos, **Dubái** apostó por un pragmatismo que es el contrapunto del rigorismo islámico del entorno. La familia del Sultán, y él en primera persona, Mohammed bin Rashid Al Maktoum, marca la senda y la estrategia que hay que seguir. Convertido en una especie de rey-filósofo, gobierna sin oposición, y hace y deshace a su antojo. El resto de los locales asienten, bendecidos por los parabienes del sistema. Un sistema que mima a los súbditos, cuida a los expatriados y olvida a los extranjeros pobres traídos para dar lustre a sus palacios, torres, islas artificiales y demás ensoñaciones hoy bien reales.

En definitiva, es un país de contrastes, y también excesos: frente al lujo, la miseria oculta de muchos recién llegados que trabajan de sol a sol... Pero el mayor contraste es una ciudad nacida en medio de la nada. A un lado, el mar; al otro, el desierto. La competencia a Dubái es **Abu Dhabi,** y sobre todo **Catar.** El pequeño emirato, con la renta per cápita más elevada del planeta, ha ganado una relevancia insospechada por el activismo diplomático del emir Hamad al-Thani. En Catar tiene la sede la cadena de televisión Al Jazeera, que se ha convertido en un referente por su canal en inglés. La apuesta televisiva ha tenido un fuerte impacto, pues ha puesto en un brete a los monolíticos canales públicos árabes, abriendo una ventana a una mayor pluralidad y, sobre todo, explicando lo que pasa en el mundo y, en particular, en la región desde una óptica local, que escapa al tradicional dominio occidental en el ámbito de la comunicación. Una herramienta, y más hoy, de suma importancia.

Ahora bien, la pujanza de los emiratos no quita para que Arabia Saudí siga siendo la pieza clave. Riad tiene una influencia que trasciende sus fronteras. No es que en el seno del reino estén dos de las tres ciudades santas para el Islam (La Meca y Medina, la tercera es Jerusalén), que también, sino que la alianza que se forjó tiempo ha, en el siglo XVIII, entre los líderes tribales de los Ibn Saud, hoy miembros de la familia real, y el clérigo ultraconservador Mohamed ibn Abd al Wahab (1703-1792) se mantiene firme e inalterable. La primavera árabe representa, a ojos de Riad, algo más que una incógnita, y aunque el bando chií está a la defensiva, pues el régimen iraní está aislado, el renacido Irak está bajo batuta chiíes, ya que son mayoría. Dicho esto, el régimen, muy conservador, ha de hacer frente al creciente descrédito de una familia real que es hoy, junto al ideario wahabí, un obstáculo objetivo al desarrollo y la modernización de un país que se rige por la *sharía*.

5 Ideales y valores

La división y fragmentación del mundo árabe no es absoluta. Más allá de las diferencias ideológicas, nacionales y religiosas, hay elementos en común y retos que desbordan las fronteras. Amantes de la palabra y dueños de su tiempo, el pueblo árabe adora la calma y la conversación. Defensores a ultranza de la familia y los valores tradicionales, consideran a la mujer el elemento básico de la sacrosanta unidad familiar. Miran de protegerla, a ojos de Occidente, en grado superlativo, hasta el punto de limitar su libertad. El código de honor existe, como la ascendencia de la religión en todos los ámbitos de la vida. El peso de la religión ha creado un fuerte ecosistema.

El dilema es que el conservadurismo religioso choca con el avance del conocimiento científico. A Europa le costó, hasta el Siglo de las Luces, desligar el peso de la religión de la ciencia. En el mundo árabo-musulmán esa transición y la ruptura de esa fuerte ligazón han de nacer desde dentro de la sociedad. En ningún caso ha de ser fruto de ninguna imposición. Pero bien es cierto que cuando una sociedad limita el potencial de una parte substancial de sí misma porque entiende que ha de estar en casa, está hipotecando su futuro.

A través de los informes que la ONU ha realizado sobre el índice de desarrollo humano en la última década, así como el que se realizó en el marco del World Economic Forum en 2007, el reto es mayor libertad, mejor gobernanza, más igualdad de género y una mejor educación. Como hemos visto ya, la semilla del cambio está en la juventud y las mujeres, que han de tomar conciencia de sus derechos inalienables y luchar por una apertura de miras que les permita lo que realmente importa: más libertad y bienestar.

Pueden buscar inspiración en el modelo turco, pero la senda será, necesariamente, diferente. Primero, porque no hay una figura semejante a la de Atatürk; segundo, porque no tendrán tanto tiempo para asimilar los preceptos. Y si bien en Turquía existía la esperanza de una asimilación europea, esa esperanza no existe en el sur del Mediterráneo.

Lo que sí resulta necesario es contrarrestar ese profundo sentimiento de victimismo muy arraigado que nubla la capacidad de pensar: cualquier crítica más o menos afortunada a su religión es vista como una afrenta sin capacidad de redención, que irrita a unos ya de por sí iracundos creyentes. Ese es su peor enemigo, pues es hijo del fanatismo y de la frustración. Malos compañeros de viaje en un mundo globalizado donde prima la libre crítica al entorno más inmediato: a las instituciones, a los gobiernos o a las religiones.

6 El conflicto de siempre

No hay conflicto en el mundo que concentre tanta atención como el de Palestina. De difícil solución, por las implicaciones religiosas (Jerusalén es ciudad tres veces santa, para judíos, cristianos y musulmanes) y políticas que tiene (la polarización y fragmentación en ambos bandos dificulta una solución negociada), el enfrentamiento entre árabes y judíos tiene complejas raíces históricas. Tras la diáspora judía del siglo II, gran parte del pueblo en el exilio repitió durante siglos en sus oraciones la jaculatoria «el año que viene en Jerusalén». El fracaso de la integración en Europa, la articulación del sionismo y, por supuesto, el Holocausto durante la Segunda Guerra Mundial, precipitaron que la Asamblea General de las Naciones Unidas votara en 1947 un plan de partición de Palestina para crear dos Estados, uno judío y otro árabe.

Desde entonces, la guerra, el enfrentamiento y los asentamientos en los denominados territorios ocupados, así como su colonización, han marcado la evolución de un endemoniado conflicto. En este sentido, Israel ha sufrido una profunda transformación. Por un lado, la amenaza constante de una nueva guerra o atentado ha endurecido e insensibilizado ante el sufrimiento ajeno a una sociedad que se siente asediada por el mundo árabe y muchas veces maltratada e incomprendida por la comunidad internacional, y por Europa en particular. Por el otro, ese cambio en la actitud del pueblo judío se ha visualizado en un giro profundo a la derecha, que mucho tiene que ver con el *goteo* constante de judíos procedentes del mundo árabe. Los fundadores del Estado de Israel procedían en su mayoría de Europa central, de gran formación intelectual muchos de ellos, ideológicamente se situaban en el centro izquierda, por lo que los laboristas fueron la fuerza política dominante. Asquenazis en su mayoría, la llegada de los sefardíes procedentes de los países árabes provocó que formaciones conservadoras como el Likud ganaran terreno hasta conquistar el poder.

Hoy todavía no hay consenso sobre qué tipo de Estado se quiere construir. La amenaza exterior ha evitado que las fracturas internas se visualizaran con fuerza, aunque esa heterogeneidad se evidencia en la *Knesset* o parlamento. Un mosaico de partidos, fruto de una ley electoral proporcional para respetar la diversidad del pueblo judío, que provoca la ingobernabilidad y la fragilidad de alianzas y debilitan o evitan la creación de consensos básicos y de largo recorrido.

Israel aún no sabe si quiere ser un país laico o regido por los mandatos de la Torah, un país que respeta las fronteras trazadas en 1967 o, por el contrario, que apuesta por las fronteras del Eretz Israel, el Israel bíblico. A pesar de ello, es un país dinámico y fuente de progreso: cuenta con el mayor número de empresas de nueva creación de carácter innovador o *start ups* del mundo.[5] Con una mentalidad ducha en el espíritu emprendedor, el país es moderno, aunque con retazos de cierto conservadurismo religioso y cultural. Al margen de esa marcada dualidad, arrastra otro problema: el peso del Ejército y los recursos que este consume, fruto del conflicto larvado con los palestinos. La factura de los asentamientos es costosa, pero el debate sobre su futuro comportaría la fractura social y política. Un lastre para el futuro que el país conlleva como buenamente puede.

De hecho, esa dualidad se visualiza bien a las claras entre el dinamismo de Tel-Aviv y la vieja Jerusalén. Mientras la primera es un hervidero vibrante de actividad e innovación, abierta y liberal; la segunda está condicionada por el peso de la historia, que el visitante rápidamente palpa cuando vista la Ciudad Vieja de Jerusalén. Piedra sobre piedra, la concentración de templos sagrados construidos unos sobre los otros, convierte en indisoluble el futuro de árabes e israelíes en un acotado espacio cargado de simbolismo y significado para judíos, musulmanes y cristianos.

Desde el punto de vista palestino, la falta de perspectivas, la humillación y la no disposición a devolver una tierra que los palestinos consideran suya y que les fue usurpada por la (ir)responsabilidad histórica de los europeos, dio alas a los que primero desde la izquierda laica y nacionalista, con la OLP como bandera, blandieron

---

[5] Dan Senor y Saul Singer: *Start-up nation*. Toy Story, Madrid, 2012.

las armas para hacer frente a la existencia del Estado judío y, desde los ochenta, ese liderazgo y resistencia ha recaído muy especialmente sobre los islamistas de Hamás. La división que llegó al extremo del enfrentamiento entre islamistas y laicos nacionalistas ha dado paso a un proceso, lento pero aparentemente irreversible, de reconciliación nacional. La primavera árabe ha provocado cambios en la región que afectarán, seguro, al conflicto palestino. Hasta la fecha, Hamás se ha negado a reconocer la existencia del Estado de Israel. A pesar de ello, en todos estos años de conflicto, Israel no ha retrocedido ni un centímetro cuadrado; antes al contrario, ha ocupado y colonizado territorio palestino. El precio, la imposibilidad de la paz. Pero si los palestinos quieren un futuro Estado eso pasa por el creciente pragmatismo de Hamás. La OLP ya dio ese paso al frente en los noventa, a costa de una marginalidad y pérdida de popularidad entre algunos palestinos. El que fuera ministro israelí de Asuntos Exteriores, Aba Eban, declaró en su día que «los palestinos no pierden una oportunidad de perder una oportunidad». La pregunta es si los máximos dirigentes palestinos han aprendido las lecciones de la historia o siguen en sus trece de negar la mayor: que Israel existe y que nadie en el mundo, y menos EEUU o Alemania, le negará ese derecho, pues nació fruto del remordimiento occidental tras la *shoah*, gracias a una resolución de Naciones Unidas en 1947. Otra cosa es que Washington, de una vez por todas, se involucre y medie de verdad. Por su parte, la UE quiere y no puede, pues no tiene el reconocimiento ni la influencia entre las partes para mediar.

Capítulo 7
África subsahariana

1 El último reducto del mundo

El continente africano reúne en su seno territorios agrestes, en los que hasta el más curtido de los seres humanos tiene difícil una digna existencia. Pero hay detrás de esa publicitada imagen otra realidad, más poliédrica, compleja y contradictoria. Cierto que la geografía y la madre naturaleza han moldeado un continente estigmatizado por su complicada y retorcida historia, por los enfrentamientos tribales, por un etnicismo mal gestionado y unas injerencias que redundaron en beneficio más del hombre blanco que del habitante local. Pero esa estigmatización impide ver qué se está fraguando desde hace unos años.

África es un continente en el que mil millones de personas están llevando a cabo una revolución silenciosa. Un continente en constante expansión, con sólidas tasas de crecimiento demográfico. Lo que no evita que sigan sometidos a la dictadura del prejuicio, pues aún hoy es la región más zaherida del mundo. Se desconoce o no se valora en su justa medida los enormes cambios sufridos en los últimos lustros: la creciente democratización, la irrupción de China, India y otros emergentes, que han desplazado del radar africano a las empresas y los gobiernos occidentales y a la mejora en el bienestar de millones de personas, junto a un crecimiento económico sostenido y, en algunos países, sólido y deslumbrante. África se ha convertido en un magnífico exponente del creciente intercambio comercial Sur-Sur, que escapa a la lógica del Primer Mundo, el cual siente cierta responsabilidad en lo sucedido. El colonialismo dejó una profunda huella y cambió el curso de la historia. Pero ¿hasta qué punto su herencia impidió el posterior desarrollo económico y social? ¿O es acaso el colonialismo la excusa tras la que algunos africanos han ocultado las responsabilidades de sus semejantes?

En el siglo XIX, Europa se lanzó a su colonización. En el Congreso de Berlín de 1875 se selló y aceleró el proceso, y dos décadas después, la rivalidad entre los europeos denotaba que las víctimas de tal proceso iban a ser los africanos. Se trataba de conquistar el máximo territorio, de trazar mapas donde el interés de la metrópoli sometiera la lógica histórica, política, económica y social del entorno. Pese a que no colmaron todas sus aspiraciones, sí transformaron políticamente el continente. Impusieron unas fronteras ajenas a la realidad local y dejaron en herencia unas fronteras y unas estructuras de Estado que se han perpetuado, con la excepción de la división sudanesa en 2011. Tras la descolonización y el fracaso de la modernización de los nuevos países, Occidente desarrolló una relación muy particular con África: por un lado, los prejuicios citados; por el otro, un sentimiento de culpabilidad a la par que de cierta superioridad, que le llevó a articular, muchas veces desde el mundo civil a través de oenegés, políticas de desarrollo, pero partiendo de una base equivocada: ellos, desvalidos, debían recibir la ayuda exterior para paliar las deficiencias sociales y económicas más básicas.

En este sentido, es muy ilustrativa la reflexión que Jordi Raich[1] hizo en su día. Muchos occidentales, llevados por un *buenismo* mal entendido, se acercaron a África para ofrecerle a esta y a sus gentes un poco de esperanza. Y lo hacían con la idea equivocada de que el negro africano era víctima, no tenía responsabilidad alguna. Por eso mismo necesitaban el apoyo de la sociedad occidental. Después de una dura pero reconfortante labor que les hacía sentirse mejores personas, muchos cooperantes internacionales se percataban de que algunos de esos habitantes del África subsahariana también podían ser corruptos, ladrones o violadores. No había, pues, diferencia entre el hombre negro y el blanco. Su maldad y bondad eran cuestión de actitudes personales.

Los africanos han vivido, eso sí, una experiencia histórica diferente a la europea, y en esa experiencia hay que contextualizar sus actitudes y comportamientos. Aquellos que cargan todo el peso de la prueba sobre la responsabilidad del hombre blanco olvidan que cuando la esclavitud era un negocio, quien también se beneficiaba de ella era el africano que capturaba a sus semejantes y los vendía como vulgar mercancía. La realidad, en África, no tiene un único responsable.

Acabada la Segunda Guerra Mundial, las potencias coloniales victoriosas estaban exhaustas. Por aquel entonces, solo tres naciones eran independientes (Etiopía, Liberia y Egipto). Al margen de Sudán, Ghana abrió la espita y en 1957 consiguió la independencia de Londres. Era el primer país del África Subsahariana en conseguirlo. Pero en la década de los sesenta los acontecimientos se precipitaron. Algo

---

[1] Jordi Raich: *El espejismo humanitario*. Debate, Madrid, 2004.

se hizo bien: Naciones Unidas articuló el mecanismo para facilitar el proceso de descolonización. Unos países lucharon contra la metrópoli; en otros casos, lograron en bloque la independencia, como el África subsahariana francesa.

El caso de Francia es particular. Sus intensos lazos con esa parte de África dieron pie a que París intentara seguir manteniendo su influencia articulando una creciente dependencia económica. Nacía la *Françafrique*: «un neoimperio con una red de dirigentes africanos, por una parte, y de empresarios y políticos franceses, por otra».[2] Tal fue el grado de implicación y tutela francesa que, según las malas lenguas, «Foccart —un gaullista de pro— tenía una colección de cartas de distintos dirigentes en las que se pedía la intervención de Francia, pero las cartas estaban incompletas para que él añadiera la fecha de la intervención si la creía necesaria».[3] Así las cosas, algunos autores defienden que, en realidad, África obtuvo unas independencias sin soberanía.

El problema añadido a esa independencia tutelada es que «los Estados que surgieron de la noche a la mañana tras la disolución de los imperios coloniales eran sociedades antiguas, con múltiples y arraigadas lealtades étnicas, y por lo general, carecían de lealtad nacional: la gente, ante todo, se debía a su grupo étnico».[4] Genocidios como el de Ruanda refuerzan esta idea. A todo ello había que añadir otra cuestión: los nuevos países nacían en un entorno geopolítico complicado: la Guerra Fría reforzó líderes corruptos, que defendían intereses particulares, de unas elites cuyas prioridades eran el usufructo del poder y la convivencia con las potencias de un signo u otro a cambio de sus riquezas naturales.

La ideología desempeñó un papel importante. Muchos líderes optaron por el socialismo, con resultados desiguales. Dos fueron las razones fundamentales:

- «la Unión Soviética no poseía entonces colonias en África»;
- «las sociedades africanas precoloniales se basaron en estructuras comunales, lo que hizo que los nuevos dirigentes contemplaran el socialismo, con sus promesas de igualdad, como una vía hacia un modelo africano».[5]

Independientemente del modelo económico y del color político, los resultados fueron decepcionantes. Aumentó la pobreza, la corrupción y las tensiones interétnicas. El continente, avocado a la tutela y dependencia exterior, naufragó.

---

[2] «Viento de (poco) cambio», Xavier Batalla, *La Vanguardia*, 27 de marzo de 2010.
[3] Xavier Batalla, Ibíd.
[4] Paul Collier: *Guerra en el club de la miseria. La democracia en lugares peligrosos.* Turner, Madrid, 2008.
[5] «Viento de (poco) cambio», Xavier Batalla, *La Vanguardia*, 27 de marzo de 2010.

2 El auge inesperado

¿Qué ha ocurrido para que del negro panorama anterior se haya pasado a una nueva realidad en la que, pese a los problemas latentes, la imagen y las perspectivas hayan mejorado ostensiblemente? Varias son las razones e interpretaciones. Las consecuencias de la globalización en el mercado internacional, empujando al alza el precio de las materias primas, han tenido mucho que ver, pero también ha habido una evolución positiva en la gobernanza y en la creciente estabilización de buena parte del continente. Sin embargo, la debilidad de algunos estados amenaza ese dinamismo, así como la creciente dependencia hacia potencias emergentes con mayor visibilidad en el continente, caso de la India, China o incluso Brasil.

No es casualidad que África fuese, en la década de 2000, «el segundo continente en tener un crecimiento más acelerado».[6] Como tampoco lo es que entre los diez países (con más de diez millones de habitantes) del mundo con mayor crecimiento del PIB entre 2001 y 2010, seis fuesen africanos: Angola, Nigeria, Etiopía, Chad, Mozambique y Ruanda.[7] Y lo más importante es que esta tendencia está teniendo continuidad: *The Economist* calcula que hasta 2015, de las diez economías mundiales con mayor dinamismo, siete serán africanas, siguiendo la estela china e india. El reto, por tanto, no es tanto crecer sino gestionar y aprovechar la generación de riqueza. Y por ningún concepto el ejemplo que seguir puede ser Guinea Ecuatorial, que pese a estar en pleno *boom* tras el descubrimiento de petróleo, toda la riqueza queda en manos de la elite gobernante: no hay redistribución, no hay mejora de las condiciones de vida ni atisbo de una mayor y mejor gobernanza. Son las materias primas, pues, uno de los aceleradores de ese creciente dinamismo económico que ha realimentado el atractivo del subcontinente para la inversión extranjera, que casi dobla la que son capaces de captar otros países emergentes, caso de Brasil (45.000 millones de dólares).[8] Teniendo en cuenta ese entorno, no es extraño que los analistas de Accenture prevean que hasta 2020, la economía mundial crezca de media entre un 2 y un 3 %, y la africana, entre un 5 y un 6 %.

La demanda interna, en consecuencia, está en plena expansión, ha crecido a un ritmo constante del 4 % en la primera década del siglo, alcanzando los 600.000 millones de dólares en 2010. En 2020 se prevé que alcance el billón de euros. Ese

---

[6] «África subsahariana: un espacio de oportunidades para la empresa española», Rafael Gómez-Jordana Moya, *Real Instituto Elcano*, Madrid, 17 de enero de 2013.

[7] «África se mueve», Jordi Vaquer, *El País*, 12 de julio de 2011.

[8] Grant Hatch, Pieter Becker y Michelle van Zyl, *The Dynamic African Consumer Market: Exploring Growth. Opportunities in Sub-Saharan Africa*, Accenture, 2011.

tirón del consumo avanza, además, en paralelo a la caída de los índices de pobreza y al auge de la urbanización. Y es en el entorno urbano en el que los consumidores tienen más fácil comprar bienes y servicios y las empresas llegar a ellos.[9] De hecho, esa urbanización creciente ahondará en una dinámica necesaria para asegurar un futuro más brillante: la diversificación del patrón de crecimiento: menos agricultura y recursos naturales y más industria y servicios. Estos dos sectores, opina la consultora McKinsey,[10] ofrecen más valor añadido, salarios más altos y, en consecuencia, nuevas oportunidades de aumentar el consumo y la demanda interna. Un círculo virtuoso que ya se empieza a producir en algunos países. En cualquier caso, el continente en su conjunto necesita realizar una mejora de las infraestructuras. Sus carencias son evidentes: Nigeria, con 180 millones de habitantes, tiene la misma capacidad eléctrica que Hungría, que tiene 10.[11] Y si hablamos de las redes de transporte, el déficit es igualmente alarmante, lo que limita la competitividad de los países y la dinamización de un mercado único africano. Así pues, las infraestructuras pueden convertirse en el verdadero cuello de botella del crecimiento económico, y más si valoramos la tendencia demográfica del continente. Las previsiones apuntan a que en 2050 la población alcanzará los 2.000 millones de habitantes. Por otro lado, a día de hoy, el grado de bancarización de la región es casi nula: se estima que 8 de cada 10 africanos no tienen acceso a servicios bancarios y que 4 de cada 5 no tienen abierta una cuenta bancaria.[12] El día que esas cifras cambien el creciente acceso al crédito dinamizará más la economía local vía inversión y consumo.

Así pues, la senda económica actual es positiva y recuerda a China e India en los años noventa: las empresas pioneras que allí se establecieron tenían a su favor la falta de competencia; un mercado, en muchos aspectos, virgen, lleno de oportunidades y poco saturado. Son precisamente las empresas chinas e indias las que ahora están aprovechando mejor esas oportunidades en el África subsahariana. Pero el reto es que, al margen de esa relación, que puede acabar reproduciendo una dependencia semejante a la acontecida durante el periodo colonial, África sea capaz de articular un mercado interno dinámico, hoy apenas significativo.

Para ello sería necesario cierto liderazgo. Por dimensión demográfica, económica y política, hay dos candidatos: Nigeria y Suráfrica. El problema de la primera, además de la corrupción, es la división religiosa. De la segunda, tras «la milagrosa

---

[9] Ibíd.
[10] *What's driving Africa's growth,* McKinsey Quarterly, junio de 2010.
[11] Rafael Gómez-Jordana Moya: Ibíd.
[12] Rafael Gómez-Jordana Moya: Ibíd.

transición»[13] liderada por Mandela, la realidad ha frustrado algunos de los cambios soñados, pero aun así es el país más estable, moderno y desarrollado de la región. Su ascendencia política, además, no tiene paragón en la zona. País de historia maldita, el *apartheid* impuesto por la minoría *afrikáner* marcó buena parte del siglo XX. Aislada y crecientemente marginada en el ámbito internacional, la insostenibilidad del sistema hizo que la clase dirigente encabezada por Frederik de Klerk pilotara una reconciliación negociada con Nelson Mandela, el líder indiscutible del Congreso Nacional Africano (CNA).

El magnetismo y magnanimidad del primer presidente de la nueva Suráfrica aplanó la transición. Sin rencores ni venganzas, el país se transformó. Pero las sucesivas generaciones del CNA al frente del gobierno surafricano no han tenido ni la aptitud ni el saber hacer del líder espiritual de la nación. Las políticas de reequilibrio entre las comunidades que conviven en un país de colosal riqueza y grandiosa fragmentación étnica y política, como la famosa *black economic empowerment* (BEE), han ayudado a crear una pujante clase media negra, pero no a reconducir una situación de fondo: las desigualdades económicas y sociales, la corrupción creciente y la aparente falta de alternativa a un CNA que desprende signos de cansancio después de tantos años en el poder.

---

[13] John Carlin: *El factor humano.* Seix Barral, Barcelona, 2009.

Capítulo 8
Australia, buscando su lugar en el mundo

Australia es un país-continente de dimensiones colosales (más de 7,5 millones de kilómetros cuadrados, sin contar el territorio antártico bajo su soberanía, que la convierten en el sexto más grande del mundo), escasamente poblado (poco más de veinte millones de habitantes) y que no deja de ser un apéndice del mundo anglosajón en las antípodas del Viejo Continente. Su origen (un territorio inhóspito que la metrópoli utilizó a su antojo para desterrar a no pocos maleantes en las denominadas colonias penales), que no gusta por razones obvias de ser recordado por los propios *aussies*, les ha permitido crear un país de la nada en el que hoy existe un alto, altísimo, grado de bienestar. La convivencia con la población indígena no siempre fue fácil, sobre todo durante el siglo XIX y principios del XX. Pero la Australia de hoy es moderna, más tolerante de lo que pueda parecer, aunque existen algunos peros.

Esa distancia con el Primer Mundo ha condicionado su carácter. Sienten la lejanía de lo anglosajón, así como la cercanía de un mundo ajeno a su realidad sociocultural: lo asiático y, en fechas más recientes, el auge del extremismo musulmán. Ese oasis de paz y prosperidad que es Australia convive con una serie de países muy poblados, algunos no precisamente estables, que, más allá del crecimiento económico que ahora protagonizan, no siguen su misma senda.

Los embates del terrorismo que el país sufrió en su día (el atentado de Bali en 2002 afectó en especial a turistas australianos), unidos a la presión migratoria, han convertido la isla en una fortaleza: la política migratoria es estricta y la sensación de cierto asedio de un entorno que no es como el suyo forman parte del subconsciente colectivo.

Los australianos, por razones de su geografía, viven mayoritariamente en la costa, adoran el mar. De mentalidad abierta, cívicos, son, no se olvide, unos duros negociadores dotados de un sentido del humor muy particular. Han logrado un sistema más social que el estadounidense, aunque poco a poco el país se acerca por cuestiones de geopolítica a EEUU, en detrimento de la tradicional influencia y ascendencia del Reino Unido. No obstante, Australia sigue perteneciendo formalmente a la Commonwealth y la Reina Isabel II es, a todos los efectos, la jefa del Estado.

Su economía, muy productiva, está diversificada. Destacan dos sectores no tradicionales en la estructura económica de los países más desarrollados, pero la orografía y las riquezas naturales han permitido que, aún hoy, la agricultura goce de un fuerte peso y ascendencia y, en especial, la minería, que ha vivido unos años dorados gracias al auge de los precios en los mercados internacionales. Aun así, Australia es un país de servicios. La industria, como en buena parte de Occidente, ha perdido peso.

El país austral vive con interés todos los procesos de liberalización económica que se están produciendo en el Pacífico y no es ajeno al reto que supone buscar su sitio ante los profundos cambios que afectan al mundo por el dinamismo asiático y el auge chino en particular.

Parte 2
Multiculturalidad en la negociación

Carlos Jiménez Pérez

Para poder afrontar con éxito un proceso de negociación internacional, es preciso disponer de unas herramientas básicas, de carácter global, que nos permitan saber cómo actuar en las muy diferentes situaciones en que podamos encontrarnos, y que sean comunes a los distintos entornos interculturales.

Ofrecemos a continuación una metodología que sustituye el «olfato» por un proceso riguroso de aproximación a la negociación concreta, y que hace posible, además, replicar la fórmula de trabajo independientemente del país, el tipo de organización o la clase de negociación de la que se trate.

En definitiva, nos acercaremos a un modelo teórico de actuación ante cada hecho de negociación que proporcione una adecuación de manera casi automática para cada situación individual e independiente, utilizando una línea maestra común de trabajo.

Para ello, previamente hay que definir unas dimensiones culturales fundamentales que ayuden a entender las estructuras del hecho cultural, así como un modelo básico de aproximación a la psicología de la personalidad; la línea común final es la comunicación. Así pues, en los siguientes apartados desarrollaremos dos modelos teóricos como propuesta de trabajo, cuya aplicación debe permitir al lector ajustarse a su realidad concreta y desarrollar un método personal con el que afrontar toda clase de negociación, en cualquier entorno, con cualquier tipo de negociador, mediante un equipo de herramientas de comunicación que le ayuden a concentrarse en la negociación.

Capítulo 9
Reconocimiento de las dimensiones culturales básicas

1   El modelo de Hall

El antropólogo estadounidense Eduard T. Hall (1914-2009) fue pionero en estudiar los problemas de la comunicación y el primero en utilizar la expresión «comunicación intercultural» (Hall, 1981). Además, fue el precursor de la idea de que usando elementos como el *contexto,* el *tiempo* y el *espacio,* no se necesita una comprensión absoluta de la cultura de los otros.

Su modelo de comunicación intercultural viene definido por los tres factores culturales que ayudarían a entender y categorizar las culturas simplificando la aproximación a las mismas.

- **En cuanto al contexto**

  Defiende que existen dos tipos de culturas. En las *culturas de alto contexto,* la información está en el contexto físico del acto comunicativo o en la interiorización de algunos elementos o símbolos que las personas de la misma cultura comparten; el uso de la metáfora y del lenguaje entre líneas es habitual. En las *culturas de bajo contexto,* la información está contenida explícitamente en los mensajes. Nada se da por sabido, todo se explica y se detalla, minimizando así los malentendidos.

  En las **culturas de alto contexto** abundan los mensajes implícitos y la comunicación no verbal. Se acepta que todo lo «malo» que le sucede a un individuo así como el trabajo mal hecho está estrechamente relacionado con la *forma* de actuar de ese individuo. Establecen una clara diferencia entre las personas que son de su grupo y las que no, y tienen un alto compromiso con su familia y con las relaciones a largo plazo. Las relaciones son más importantes que la tarea, el proceso más que el producto, la comunidad más que el individuo, y el tiempo es flexible. Tienden a no separar las personas del asunto: si se ataca a las ideas o las acciones, se está atacando a la persona. Utilizan el silencio, en ocasiones, como estrategia. El estilo de comunicación es indirecto como forma de preservar la armonía, y la participación y la cooperación son estrategias esenciales. En la negociación hay una fuerte implicación de los sentimientos y de la intuición. Se le da mucha importancia a los factores sociales: la lealtad, la confianza, el respeto y la protección del grupo son fundamentales.

El contexto es un fuerte precursor de las dimensiones del neerlandés Fons Trompenaars, experto en comunicación intercultural, relacionadas con las normas en el *continuum* universalismo-particularismo.

Las **culturas de bajo contexto** tienden a tener un bajo sentido de lealtad hacia el grupo y las organizaciones. Se centran en la tarea, organizan el tiempo con precisión, sus reacciones son visibles y claras, se basan en lo que se dice y muy poco en el lenguaje no verbal, y las personas acostumbran a responsabilizar a los otros de sus errores, mala suerte o fracasos. Los mensajes son evidentes, simples, claros y explícitos, y el producto y la tarea son más importantes que el proceso y las relaciones. La separación entre hechos o actuaciones y personas es fuerte. Las cosas deben ser fáciles de entender, y si no, se pregunta. El estilo de comunicación es muy directo y debe ser controlado y dirigido el proceso. La negociación es lineal, siguiendo la lógica y con una gran cantidad de análisis. En las relaciones, se enfatizan los aspectos individuales.

- **En cuanto al tiempo**
  Establece una clara diferencia en la forma en que las culturas usan y gestionan el tiempo. Distingue entre *cultura monocromática,* cuya pauta esencial es hacer una sola cosa en un momento preciso, y *cultura policromática,* que enfatiza las relaciones personales, la relación con los otros, más que el tiempo, y cuya pauta es hacer más de una cosa a la vez.

  En las **culturas monocromáticas** se pone un especial cuidado en planificar y controlar el tiempo —al igual que en las culturas de bajo contexto—, que se concentra en el trabajo que se está haciendo. El trabajo, su calidad y su finalización se anteponen a la relación con los demás; se valora cuándo tiene que estar hecho y difícilmente se presta o se pide prestado lo que se necesita para llevarlo a cabo. Los planes, los plazos y la puntualidad son un compromiso ineludible.

  Las **culturas policromáticas** valoran fuertemente la interacción con los demás, lo que hace que los individuos se distraigan con mucha facilidad y se dificulta la concentración. Las personas hacen muchas cosas al mismo tiempo y no se preocupan por los compromisos o los plazos de entrega. Más que acabar, les interesa aquello que tiene que hacerse valorando el cómo y con quién, intercambiando y prestando cosas con los otros. Se cambia de planes a menudo y con facilidad.

El tiempo, en su faceta mono y policromática, es un fuerte precursor del sincronismo y secuenciacionismo de Trompenaars.

- **En cuanto al espacio**
De acuerdo con Hall, la necesidad del ser humano de relacionarse en un espacio determinado también nos permite diferenciar culturas. La determinación del espacio temporal, de área de trabajo, de espacio familiar, nos diferencia. A eso lo llamamos necesidad de espacio, y esta es mayor o menor dependiendo de cada cultura, pero en todas ellas la intromisión en ese espacio se considera una amenaza, convirtiéndose así el término «espacio» en algo territorial. De nuevo tenemos un *continuum* entre dos extremos.

Las **culturas de fuerte territorialidad** mantienen claramente separados sus espacios propios y litigan y luchan contra sus vecinos: la valla del jardín, la mampara en la oficina, o la frontera de la nación de al lado. El concepto de propiedad, de «lo que es mío» se extiende a los aspectos materiales e inmateriales, y hay que defenderlo de «los otros». La fuerte territorialidad se relaciona con las culturas de bajo contexto y con las monocromáticas.

Las **culturas de baja territorialidad** tienen menor interés por las posesiones materiales, comparten su espacio y sus territorios con mucha facilidad, tienen asumido un uso «temporal» del planeta, la idea de pertenencia/dependencia a las cosas es más fuerte que la idea de la pertenencia de las cosas a uno mismo: uno es de un sitio en vez del sitio ser de uno.

2   El modelo de Stewart y Bennet

Edward C. Stewart y Milton J. Bennet, autores del libro *American Cultural Patterns: A Cross-Cultural Perspective*, describieron una serie de orientaciones a partir de las cuales poder entender una cultura particular y encaminarse hacia una actividad, las relaciones sociales, el mundo y hacia uno mismo.

2.1   Orientación hacia la actividad

Se encuentra en un continuo entre hacer y ser, entendiendo por *hacer* la orientación hacia que la actividad que se realice tenga un resultado tangible y positivo (se resume en la expresión *getting things done)*, y entendiendo por *ser* que de forma natural se pueden hacer o tener las cosas (algo así como la eterna lucha entre el genio que nace o se hace) o de que hagamos lo que hagamos, lo que ha de ocurrir, será (el *che sarà, sarà* italiano).

Adicionalmente, podemos aproximarnos a la orientación hacia la actividad en la manera de abordar la resolución de los problemas y la toma de decisiones, de modo individual o colaborando y compartiendo el problema para sobrellevarlo. Otros aspectos los encontramos en la necesidad de trabajar duro para conseguir las metas, en la posibilidad de cambiar lo que pasa en nuestra vida, en cómo manejamos las actividades que hacemos con nuestros grupos de pertenencia, cómo influye el tiempo en lo que hacemos y si lo que nos pasa es un problema que se ha de solucionar o una experiencia que acumular.

Definición de actividad		
	Hacer	Ser
Cómo la gente adopta la actividad	Logro externo	Expresión espontánea
	Optimista	Fatalista
Cómo es el ritmo de vida	Rápido, ocupado	Estable y rítmico
	Directo	No compulsivo
Cuánto importan los objetivos en los planes	Enfocado en los medios	Enfocado en los procesos
Qué objetivos son importantes en la vida	Materiales	Espirituales
	Confort y ausencia de dolor	Lleno de placer y dolor
	La actividad	La experiencia
Dónde reside la responsabilidad por las decisiones	En cada individuo	En el grupo o el rol
A qué nivel viven las personas	Operacional con sus objetivos	Experiencial con sus consecuencias
Cómo asignan valores las personas	Por utilidad (¿funciona?)	Por ideales (lo esencial)
Cómo se deben tomar decisiones	Por la gente afectada	Por los que tienen la autoridad
Cómo se deben solucionar los problemas	Planeando el resultado	Copiando las soluciones
	Anticipando consecuencias	Clasificando la situación
Cómo aprenden las personas	Activamente	Pasivamente

Tabla 1. *Orientación hacia la actividad que permite entender cualquier cultura en particular.*

Por tanto, en esta orientación se dan todas las manifestaciones del paso del tiempo, de cómo valorar el éxito y la combinación o diferenciación entre la vida profesional y la personal. Es el valor de la completa acción contra la meditación.

2.2 Orientación hacia la forma de las relaciones sociales

Tiene que ver con cómo las personas se relacionan entre sí y si el concepto de igualitarismo, de igualdad social, es el que se espera o, por el contrario, en la interacción social se acepta que haya aspectos de superioridad o inferioridad en la relación. Por tanto, todo

Definición de las relaciones sociales		
Cómo se definen los roles	Conseguidos	Adscritos
	Libremente	Estrictamente
	Generalmente	Específicamente
Cómo nos relacionamos con personas de estatus diferente	Desde la igualdad	Desde los rangos jerárquicos
	Informal y espontáneamente	Estricta formalidad
Cómo se definen los roles sexuales	Similar, se superponen	Distintos
	Equidad entre ambos	Superioridad masculina
	Amistades de ambos sexos	Sólo amistades del mismo sexo que el propio
	Poco legitimados	Legitimados
Derechos y deberes para con el grupo	Responsabilidad limitada	Responsabilidad ilimitada
	Se unen al grupo para buscar objetivos comunes	Se acepta la regla del grupo
	Miembros activos influencian en el grupo	El líder lleva el grupo no los miembros
Cómo juzgamos y nos relacionamos con los otros	Se centran en la tarea	Se centran en la persona
	Implicación limitada	Implicación total
Sentido de la amistad	Amistad social, corta duración y con muchas personas	Intensa amistad, larga duración y con pocas personas
	Miembro de muchos grupos	Miembro de pocos grupos
Comunicación	Directa	Indirecta
	Sin intermediarios	Con intermediarios

Tabla 2. Orientación hacia la forma en que las personas se relacionan entre sí.

aquello relacionado con cómo se obtiene un mayor estatus social, las obligaciones y las responsabilidades, la formalidad o informalidad en la comunicación y cómo nos dirigimos a los demás se incluye en esta orientación. Se propone una serie continua que va desde el valor de la igualdad al valor de los rangos jerárquicos sociales. Se traduce en una comunicación directa, que admite la confrontación, explícita hasta el conflicto *(telling it like it is,* o «claro como el agua») frente a una comunicación que busca la armonía, la no confrontación entre rangos sociales y el uso de mediadores entre los diferentes rangos.

2.3 *Percepción del mundo*

Se basa en la relación entre el mundo empírico y el mundo cognitivo, la comprensión del mundo a través de la explicación o de la intuición, de la lógica como modo de expresión frente a la estética y la sensibilidad. Es la relación que establecemos entre

Percepción del mundo		
Cómo es el mundo	Físico	Espiritual
	Mecánico	Orgánico
	Sujeto al control de las maquinas	No sujeto al control de las máquinas
Cómo funciona el mundo	Racional, entendible	Con un orden místico
	De manera controlable	De manera espiritual
	Por probabilidades	Por azar
Cómo es el ser humano frente a la naturaleza	Fuera de la naturaleza	Parte de la naturaleza
	Las cosas se pueden cambiar	Las cosas son permanentes y fijas
Relación entre personas y naturaleza	Los recursos son ilimitados	Los recursos son limitados
	La humanidad puede cambiar la naturaleza	La humanidad debe aceptar el orden natural
	La salud y el confort son naturales	La enfermedad es natural
Definición y valor del tiempo	Futuro (anticipación)	Pasado (el recuerdo)
	Recurso limitado	Recurso ilimitado
	Lineal	Circular, cíclico

Tabla 3. Percepción del mundo que tienen las personas, cómo se relacionan con él y cómo lo comprenden, su capacidad para integrarse en él o para transformarlo y controlarlo.

el ser humano separado de la naturaleza y, por tanto, con capacidad para cambiarla y controlarla, o como parte integrante de la misma viviendo en armonía con ella. En el primer extremo, la enfermedad y la pobreza, se pueden superar y convertirse en salud y riqueza; en el segundo, el mundo físico y el mundo espiritual se funden y se unen con las realidades de la vida. También hay una disposición continua del tiempo, desde una visión limitada, lineal y escasa, a una visión abierta, cíclica y abundante.

2.4 *Percepción de uno mismo como ser individual*

Cada sujeto tiene su propia individualidad, pero cómo se forma esa identidad única de cada persona, cuáles son sus motivaciones, qué le hace cambiar, a qué tipo de personas se les guarda respeto y se les da un mayor estatus (¿a los jóvenes o a los mayores?). Factores como buscarse la vida, ser autónomo, tomar las propias decisiones y resolver los propios problemas estarían en un extremo de una gama, acompañada por la autorrealización y la ausencia de paternalismo y control autoritario. El grupo es un conjunto de individuos y eso lleva a que el conjunto de factores, en este caso, se halle entre la independencia del grupo de pertenencia o la interdependencia con dicho grupo.

Percepción de uno mismo		
Definición de uno mismo	Difusa, cambiante	Fija, claramente definida
	Conducta flexible	La persona se inserta en un sistema social
Cómo es la identidad personal	Por uno mismo y sus logros	Por su papel, su familia, su casta
Naturaleza del individuo	Con características separables	Percibido como una totalidad
En quién confiamos	En uno mismo	En los superiores, en los otros
A quién respetamos	Al joven vigoroso con futuro	A la persona mayor, sabia y con experiencia
Cuál es la base del control social	La persuasión	La autoridad
	La culpa	La pena
	Los derechos	Los deberes

Tabla 4. Percepción de sí mismo que tiene cada individuo: singularidad, motivaciones, consideraciones hacia los demás, y su independencia-interdependencia con respecto al grupo.

3 El modelo de Condon y Yousef

A partir del modelo propuesto por los antropólogos Florence Kluckhohn y Fred Strodbeck, definido en la teoría de las cinco orientaciones de valor –la naturaleza humana, la relación del ser humano con la naturaleza, la orientación en el tiempo, la orientación hacia la actividad y las relaciones humanas–, John C. Condon y Fathi S. Yousef, especialistas en comunicación intercultural, añaden seis esferas de los problemas universales con los que han de enfrentarse las personas. Estas son: uno mismo, la familia, la sociedad, la naturaleza humana, la naturaleza y lo sobrenatural. A partir de ellas, desarrollan veinticinco orientaciones de valor que existen en todas las culturas, pero que difieren de una a otra.

La orientación de los valores de un individuo y, por extensión, de la cultura a la que pertenece, puede actuar como barrera para una eficaz comunicación intercultural, porque lo que para una cultura es obvio o de sentido común, para otra puede resultar una conducta desviada.

En la siguiente tabla se muestran las seis esferas y las veinticinco orientaciones de valor, dispuestas tal como se situarían los posibles extremos. Este modelo puede ser interesante para analizar una cultura concreta, y podemos utilizarlo para la comunicación y el estudio intercultural.

	Continuum		
Uno mismo			
Individualismo-interdependencia	Individualismo	Individualidad	Interdependencia
Edad	Juventud	Mediana edad	Vejez
Sexo	Igualdad de sexos	Superioridad femenina	Superioridad masculina
Actividad	Hacer	Llegar a ser	Ser
La familia			
Orientación de las relaciones	Individualista	Colateral	Lineal
Autoridad	Democrático	Centrado en la autoridad	Autoritario
Posición conductual	Abierto	General	Específico
Mobilidad	Alta movilidad	Movilidad por fases	Baja movilidad

Sociedad			
Reciprocidad social	Independencia	Simétrica-obligatoria	Complementaria-obligatoria
Pertenencia a grupos	Muchos grupos, duran poco	Balance entre extremos	Pocos grupos, duran mucho
Intermediarios	No intermediarios	Intermediarios especialistas	Intermediarios esenciales
Formalidad	Informalidad	Formalidad selectiva	Formalidad generalizada
Propiedad	Privada	Utilitaria	Comunitaria
Naturaleza humana			
Racionalidad	Racional	Intuitiva	Irracional
El bien y el mal	El bien	Una mezcla	El mal
Felicidad y placer	La felicidad como meta	Mezcla de felicidad y tristeza	La vida es básicamente tristeza
Mutabilidad	Cambio, crecimiento, aprendizaje	Algún cambio	Inalterable
Naturaleza			
Relación del hombre con la naturaleza	El hombre domina	El hombre en armonía	La naturaleza domina
Maneras de conocer la naturaleza	Abstracta	Inducción-deducción	Específica
Estructura de la naturaleza	Mecánica	Espiritual	Orgánica
Concepto de tiempo	Futuro	Presente	Pasado
Lo sobrenatural			
Relación del hombre con lo sobrenatural	El hombre como dios	Panteísmo	El hombre controlado por lo sobrenatural
Sentido de la vida	Metas materiales	Metas intelectuales	Metas espirituales
Providencia	Ilimitadamente buena	Mezcla de buena y mala	Limitadamente buena
Conocimiento del orden cósmico	Razón	Fe y razón	Imposible de conocer

Tabla 5. Seis esferas que recogen los problemas universales con los que han de enfrentarse las personas en su vida. Y, a partir de ellas, veinticinco orientaciones de valor comunes en todas las culturas.

Otros autores proponen un sistema similar de definición de un valor, orientación o rasgo definido en un *continuum* con extremos que permiten una rápida comparación entre ejes culturales diferenciados.

4 El modelo de Hofstede

4.1 Definición de cultura y formas en que se manifiesta

El antropólogo holandés Geert Hofstede (1997) sostiene que la cultura es un fenómeno colectivo porque es compartido con personas que viven en el mismo entorno social. La define como «el programa colectivo de la mente que distingue a los miembros de una categoría de los miembros de otra categoría». También propugna que la cultura es aprendida, no heredada, y por ello la separa de la naturaleza humana, que es común a todas las personas (representa el programa mental) y la personalidad individual. La *naturaleza humana* es lo que todos los humanos tienen en común, representa el nivel universal de la programación mental. Eso define la posibilidad del género humano de sentir tristeza, alegría, amor, remordimientos u otras emociones y, a la vez, de ser capaces de observar el medio, el entorno y relacionarse con otros individuos en consonancia con ese medio. Lo que cada persona siente como emociones y su manera de relacionarse con el medio puede verse modificado por su *cultura*. Por eso se define como aprendida. Esa información pasa de generación en generación y forma la representación y estructura que esa cultura hace del mundo. Al mismo tiempo, la *personalidad* de cada individuo es otra programación mental de índole personal que le diferencia de otros individuos; de esa programación tenemos una parte heredada y otra aprendida, es decir, modificada por el entorno cultural en el que hemos crecido y por las experiencias vividas (véase la figura 1).

Hofstede utiliza la metáfora de una cebolla para explicar las distintas formas en que la cultura se manifiesta. Distingue cuatro niveles o caminos, «capas», que conforman por sí mismos las diferencias culturales: símbolos, héroes, rituales y valores. Los símbolos, en la capa exterior, representan las manifestaciones más superficiales de la cultura, las palabras, los gestos, objetos e imágenes que tienen un especial significado para todos aquellos que comparten una misma cultura. El lenguaje, la vestimenta, la moda son símbolos que se cambian con el paso del tiempo. En el siguiente nivel están los héroes, personas que pueden ser reales o imaginarias y que tienen rasgos de personalidad o conducta que merecen ser copiados, servir de modelos para toda la sociedad. El tercer nivel, los rituales, incluye todas aquellas ac-

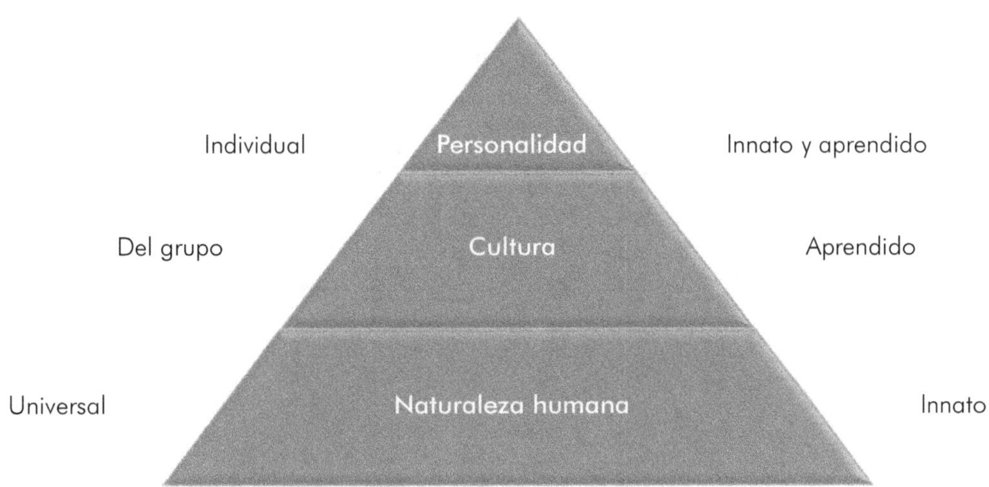

Figura 1. Pirámide de la programación mental de cada individuo y sus distintos factores de influencia.

tividades colectivas sin una finalidad específica pero que son consideradas esenciales; tiene que ver con las maneras de agradecer, de dar la bienvenida, de mostrar respeto, de relacionarse socialmente, de expresar la fe, y de aceptar y seguir las ceremonias sociales y religiosas preestablecidas. El núcleo de la cultura lo forman los valores; es la forma de entender el estado de las cosas desde una amplia perspectiva, es el posicionamiento entre la bondad y la maldad, la belleza y la fealdad, la limpieza y la suciedad, lo normal y lo anormal, lo natural y lo artificial, lo paradójico y lo lógico, para acabar con lo racional y lo irracional. Este nivel es el primero que se enseña a los niños de todas las culturas, pero no de una forma programada sino inconsciente, y en los primeros años de vida esos valores se anclan en lo más profundo de tal manera que difícilmente se cambian a lo largo de la vida.

Para estudiar una cultura en profundidad, se ha de tener en cuenta que es posible analizarla a través de distintas capas o niveles que pueden influir en el modelo mental de las personas que la constituyen.

Un primer nivel o capa *nacional* tiene que ver con el país de nacimiento o con los países en los que hemos vivido. Un segundo nivel se relaciona con lo *regional, étnico, religioso* o *lingüístico* diferenciado dentro de la capa nacional y que puede tener especificidad propia. Una tercera capa se asocia con el *género,* si se trata de hombres o mujeres. En una siguiente capa *generacional* se ven las diferencias entre padres y abuelos e hijos y nietos. Otra capa tiene que ver con la *clase social* y se asocia con las oportunidades de estudio, de empleo y de relaciones sociales y, finalmente, una capa *organizacional* que se relaciona con la manera en que las personas se insertan en la cultura corporativa de una organización.

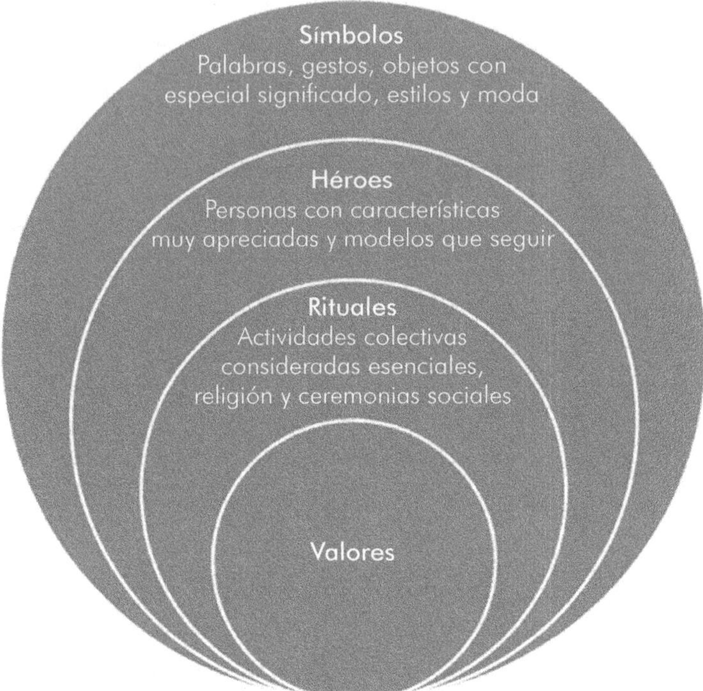

Figura 2. Niveles o «capas» que conforman las diferencias culturales: símbolos, héroes, rituales y valores.

Cualquiera de estas capas puede hacer variar ligeramente la percepción en las dimensiones que Hofstede desarrolla.

4.2   *Un modelo cultural basado en cinco dimensiones*

El modelo de Hofstede se basa en un principio en cuatro dimensiones a las que después añadió una quinta que es especialmente aplicable al mundo laboral, de ahí su importancia.[1] Esas dimensiones parten de la desigualdad social, de las relaciones entre los individuos y su grupo, del concepto de género y las implicaciones sociales por el hecho de ser hombre o mujer, y de la manera que manejamos la incertidumbre. Por último, se reflexiona sobre cómo se afronta el corto y el largo plazo. Esto genera las siguientes dimensiones:

---

[1] Geert Hofstede ha encuestado a cientos de personas en diferentes países a partir de su trabajo en IBM como gestor de recursos humanos y, posteriormente, como consultor de su propia empresa. Su quinta dimensión, añadida en 1990, es el resultado de esta amplia investigación.

- **La distancia jerárquica**

  Es el grado en que los miembros con menos poder *toleran* e incluso *aceptan* y *esperan* que el poder esté distribuido de manera desigual y que existan desigualdades sociales. En culturas con *mucha distancia jerárquica,* es poco probable que el subordinado hable y mucho menos contradiga a su jefe de forma directa, pues depende mucho de él y espera que le diga QUÉ hacer. Los jefes preferidos son autocráticos o paternalistas. En las de *poca distancia jerárquica,* la distancia entre jefes y subordinados es mínima; se habla y se contradice fácilmente, se depende poco del jefe más bien hay una interdependencia, se da preferencia a la consulta y el jefe idealmente es participativo o democrático. En las de mucha distancia, la gente entiende su lugar en la sociedad, y acepta una distribución desigual del poder; en las de poca, el poder está distribuido, compartido y disperso entre sus miembros y la sociedad ve a todos como iguales.

  En el mundo laboral, las culturas de mucha distancia jerárquica suelen tener empresas muy centralizadas, donde impera una jerarquía fuertemente marcada (se recibe toda la información a puerta cerrada, en comités de dirección). Hay una enorme diferencia en cuestión salarial, de beneficios sociales, de autoridad y respeto. Es preciso negociar con los líderes que tienen poder y asegurarse de que son ellos los que toman la decisión final, para evitar incumplimientos.

  En las sociedades de poca distancia jerárquica, la estructura de las organizaciones es más plana y todo el mundo es considerado igual. En ellas es más posible considerar el trabajo y las decisiones de equipo y establecer relaciones y negociaciones con un grupo más amplio de personas.

- **El individualismo**

  Se refiere a la fuerza que el grupo puede hacer para «atar» al individuo. En las sociedades individualistas, las personas tienen poca conexión con los miembros de su grupo, no se hacen responsables de nadie más allá de su familia muy cercana y su entorno de amigos más íntimos. En el otro extremo, encontramos el poco individualismo, donde hay una fuerte cohesión de grupo y un alto respeto por los miembros del mismo, cuyo bienestar es preciso asegurar.

  En las culturas individualistas se valora enormemente el tiempo de las personas, su libertad para actuar y tomar decisiones, y se les proporcionan retos individuales así como reconocimiento y premios; se respeta también mucho la privacidad. Por tanto, debemos evitar las preguntas personales, pero estar abiertos a debatir y expresar nuestras ideas y a negociar duro y directo.

En las culturas de poco individualismo, se trabaja por reconocimiento intrínseco, la armonía está por encima de la honestidad. Debemos mostrar respeto por la edad y la sabiduría, evitar romper la armonía con discursos apasionados, e introducir cambios muy despacio, respetando las tradiciones y los tiempos de cada cosa.

- **La masculinidad**

Se manifiesta en hasta qué punto la sociedad valora y determina la diferencia de roles entre el hombre y la mujer. En las sociedades muy masculinas, se espera que el hombre sea duro, directo, busque el sustento de la familia y sea fuerte. En las poco masculinas, los roles se solapan, no se distinguen, ambos sexos tienen las mismas profesiones y los hombres pueden ser sensibles y velar por la familia así como las mujeres pueden ser duras y trabajar por su éxito profesional, lo que además genera admiración y respeto.

En el entorno laboral de las sociedades muy masculinas, el trabajo de la mujer y del hombre está muy bien definido y todo el mundo espera que sea así. Como hombres, no debemos mostrar emociones o tomar decisiones basadas en argumentos emocionales; y como mujeres, no debemos ser duras ni mucho menos tratar de «humillar» a ningún hombre. En las poco masculinas, debemos esperar y permitir que las mujeres hagan cualquier cosa que haga un hombre, evitaremos posturas «machistas» y aseguraremos la no discriminación en nuestro lenguaje, gestos y argumentos.

- **La evitación de la incertidumbre**

Referida al grado de ansiedad que provoca y sienten los miembros de una sociedad frente a una situación desconocida o impredecible. Las sociedades con una *alta evitación*, evitan la ambigüedad poniendo reglas y normas que establezcan lo que está bien y lo que no, la verdad. En los países de *baja evitación*, se disfruta con la novedad, el cambio, el devenir, hay pocas reglas y se crean durante la relación.

En las **sociedades de alta evitación,** la negociación debe ser muy formal, siguiendo agendas, políticas y reglas muy estructuradas; podemos ser pasionales, pero sin nervios, sin expresar efusivamente las emociones y evitando centrarnos en las cosas que nos diferencian. Tenemos que explicar lo que queremos, y cuáles son nuestros parámetros. Es preciso planificar y preparar mucho la negociación y sus fases, comunicarnos con frecuencia y dejar que nuestros interlocutores puedan encontrarnos si nos buscan, darles los detalles que nos pidan y necesiten y tener cuidadosamente preparados los aspectos tácticos.

En las **sociedades de baja evitación,** la actitud en la negociación es muy informal, es más importante la estrategia a largo plazo que lo que ocurre en el día a día. Hay que estar abiertos a aceptar el riesgo y los cambios repentinos de cualquier clase, sin imponer reglas o estructurar el proceso demasiado. Debemos casi eliminar nuestras respuestas emocionales y aparentar calma; para ello, reflexionaremos antes de hablar y expresaremos curiosidad por aquellas cosas que diferencian nuestras posturas para atacarlas primero.

- **La orientación a largo plazo**
Entendida como hasta qué punto la sociedad valoriza, aprecia, mantiene las tradiciones y promueve los valores del largo plazo. Define una clara diferencia entre culturas occidentales y orientales, estas últimas profundamente influidas por el confucianismo, que se traduce en importantes obligaciones sociales hacia la familia, el respeto por las tradiciones y la ética.

  En las sociedades muy orientadas al largo plazo, la familia es la base de la sociedad, las personas mayores y los hombres tienen más autoridad, hay una fuerte ética en los negocios y es muy importante la educación y la formación. Por tanto, en los procesos de negociación, debemos mostrar respeto por las tradiciones y las personas mayores y sabias. No conviene mostrar frivolidad, y buscaremos ganarnos la lealtad por medio de cumplimientos, perseverancia y compromiso, sin hacer «perder la imagen» de nuestro interlocutor, ni mostrar sus debilidades o errores en público, ni dejarles sin salida.

  En las sociedades no orientadas al largo plazo, promoveremos la igualdad, el individualismo y la creatividad. Valoran el trato llano y que la gente se actualice, en cuanto a conocimientos y posturas; así pues, negociaremos con respeto hacia las personas por igual, cambiaremos lo que sea necesario y seguiremos las reglas acordadas en la negociación.

5   El modelo de Trompenaars y Hampden-Turner

5.1   *Definición y niveles de cultura*

Fons Trompenaars propuso un modelo cultural basado en siete dimensiones que pretende ser útil para evitar los malentendidos culturales. Tras diez años de intenso trabajo con Charles Hampden-Turner, en 1997 definió su modelo y ambos lo publicaron en *Riding the Waves of Culture*. Defienden que las diferentes culturas

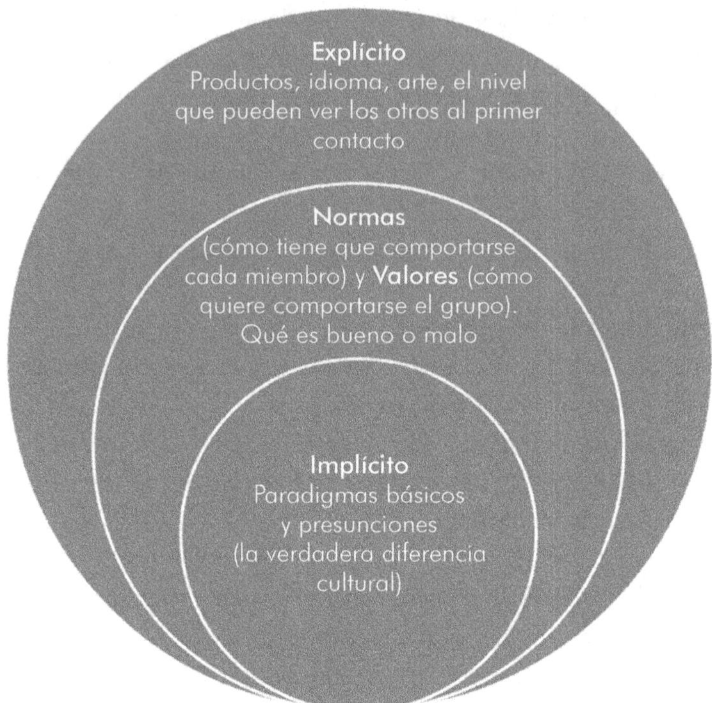

Figura 3. Niveles de cultura según Fons Trompenaars y Charles Hampden-Turner.

tienen rasgos predecibles, patrones de pensamiento y preferencias que las hacen genuinas respecto a las otras, y que para distinguir personas de distintas culturas basta con observar su posición en esas dimensiones, que se distribuyen en un espacio entre dos extremos. Ambos autores afirman que la esencia de la cultura no es lo que vemos a simple vista, sino la forma compartida que un grupo de personas o una sociedad tiene de interpretar y entender el mundo; por ello, concluyen que la cultura es «la forma como un grupo soluciona problemas y ajusta dilemas» (lo que llamaríamos ajustes satisfactorios para resolver conflictos). La cultura no se crea, sino que es confirmada por la sociedad y se enseña a los miembros que crecen en ella; así, la cultura tiene tres niveles que van desde lo más básico a lo más superficial (véase la figura 3).

5.2 *Un modelo cultural basado en siete dimensiones*

El modelo propuesto por Trompenaar y Hampden-Turner abarca los extremos de un *continuum* en el que se adscriben muy diversos tipos de personas de distintas culturas. A continuación, los detallamos y ofrecemos algunas ideas para tratar con tales personas y en situaciones dispares.

- **Universalismo** *versus* **particularismo**

  Entendemos por **universalismo** el apego a las normas, reglas y obligaciones, y su cumplimiento riguroso. La relación con los demás se establece a partir de una mutua confianza en que todo el mundo cumplirá con su deber, de acuerdo con las reglas que se anteponen a la relación aun próxima y de familiaridad entre las personas. En las sociedades universalistas, la gente está muy apegada a sus compromisos y los mantiene, pues son conscientes de que su trabajo se enmarca dentro de sus valores y creencias.

  En este entorno, para ser efectivos hay que dar instrucciones claras y todo debe estar procedimentado y regulado; la toma de decisiones debe seguir un proceso lógico: primero se toman las propias decisiones y después se trasladan a los demás.

  Por **particularismo** entendemos una forma de actuar que busca la excepción a la regla y se centra en la situación específica. Los miembros de las sociedades particularistas piensan que cada circunstancia y cada nivel de relación que se establece con las personas involucradas en una situación concreta, son las que marcan las reglas con las que desarrollar esa relación. Aceptan que las situaciones, aunque partan de la misma casuística, pueden ser cambiantes y cambiadas, en función de lo que suceda en cada momento y, sobre todo, de quién o quiénes intervengan en la situación.

  Al negociar con los miembros de esas sociedades, tenemos que darles toda la flexibilidad posible para tomar las decisiones, siempre que se respeten las necesidades de los demás; debemos centrar nuestro esfuerzo en establecer aquellas relaciones que nos permitan conocer a las personas con quienes vamos a tratar e interaccionar. Para ser mínimamente efectivos, habrá que establecer unas pocas reglas importantes de obligado seguimiento.

  En el extremo universalista, encontramos Estados Unidos, Canadá, Reino Unido, Alemania y Australia. En el otro extremo, están Rusia, la mayor parte de países latinoamericanos y China.

- **Individualismo** *versus* **colectivismo**

  Se incluye aquí desde el más puro derecho individual por encima de todo, a un colectivismo entendido como apego a un grupo al que se es leal a cambio de protección. Los miembros de las **culturas individualistas** creen firmemente en su libertad personal y en los logros que se pueden conseguir a través de ella. Sostienen que cada cual debe tomar sus propias decisiones y cuidar de sí mismo.

Debemos reconocer y pagar el trabajo duro individual, dar toda la iniciativa a las personas, intentar ligar sus necesidades con las del grupo y dejar que sean creativas y aprendan de sus errores.

Las **culturas colectivistas** mantienen que es más importante el grupo que el individuo, pues el grupo proporciona el bienestar y la seguridad, y ayuda al individuo a cambio de su lealtad, anteponiéndose así el grupo a la persona.

Debemos reconocer y pagar por el resultado del grupo, no enaltecer personalmente a nadie en público, ya que eso lo avergüenza y lo «separa» del grupo. Se debe facilitar que tomen decisiones en equipo y que entren en la discusión sin mostrar favoritismos hacia nadie.

Estados Unidos, Canadá y Australia son países fuertemente individualistas, mientras que en el otro extremo encontramos otra vez la mayoría de los países latinoamericanos, africanos y Japón.

- **Grado de implicación: enfoque específico *versus* difuso**
Define cómo nos implicamos en el trabajo, los negocios y nuestra vida personal. Parte del grado de confianza que tenemos en las personas desconocidas.

En las **culturas de enfoque específico,** la vida personal y laboral están muy separadas, se entiende que las relaciones no tienen mucho que ver con los negocios, no ejercen un gran impacto en los objetivos profesionales, y aunque no deja de ser importante tener una buena relación con los demás, se puede trabajar muy bien con alguien con quien no vas a desarrollar ninguna relación personal. Se confía en las personas por lo que representan profesionalmente de forma abierta y espontánea.

Con los miembros de culturas que adoptan este enfoque, la negociación debe ser muy directa, se ha de ir al grano y centrarse en los objetivos que tiene cada cual. Las instrucciones, los procesos, los procedimientos y los roles tienen que ser claros y no nos entrometeremos ni interesaremos por su vida.

Por el contrario, aquellas culturas que tienen necesidad de ganarse la confianza de los desconocidos, porque solo cuentan con la de su grupo, se catalogan de **culturas de enfoque difuso.** Sus miembros solapan su vida laboral y personal, creen que una buena relación es la base para encontrarse en los negocios, y tratan de establecer esa relación invirtiendo tiempo fuera del lugar y horario de trabajo con colegas, clientes y socios.

Antes de iniciar la negociación, procuraremos establecer una buena relación con nuestro interlocutor, conocer muy bien de con quién o quiénes vamos a hablar, su organización y sus logros. Debemos estar preparados y abiertos para tratar de negocios en situaciones sociales y discutir aspectos de nuestra vida personal, así como interesarnos por las suyas, y nunca rechazaremos una invitación para seguir hablando del tema fuera del horario acordado, por ejemplo en una cena con la familia o cualquier tipo de evento.

Entre los países de enfoque específico se encuentran Estados Unidos, Reino Unido, Canadá, Alemania y Holanda; entre los de enfoque difuso, Argentina, España, India y China.

- **Expresión de las emociones: entre lo neutral y lo emocional**
Las **culturas neutrales** son aquellas cuyos miembros ejercen un fuerte autocontrol para no mostrar sus emociones, anteponen la razón a las emociones y los sentimientos y no revelan ni lo que piensan ni cómo se sienten.

Para negociar con ellos debemos poner «cara de póker», controlar mucho nuestro lenguaje no verbal, sobre todo lo que supone emociones negativas, mantenernos hablando del tema y observando con atención sus reacciones, ya que no demuestran sus verdaderas emociones.

Los individuos de **culturas emocionales** buscan maneras de expresar lo que sienten, a veces de forma muy espontánea y en el ambiente de trabajo, lo cual, además de aceptado, es valorado positivamente.

Con ellos conviene ser abiertos, espontáneos, y trataremos de ganarnos su confianza; defenderemos con pasión nuestros intereses y objetivos, manejando los conflictos con cuidado para que no se conviertan en problemas personales, y usaremos un lenguaje corporal y una actitud positivos.

Son culturas neutrales las de Reino Unido, Suecia, Holanda y Alemania, y emocionales las de Polonia, países latinoamericanos y latinos mediterráneos.

- **La visión del estatus**
Se establece en una relación entre el estatus referente al «ser», el **estatus adscrito,** basado en la edad, el sexo, la educación, la inteligencia, la profesión, la familia, el apellido, la imagen, la manera de hablar..., y el estatus referente al «hacer», el **estatus adquirido,** en función de los logros personales, la posición, la profesión, el carisma o el *network*.

En las cultura de estatus adscrito, conviene usar los títulos (señor, profesor, doctor, director, etc.), sobre todo si clasifica a las personas en la organización. Dado que sus miembros son muy respetuosos con la autoridad, debemos dejar que nos clasifiquen a nosotros también y se dirijan siempre al de mayor estatus, sobre todo cuando se tratan temas delicados.

Estados Unidos, Canadá y los países escandinavos son de estatus adquirido; Francia, Italia, Japón y Arabia Saudí, de estatus adscrito.

- **La gestión del tiempo: culturas secuenciales y culturas sincrónicas**
A las personas vinculadas con **culturas secuenciales** les gusta hacer las cosas y que estas sucedan siguiendo un orden de prioridad. Es muy importante la puntualidad, el plan y su cumplimiento, mantener los plazos, y el tiempo se considera un bien tremendamente escaso.

  En las negociaciones con individuos de culturas secuenciales, hablaremos y trabajaremos sobre un tema cada vez, seguiremos la agenda, seremos puntuales, acabaremos en plazo y a la hora prevista, mandaremos la información que comprometamos y estableceremos objetivos y tiempos claros.

  Por el contrario, las **culturas sincrónicas** entienden el tiempo como un bien abundante y cíclico, gustan de trabajar en varias cosas a la vez, y el plan, los plazos y la ejecución son muy flexibles.

  Con los individuos de culturas sincrónicas seremos muy tolerantes, no nos enfadaremos por cambios en la agenda o faltas de puntualidad, a menos que acordemos que son básicos para el trabajo, y mantendremos la calma cuando interrumpan o cuando personas clave falten a una reunión importante.

  Países muy secuenciales son Estados Unidos, Reino Unido, y los países nórdicos; frente a los sincrónicos China, México o Rusia.

- **La gestión del entorno o *locus* de control**
Una vez más, se diferencia entre dos tipos de cultura: *de gestión interna (locus de control interno)*, cuyos miembros creen que se puede controlar la naturaleza o el entorno para conseguir sus objetivos, incluyendo la manera en que trabajan con sus equipos y la organización. Y *de gestión externa (locus de control externo)*, que piensan que son el entorno y la naturaleza los que controlan a las personas, y que es preciso contar con ellos para conseguir los objetivos. Evitan el conflicto, focalizan sus acciones en los demás y necesitan que se les manifieste que su trabajo va en la buena dirección.

  En la negociación con **culturas de gestión interna,** dejaremos que «ellos» definan los objetivos, tomen el control y busquen el conflicto, pero manejaremos la situación desde un punto de vista positivo.

  Con las **culturas de gestión externa,** conviene dejar que el interlocutor proponga los medios con los que trabajar, le diremos qué opinamos y si nos parece que lo hace bien, evitaremos entrar en conflicto y le daremos muestras de confianza.

Algunos países de fuerte *locus* interno son Israel, Estados Unidos y Reino Unido; y de *locus* externo son Rusia y Arabia Saudí.

6   El modelo de Schwartz

El psicólogo social estadounidense Shalom H. Schwartz sostiene, en su teoría de los valores humanos, que cuando pensamos en valores, hacemos un recuento de aquello que es importante para nosotros en nuestras vidas –éxito, placer, independencia, etc.–; en función de las personas y las culturas, esos valores tienen diferente importancia. La teoría de los valores humanos adjetiva los valores como deseables, como objetivos trans-situacionales y variables en grado de importancia que sirven como principios para guiar a las personas en su vida. El contenido específico que distingue entre los diferentes valores es el tipo de objetivo emocional que expresan. Para coordinarse con los demás, las personas, sea como grupo o como individuo, utilizamos el lenguaje para buscar esos objetivos emocionales que conforman un bloque de diez valores básicos, los cuales se derivan de tres requerimientos universales de la condición humana: las necesidades del individuo como ente biológico, la necesidad de coordinarse para tener una interacción social y la necesidad de bienestar y supervivencia del grupo.

Estos diez valores intentan resumir los encontrados en teorías anteriores, cubriendo todas las culturas y conteniendo las teorías filosóficas y religiosas sobre valores. Su objetivo motivacional central es:

- *Autodeterminación.* Independencia al actuar, elegir, crear, explorar.
- *Estimulación.* Excitación, novedad y retos en la vida.
- *Hedonismo.* Placer y sentido de gratificación de uno mismo.
- *Logro.* Éxito personal, de acuerdo con el estándar social del éxito.
- *Poder.* Prestigio, estatus, control, dominio sobre personas y recursos.
- *Seguridad.* Armonía, estabilidad social y seguridad en uno mismo.
- *Conformidad.* Retención de los impulsos de hacer daño a otros, de violar leyes o romper expectativas sociales.
- *Tradición.* Respetar, asumir el compromiso y aceptar las costumbres de la cultura y religión tradicionales.
- *Benevolencia.* Preservar el bienestar de familiares y amigos.
- *Universalismo.* Entender, apreciar, tolerar y proteger el bienestar de todo el mundo de forma natural.

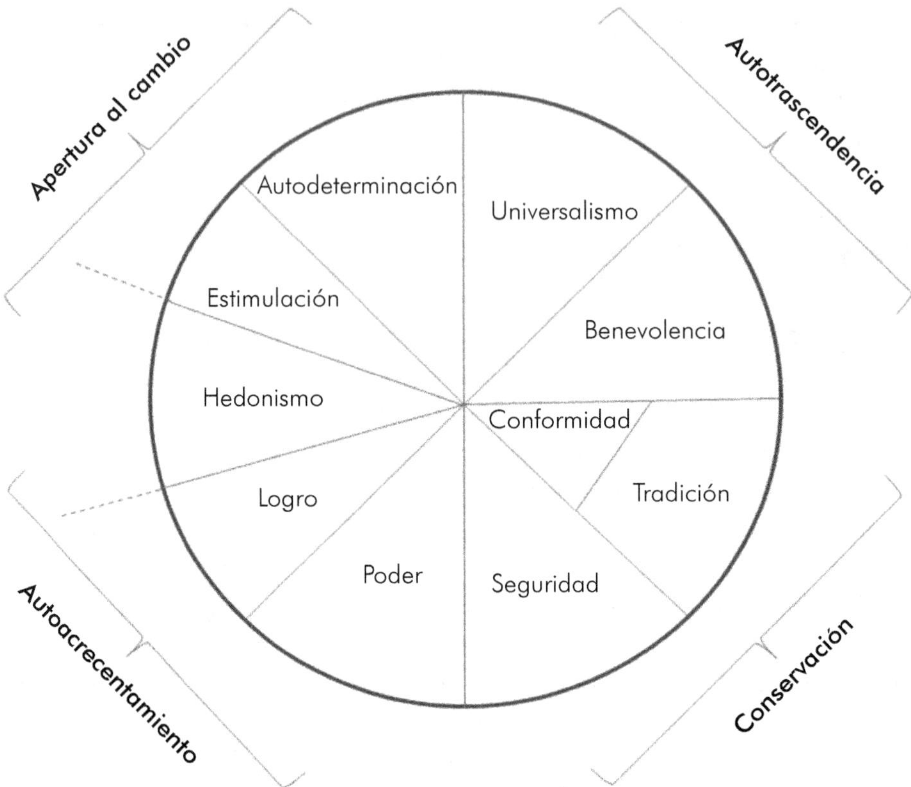

Figura 4. Diez valores básicos que Shalom H. Schwartz recoge en su teoría de los valores humanos. Sirven como principios para guiar a las personas en su vida.

Cuando la congruencia y el conflicto se enfrentan, obtenemos cuatro dimensiones opuestas: a la apertura al cambio se le enfrenta la conservación; y a la autoascendencia, el autoacrecentamiento. El hedonismo está compartido por la apertura al cambio y el autoacrecentamiento.

Capítulo 10

El uso de las dimensiones culturales en un proceso de negociación

Llegados a este punto, vamos a convertir todas las teorías expuestas en el capítulo anterior en un modelo que seamos capaces de utilizar en nuestros procesos de negociación a lo largo del mundo. Un modelo propio que, casi de manera automática, nos permita, en poco tiempo, agrupar los rasgos más comunes de una cultura y utilizarlos en nuestra interacción con los individuos de la misma.

Nuestra propuesta es pensar en diez rasgos de reconocimiento que nos sirvan para hacernos una composición de lo que es importante para esa cultura: cuáles son sus valores, cómo resuelven las personas sus conflictos más comunes y cómo podemos esperar que se comporten en las situaciones cotidianas de negociación. A partir de rasgos generales, debemos estar preparados para «reconocer» una cultura concreta y establecer la fórmula de relación y el uso para la negociación que debemos hacer. Esta propuesta recoge diez dimensiones básicas que acumulan parte de algunas teorías y que pueden ser una alternativa. Cada cual puede construir a su modo, cambiando, añadiendo o quitando dimensiones en función de sus experiencias, deseos o intereses hasta hacerlas converger a conveniencia, en función del estilo personal, el tipo de negocio o los socios habituales con los que se trabaja.

Para organizar el trabajo, hemos situado las diez dimensiones en una línea continua que une dos extremos, en medio de la ella figura el nombre de la dimensión. En los extremos encontramos los adjetivos o las calificaciones que hemos decidido para cada dimensión (véase la tabla 1).

A continuación, definimos cada una de estas dimensiones y ofrecemos tablas adicionales para facilitar su uso en la negociación.

Poca	Jerarquía	Mucha
Individualismo	Identidad	Colectivismo
Masculinidad	Género	Feminidad
Escaso control	Incertidumbre	Alto control
Universalismo	Normas	Particularismo
Específica	Implicación	Difusa
Controlado	Emociones	Afectivo
Interno	*Locus* de control	Externo
Controlable	Percepción del mundo	Controlador
Monocromáticos	Tiempo	Policromáticos

Tabla 1. Diez dimensiones básicas, o rasgos generales, para «reconocer» una cultura concreta (sus valores, etc.) y establecer una fórmula de relación favorable a la negociación.

1   Dimensión de jerarquía

Componemos el uso de esta dimensión a partir de tres aspectos relacionados con el término: estatus, poder y distancia jerárquica. Al hablar de poder, nos referimos a cómo se vive y se entiende la situación de poder en cada sociedad. Desde un punto de vista sociológico, lo definimos como la capacidad física, política o moral de una persona de producir cambios significativos, por sus acciones directas o indirectas, en la vida de otra persona. Por su parte, el estatus es el mayor poder que una sociedad le otorga, por las razones que sea (dinero, inteligencia, profesión…), a algunos de sus miembros. Diferenciaremos el estatus adscrito, basado en la edad, el sexo, el apellido, la imagen o la manera de hablar, del estatus adquirido, basado en los logros personales, la posición o el carisma.

Si añadimos la afirmación del educador brasileño Paulo Freire de que el poder debe residir no en el que lo tiene sino en la cabeza del dominado y hacerle creer que eso es lo natural, tendremos desarrollado el concepto de distancia jerárquica. Es decir, el grado en que los miembros con menos poder toleran e incluso aceptan y esperan que el poder esté distribuido de manera desigual y existan desigualdades sociales.

En las **culturas de mucha distancia jerárquica** es poco probable que el subordinado hable y mucho menos que contradiga a su jefe de forma directa, pues se depende mucho de él y el subordinado espera que le digan qué hacer. Los jefes preferidos son autocráticos o paternalistas.

En las **culturas de poca distancia jerárquica** existe una distancia muy pequeña entre jefes y subordinados, se habla y se contradice al jefe fácilmente, ya que se depende poco de él, hay una interdependencia mutua, se prefiere consultar y se espera que el jefe sea participativo o democrático.

Para fijar la diferencia entre los extremos, basta con observar la tabla 2.

Culturas de poca distancia jerárquica	Culturas de mucha distancia jerárquica
Se da la opinión al jefe	Se dice al jefe lo que quiere oír
Se puede contradecir al jefe	Se obedece al jefe
El jefe consulta	El jefe ordena
Interdependencia entre la gente con poder y la que no lo tiene	La gente con menos poder es dependiente de la que lo tiene
Los padres tratan a los niños como iguales	Los padres enseñan obediencia a los hijos
La gente más educada tiene menos valores autoritarios que los otros	Tanto la gente educada como la que no lo es muestra valores autoritarios
La descentralización es buena	La centralización es buena
Poca diferencia salarial entre el cargo más alto y el más bajo de la organización	Enorme diferencia salarial entre el cargo más alto y el más bajo de la organización
Jefe con bajo perfil	El jefe trata de impresionar
Los privilegios y símbolos son mal vistos	Los símbolos son importantes
La comunicación es informal	La comunicación es formal
Hay mucha clase media	Hay poca clase media
Los gobiernos son democráticos	Los gobiernos son oligárquicos
Habilidad, riqueza y poder no tienen que ir juntos	Habilidad, riqueza y poder van de la mano
Todo el mundo tiene los mismos derechos	Los poderosos tienen privilegios
Para cambiar el sistema político, se cambian las reglas (evolución)	Para cambiar el sistema político, se cambia al que manda (revolución)
En política, el centro es fuerte y hay una izquierda y derecha débiles	Si hay posibilidad, el centro es débil, y la izquierda y la derecha son muy fuertes

Tabla 2. Diferencias entre las culturas de poca distancia jerárquica y las de mucha.

1.1 *Modo de actuar*

Cuando negociemos en países donde exista una **cultura de mucha distancia jerárquica,** nos dirigiremos a la persona con mayor estatus que haya en la mesa, o en la sala. Moderaremos el contacto visual, pues si es directo e intenso puede parecer agresivo y será percibido como negativo. Escucharemos sin interrumpir al interlocutor hasta que finalice su exposición y, antes de comenzar nuestro turno, agradeceremos a todo el grupo por la exposición que ha hecho esa persona. Contestaremos de manera formal y tras cada una de nuestras preguntas, haremos pausas para que puedan comunicarse, verbalmente o no, entre ellos (previamente, habremos dispuesto salas y espacios para la discusión en grupo y para responder a través de su portavoz).

En ocasiones, puede interesarnos dividir el grupo para obtener alguna información concreta, pero esto ralentizará mucho la operación y siempre habrá que esperar la respuesta del interlocutor de mayor rango para darla por válida. En temas políticos, quizá empleen cierto lenguaje agresivo entre ellos que se disipa al dirigirse a nosotros. Interesa tener alguien en nuestro grupo de más edad por si se originan conflictos, pues será la voz que ponga calma. Si interviene algún miembro más joven, será más fácil ganar el beneplácito de todo su grupo dirigiéndonos, si es necesario, al de mayor rango para pedir su opinión sobre el tema.

Nos aseguraremos de que la información, los dosieres, el puntero de la pantalla o cualquier herramienta que se utilice en la reunión esté a mano del líder del grupo y de que lo reciba antes que los demás. No haremos ostentación de autoridad o poder en nuestro grupo, pero podemos dar pie a que ellos sí lo hagan (sabremos «quién manda de verdad»). Si hay regalos o parabienes, se dirigirán al líder y serán entregados por nuestra persona de mayor rango. Debemos tener preparados obsequios de menor valor para el resto del grupo.

A los posibles mediadores o intermediarios que los acompañen hay que tratarlos con gran respeto, y ser conscientes de que, con ellos, el ritmo de las reuniones será algo más lento.

Debemos averiguar a qué se debe el estatus superior del interlocutor de mayor rango: si es una cuestión de familia, de estudios, de posición política, etc.; ello puede ser útil para centrar la conversación cuando no se hable específicamente del objeto de la reunión. Si ellos han organizado el evento, habrán dispuesto tiempo suficiente para que ambas partes se conozcan e incluso para alguna actividad de ocio; no hay que bajar la guardia, pero tampoco parecer estirados.

En la reunión no anticiparemos muchos datos, pero sí les dejaremos que se hagan una composición de la situación y «clasifiquen» sus ideas, sus soluciones y sus objeciones. Permitiremos que cierren la reunión y, si necesitamos determinada documentación, la pediremos fuera de la reunión y a los interlocutores auxiliares, aunque puede ser delante de los demás miembros.

Cuando negociemos con **culturas de poca distancia jerárquica,** miraremos a todos los miembros de la mesa por igual, con una mirada franca y directa, responderemos a sus consultas y les pediremos opinión y consentimiento a todos. La participación del conjunto de miembros será activa y podemos responder a cada uno después de su intervención. Podemos pedir explicaciones a esa persona o a todo el grupo, para entender bien lo que nos proponen y para asegurarnos que todos tienen la misma opinión. Cabe la posibilidad de que existan opiniones diferentes entre los miembros del grupo con el que estamos negociando, y ello puede suponer una ventaja. Las pausas de la negociación serán cortas, si las hay, y la negociación será habitualmente rápida. Se pasan los temas de la agenda sin demasiado preámbulo y se abordan con vehemencia, rapidez y sin dilación. Si nadie expresa lo contrario, los temas se dan por cerrados y no se vuelven a discutir.

El acompañamiento de expertos suele ser habitual, sobre todo en temas políticos; estos expertos pueden ser incluso muy jóvenes, hablarán poco pero son muy escuchados. En ocasiones, los expertos no están en la primera ronda de negociación, pero pueden incorporarse si es necesario. También es habitual que se queden a negociar temas muy específicos después de un acuerdo global.

Es posible que las personas abandonen por un momento la mesa durante la negociación para estirar las piernas, hacerse comentarios, tomar un café o dirigirse en privado a algún miembro del otro grupo si se alarga mucho el proceso. Debemos tener preparado material para todos los asistentes y los posibles asesores, que habrá de ser el mismo para todos y con la misma calidad. Téngase en cuenta que los resúmenes ejecutivos pueden ser de mucha ayuda. Cualquier información adicional de las partes se pedirá o rendirá durante la reunión. La franqueza y el ser directos pueden interpretarse muy bien, como signo de confianza y honestidad. Se debe esperar que los interlocutores también lo sean, aunque pueda molestarnos en una primera fase. No suelen haber regalos entre las partes, y si hay alguno es para usarlo de forma inmediata. Las reuniones se cierran con los puntos acordados y lo puede hacer cualquier integrante del proceso de negociación.

2 Dimensión de identidad

El ámbito de esta dimensión social abarca desde el más puro *individualismo* al más puro *colectivismo.* Se enfrentan en ella el interés individual al interés colectivo. Para situar un grupo en este ámbito debemos observar si en una cultura los individuos tienen la máxima libertad posible y si aprovechan cada oportunidad para desarrollar al individuo más capacitado. Advertiremos si ese es el camino para alcanzar la excelencia, o si, por el contrario, su calidad de vida se basa en el cuidado de todos por igual y por parte de todos, tolerando incluso que la libertad individual pueda verse obstaculizada.

En las sociedades o **culturas individualistas,** los lazos entre las personas son laxos, cada cual se preocupa de sí mismo y del grupo familiar más cercano, todos tienen las mismas oportunidades, pero unos las aprovechan mejor que otros y el que se equivoca, se aguanta.

Los miembros de culturas individualista están educados para ser independientes cuanto antes, les gusta hacer las cosas solos y por sí mismos, buscan la autorrealización, tienen mucha movilidad –la rapidez es la clave–, se prefieren las cosas grandes, la agresividad en la relación está más patente y en la comunicación son muy claros.

En las **culturas colectivistas,** los lazos personales son fuertes. Todos están integrados desde el momento en que nacen y están protegidos por el grupo a lo largo de toda la vida, a cambio de una lealtad férrea al mismo.

Se busca la armonía, que todos vayan bien a la vez. La lentitud está mejor vista que la rapidez y se aprecia la belleza de las cosas pequeñas. El pronombre «nosotros» se utiliza constantemente, haciendo gala del interés general. Los conceptos de lealtad, fidelidad y consenso son fundamentales, la comunicación es cortés y diplomática, y la negación y la agresividad deben reservarse.

2.1 Modo de actuar

Al negociar con personas de **culturas individualistas,** con frecuencia se deben tomar decisiones rápidas, sin apenas pausas ni discusiones. Es fácil reconocer quién lleva «la voz cantante» y a esa persona es a quien hay que convencer. Atacaremos individualmente, es decir, responderemos a cada pregunta que se nos formule, siempre dirigiéndonos a quien la hizo. Utilizaremos un lenguaje muy directo y las preguntas abiertas las contestaremos con rotundidad y hasta dureza, pero dejaremos tiempo para que hablen todos, tanto si el grupo es grande como si es reducido.

No nos debemos apartar del guión del objeto de la reunión. Nuestros interlocutores nos dirán lo que piensan a bocajarro y sin miramientos, porque esa franqueza es honestidad desde su punto de vista. Pueden parecernos gente egoísta y no van a rehuir el conflicto porque siguen la «la ley de la selva», es decir, van «al corto plazo» y no quieren oír promesas de futuro, solo quieren conocer el beneficio inmediato y las razones para seguir negociando al día siguiente. No tendrán inconveniente en desplazarse hasta donde sea si es interesante para ellos, serán muy competitivos y nos retarán a que lo seamos también. Todas las acciones deben tener un objetivo, no se hará nada que no añada valor de forma inmediata. El error es posible, pero hay que repararlo y se cuantifica.

Desde el primer momento, el encuentro será informal y todo resultará muy práctico, desde la sala hasta los almuerzos. No vendrán acompañados de representantes

Culturas individualistas	Culturas colectivistas
En la infancia se aprende el «yo»	En la infancia se aprende el «nosotros»
La identidad se basa en el individuo	La identidad se basa en el grupo
Solos	Acompañados
Independencia	Dependencia
Comunicación directa y clara	Comunicación indirecta, cortés y diplomática
Se habla más que se escucha	Se escucha más que se habla
Sí o no	Sólo *sí*
Agresividad	Armonía
Competencia	Cooperación
Alta movilidad	Baja movilidad
Corto plazo	Largo plazo
Comunicación de bajo contexto Comunicación explícita	Comunicación de alto contexto Comunicación implícita
La educación te permite ganar más dinero y respeto personal	La educación te da entrada a grupos sociales más reconocidos
Relación de negocios basada en la ventaja mutua	Relación de negocios como situación moral, como unión familiar
Lo importante es la gestión de personas	Lo importante es la gestión de equipos
La tarea es más importante que las relaciones	La relación es más importante que la tarea
Todos tenemos derecho a una vida privada	El grupo puede invadir la vida privada
Rol restringido del Estado en la economía	Rol dominante del Estado en la economía
Libertad de prensa	Prensa controlada por el Estado

Tabla 3. Diferencias entre las culturas individualistas y las colectivistas.

ni de posibles sustitutos, a lo sumo, solo asesores jurídicos para redactar acuerdos y contratos que serán rigurosos. Podemos tener alguna persona de prestigio en nuestro grupo, eso les causará una fuerte impresión (opinion *leader*, profesor, etc.). Mantener nuestra postura por un largo espacio de tiempo puede ser una buena estrategia si la negociación es competitiva y una de las dos partes debe perder; si es cooperativa, conviene no enfrascarse en negociaciones largas.

Si el grupo pertenece a una **cultura colectivista,** nos espera una larguísima negociación que quizá empiece por una ronda de reconocimiento interminable hasta entrar en el meollo del asunto; las cuestiones serán discutidas entre ellos y luego con nosotros. Pueden parecernos conformistas, pero no darán el paso definitivo y buscarán en todo momento mantener el *statu quo*.

Su lenguaje y su comunicación serán muy ambiguos y de mucho contexto, tanto que puede sernos difícil seguir un lenguaje poco claro y directo. Jamás dirán que no rotundamente y un «sí» puede significar «sí, quizás», «sí, depende», o directamente no. No les parecerá diplomático ni correcto emitir un «no» tajante.

Si la reunión la preparan ellos, la agenda será larga y probablemente no se cubra. Se irán posponiendo temas y, ocasionalmente, puede seguir fuera del contexto de la reunión.

3 Dimensión de género

No hablamos aquí ni de machismo ni de guerra de sexos, sino que diferenciamos *culturas masculinas* de *culturas femeninas*. En términos generales, las sociedades masculinas son aquellas en las que los papeles de ambos sexos son claramente distintos: el hombre es fuerte y duro y se interesa por el éxito material, y la mujer es modesta y tierna y se preocupa por la calidad de vida. En las culturas femeninas los papeles sociales de ambos sexos se solapan: hombres y mujeres son modestos y tiernos y se preocupan por la calidad de vida.

En las **culturas femeninas,** el valor dominante es el cuidado de los demás y la preservación del entorno y de la vida. Hay un gran interés por ayudar a los más débiles y se dedica dinero y esfuerzo a la ayuda humanitaria y al desarrollo, gastando poco en burocracia y armamento. La liberación de la mujer significa que el hombre y la mujer son iguales en casa y en el trabajo.

En las culturas masculinas la liberación de la mujer consiste en dejarla llegar a trabajos y posiciones tradicionalmente ocupados por hombres. Se siente una fuerte simpatía por el más fuerte y los conflictos se resuelven demostrando fuerza o en la lucha y, si son políticos, incluso con la guerra (véase la tabla 4).

Las personas de **culturas masculinas** son directas, buscan la confrontación y no rehúyen la pelea. Son extremadamente competitivas y quieren ganarlo todo, quizás más en la forma que en la realidad, y pueden parecer apabullantes. Se cierran en banda en las posturas más duras y agresivas y, en grupo, actúan todos a una apoyando al que dispone de más argumentos, colaborando para mantenerse en su sitio. Suelen ser individuos muy disciplinados, acostumbran a moverse en grupo y a ir fuertemente pertrechados con ordenadores y papeles de todo tipo que manejan con soltura entre ellos y que, ocasionalmente, muestran a los interlocutores. Son puntuales, orientados a la tarea, y prefieren las negociaciones fuertes y rápidas.

Culturas masculinas	Culturas femeninas
Papeles diferenciados	Papeles solapados
Simpatía por el fuerte	Simpatía por el débil
Autoafirmación	Modestia
Énfasis en el logro y el rendimiento	Énfasis en la calidad de vida
Agresividad	Consenso
El dinero y las cosas son lo importante	La personas y la relación son lo importante
Se vive para trabajar	Se trabaja para vivir
Equidad	Igualdad
Competitividad	Solidaridad
Solución al conflicto: la lucha	Solución al conflicto: la negociación
Hay que ser el mejor	Hay que ser uno mas
Fallar en el colegio es un incidente	Fallar en el colegio es un desastre
Los directivos son asertivos y decisivos	Los directivos son intuitivos y buscan el consenso
El profesor debe ser brillante	El profesor debe ser amistoso
Se busca la sociedad del logro	Se busca la sociedad del bienestar
Se da soporte al más fuerte	Se da soporte al necesitado
Lo grande y rápido es bello	Lo pequeño y lento es bello
La sociedad es correctiva	La sociedad es protectora y permisiva

Tabla 4. Diferencias entre las culturas o sociedades masculinas y las femeninas.

3.1 *Modo de actuar*

A los grupos procedentes de **culturas masculinas** se les debe tratar con cierta fiereza, sin dejar que ganen terreno ni que nos intimiden. Hay que demostrarles que somos un contrincante a la altura, y no permitir que impongan el ritmo con sus demandas y con preguntas cortas e insistentes que tienen como fin controlar la negociación. Nos tomaremos tiempo para contestar y jugaremos con el tiempo para desestabilizarlos; no estamos obligados a parecernos a ellos, aunque tenderemos a hacerlo.

Cuando nos cojan en falso o en un fallo, insistirán en él hasta caer en lo maleducado y lo usarán el resto del tiempo. Son correosos y se defienden en grupo pero atacan por separado. Se mostrarán meticulosos, pero perderán aplomo si nosotros somos contundentes en nuestro discurso, y cuanto más relajados nos vean, mejor.

Un lenguaje retórico y rebuscado les aburrirá y nos permitirá reducir su ritmo y su interés, que decae con facilidad si observan que sus estrategias no dan fruto. Suelen ser buenos presentando sus argumentos y despliegan medios innovadores para ello, son efusivos en sus preparaciones y presentaciones y bastante efectistas. Pueden alargar mucho la negociación en el mismo día, pero no aguantarán el mismo ritmo muchos días, ésa puede ser nuestra mejor baza. Cuando acaban la negociación recogen todo y se van, mantienen poco contacto y delegan el seguimiento en asesores.

Con grupos de **culturas femeninas** la negociación será agradable, pero también muy delicada y peligrosa. Habrá un juego de lisonjas y nos dejarán que controlemos la reunión para ir paulatinamente desempeñando un mayor papel. Tenderemos a confiarnos por su buen trato y sus buenos modos, pero hay que tener cuidado con esa franqueza aparente pues guarda mucha carga psicológica y estudian al detalle todo cuanto decimos. Preguntarán muy abiertamente y pueden acabar con estocadas «a la italiana»: una gran sonrisa pero con enorme carga de profundidad y peligro.

El encuentro será más en forma «de danza» que de refriega, y habrá mucho intercambio de información, ideas y posturas, haciendo gala de un lenguaje muy implícito en cuanto nos conozcan, simple pero efectivo.

Debemos estar preparados para imponer un ritmo fuerte si se reiteran en sus argumentos, y adoptar estrategias agresivas para volver a otras más cooperativas si conseguimos resultados.

4 Dimensión de la incertidumbre

¿Qué grado de amenaza sienten los miembros de una cultura concreta frente a una situación que les resulta desconocida o incierta? El grado de ansiedad que provoca la incertidumbre es lo que conforma el grado de control que quieran tener sobre esa incertidumbre: escaso o alto control.

El *escaso control de la incertidumbre* se da en sociedades que preparan a sus miembros para aceptar la incertidumbre, que forme parte de sus vidas y sus tareas, y se acepte lo que venga tal como venga. Están cómodos en situaciones ambiguas y lo diferente es curioso y atractivo (el fado, la baraka, el destino). Los define la tolerancia, el correr riesgos, la innovación.

El *alto control de la incertidumbre* es propio de sociedades que preparan a sus miembros para intentar controlar la incertidumbre, se estructuran los entornos y se deja el mínimo espacio posible al azar. Temen las situaciones ambiguas y lo diferente es peligroso (el sistema, la pauta, la norma, la etiqueta). Los define la prudencia, la orientación a los detalles, a lo escrito, a lo explicado, a lo preciso y a la calidad.

En la tabla 5 encontramos una guía que conforma los extremos de esta dimensión.

4.1 Modo de actuar

Los grupos de **culturas con escaso control de la incertidumbre** empezarán la negociación sin una agenda clara de temas ni de horarios; es probable que la reunión no fuera convocada de manera formal y, en un primer momento, no se pretenderá hacerlo.

La actitud hacia el encuentro será muy positiva y abierta, probablemente será cierto que están muy predispuestos a conocernos y a establecer contacto, aun teniendo un objetivo poco claro. Interesados en lo que les contemos, al principio se mostrarán muy abiertos a todas las propuestas y serán permeables a nuestros argumentos. Querrán hablar tanto o más que nosotros y la relación será muy equitativa, con un claro interés en nosotros como personas y posibles socios.

La primera parte de la negociación será muy educada, amable y hasta cariñosa, pero cuando empecemos a insistir para rematar puede complicarse, y debemos hacerlo si queremos llegar a algún acuerdo. No necesitan mucha información escrita ni presentada y se conformarán con lo que les demos sin apenas hacer preguntas, nos dejarán que expliquemos lo que consideremos que deben saber y manejar. Pero sí les gustará hacer pruebas antes de establecer compromisos definitivos.

No vendrán muy preparados a las reuniones y lo intentarán suplir con ideas genuinas y novedosas, debemos asegurar que pueden mantener los compromisos que adopten en esas situaciones. Todos opinarán de cada tema y ofrecerán más de una solución, incluso tantas como negociadores. Pondrán sobre la mesa soluciones que funcionaron en otras ocasiones y las explicarán con pasión.

Culturas con escaso control de la incertidumbre	Culturas con alto control de la incertidumbre
Se muestran entusiastas con lo nuevo	Prefieren la estabilidad
Necesitan mucha flexibilidad	Necesitan que todo esté estructurado
Las personas se encuentran cómodas ante lo desconocido y poco familiar	Se muestran agresivas ante la ambigüedad y en situaciones no familiares
Presentan bajo estrés, el bienestar es un sentimiento subjetivo	Presentan alto estrés, la ansiedad es un sentimiento subjetivo
Confían en la improvisación	Necesitan tenerlo todo preparado
Preguntan lo indispensable	Preguntan mucho y se aseguran de entenderlo todo
Ponen énfasis en que algo funcione	Ponen énfasis en que todo sea perfecto
Les interesa la sensibilidad	Les interesa convencer
Buscan el compromiso	Buscan la dominación
Lo diferente es atractivo y curioso	Lo diferente es peligroso
Les reconforta el ocio	Les reconforta el trabajo
Tienen pocas leyes y reglas	Tienen muchas reglas y leyes
Las protestas ciudadanas son aceptables	Las protestas ciudadanas se deben reprimir
Prefieren la tolerancia y la moderación	Prefieren el conservadurismo, el extremismo, la ley y el orden
Muestran una actitud positiva hacia los jóvenes	Muestran una actitud negativa hacia los jóvenes
Predomina el regionalismo, el internacionalismo y la integración de las minorías	Predomina el nacionalismo, la xenofobia y la represión a las minorías
Creen en la generalización y en el sentido común	Creen en los expertos y la especialización
Hay muchos enfermeros y pocos médicos	Hay muchos médicos y pocos enfermeros
La verdad de un grupo no se puede imponer a otros	Sólo hay una verdad y es la nuestra

Tabla 5. Diferencias entre las sociedades que poseen un escaso control de la incertidumbre y las que poseen un alto control de la incertidumbre.

Querrán seguir manteniendo contacto incluso después de las sesiones de trabajo, en situaciones de ocio compartido donde es posible que se hable de negocios (y se cierren acuerdos). Después de esto, debemos seguir los temas de cerca.

Si negociamos con personas de **culturas con alto control de la incertidumbre,** antes del encuentro recibiremos llamadas, correos electrónicos y preguntas por todos los medios posibles. Querrán saber si hay conexión wi-fi en la sala, enchufes, pantallas y todo tipo de herramientas para escribir. Si el encuentro lo organizan ellos, nos pedirán los nombres y cargos de los asistentes y hasta una descripción de sus especialidades; enviarán y esperarán una agenda detallada que será cumplida. Los datos, informes y estudios deben enviarse antes de las reuniones para que sean efectivas.

Cuando iniciemos la interacción, serán muy formales en el lenguaje y harán muchas preguntas sobre las informaciones previas. Nos darán información de lo que se les pida abiertamente y con franqueza. Les gustará formar comisiones de trabajo de expertos para ser más efectivos y ganar tiempo. No plantearán negociaciones de muchos días, pero sí maratonianas y pretenderán llegar a acuerdos en los que todos estén muy cómodos, e insistirán hasta lograrlo. No tendrán prisa para cerrar hasta que no se hayan asegurado de que es beneficioso para todos y entienden todas las posibilidades y sus posibles consecuencias.

La interlocución suele dirigirla un líder, y son muy ortodoxos en su forma de presentar los temas y cuidadosos en sus respuestas; se toman su tiempo para responder y se asegurarán de que les entendemos y de que nos entienden. Tenderán a ser desconfiados al principio hasta que decidan si damos la talla o no como socios, también como conocedores y expertos en aquello de lo que hablamos (productos, servicios...); si no fuera así, deberemos ir acompañados de expertos técnicos.

Tendremos que hacer resúmenes y actas de las reuniones, que deben ser largas y pormenorizadas para ganarnos su confianza. Nuestras respuestas serán consistentes y bien argumentadas. La argumentación es la clave del entendimiento con estas personas. Conviene ser pulcro en la comunicación entre reuniones y no alejarse de la palabra dada, porque va en ello el resultado feliz de la negociación.

5   Dimensión de las normas

Nos enfrentamos aquí a una pregunta con trasfondo ético, de valores, que nos lleva a dos extremos: ¿debemos tratar siempre a todas las personas de la misma manera o bien tratarlas en función de las circunstancias, sean estas personales o derivadas de la situación?

Imaginemos que nuestro mejor amigo, desequilibrado por haber bebido demasiado alcohol, ha tropezado con una vitrina del bar que, a su vez, ha causado una lesión a un parroquiano. ¿Debemos ayudar al parroquiano para que vaya a la policía y lo denuncie o debemos hacer que comprenda que el suceso no ha sido premeditado y que quizá no vuelva a ocurrir?

Las opciones abarcan dos posiciones extremas: desde el *universalismo* hasta el *particularismo*. La primera es propia de sociedades en las que las normas están por encima de cualquier convención e incluso de las relaciones personales; las reglas se cumplen estrictamente y siempre, sin excepciones; también la ley se cumple escrupulosamente y los derechos y los deberes son los mismos para todo el mundo. En estas sociedades, el litigio es una constante. En las culturas particularistas, lo más importante son las relaciones personales; las excepciones son habituales, buscadas y toleradas, y los derechos y deberes varían en función del grupo, casta o familia a la que se pertenece, y las circunstancias son atenuantes. Son sociedades de conciliación.

5.1 Modo de actuar

Las personas de **culturas universalistas** mantendrán posturas rígidas, actuarán de manera previsible y querrán acabar siempre con preacuerdos o contratos cerrados que cumplirán a rajatabla y esperarán que nosotros cumplamos también. Su argumentación será lógica, buscarán temas en los que coincidimos como punto de partida para después ir acercando posiciones; es una forma muy práctica y placentera de negociar, pero puede alejarnos de acuerdos más globales. Se pueden cerrar parcialmente los acuerdos y volver a ellos de nuevo; una vez que encuentra una solución, la repetirán para todo, como forma simplista de ir progresando. Solo les interesará hablar de su objetivo o de su negocio, y nosotros sólo somos la forma de conseguir lo que quieren.

Si hemos trabajado antes con ellos, sabremos que son muy pragmáticos en la puesta en marcha de los acuerdos. Se enfrentan directamente y con honestidad a los problemas, mostrando lógica y aplicando soluciones fáciles, equilibradas y, si hace falta, pagarán por sus fallos. Buscarán la consistencia a toda la relación, con sus propuestas y sus demandas. Intentarán establecer los límites de lo acordado para saber que están cumpliendo y que no esperamos algo diferente cada parte.

Vendrán acompañados de numerosos asesores legales que intervendrán poco durante la negociación y mucho durante los acuerdos. No dejarán de discutir ningún punto por pequeño y ridículo que parezca (incluso económicamente), aunque no les gusta el trámite de la negociación sino solo su resultado, y una vez acabado el negocio, los contactos serán para cosas concretas y prácticas; el contrato va a misa y se cumple, punto.

Si negociamos con personas de **culturas particularistas,** la comunicación resultará de nuevo muy ambigua, las soluciones serán sumamente creativas, buscarán una forma genuina de que nos guste algo y esperarán que nos adaptemos a sus necesidades incluso a costa de cambiar dramáticamente nuestro proyecto, producto o servicio.

Empezarán negociando aquellos puntos que nos alejan a fin de ganar tiempo para saber cómo somos y cómo pensamos, y adaptar su lenguaje, sus intereses, productos, etc., a nuestros deseos. Pueden prometer en exceso y luego no cumplir del todo; cada solución será a medida y no tendremos nunca la certeza de tener algo hasta tenerlo realmente. Se esforzarán en cada caso como si fuese el primero, y si hay conflicto, intentarán resolverlo en función del perjuicio causado o del problema que podría causar a la relación entre ambas partes.

Sus demandas, comparadas con lo que ofrecen, pueden parecer altísimas, o al contrario, pueden indicar que esperan que les tratemos de manera especial. Disfru-

Culturas universalistas	Culturas particularistas
Cumple las normas	Adapta las normas
La palabra clave es *siempre*	La palabra clave es *depende*
La verdad	La virtud
Buscan lo que nos acerca	Se fijan en lo que nos separa
El mismo trato para todas las personas	El mejor trato para las personas allegadas
Una sola verdad, una sola realidad	La verdad tiene caras; la realidad, perspectivas
Una única manera	Hay muchas maneras posibles
Lo importante es el texto	Lo importante es el contexto
Se busca la estandarización	Se busca la adaptación
Lo global	Lo local
La competencia	La solidaridad
Argumentos racionales	Argumentos personales
Se confía en quien mantiene su palabra	Se confía en quien demuestra flexibilidad

Tabla 6. Diferencias que se pueden observar entre culturas universalistas y particularistas.

tan con la discusión y con la negociación, también con el contacto posterior si hay que solucionar temas secundarios. El buen resultado de la negociación es fruto de un planteamiento correcto, una buena sintonía entre las partes y un interés mutuo en resolver los problemas. El contrato es un buen punto de partida, pero puede ser roto o modificado según avance la negociación.

6   Dimensión de la implicación

Imaginemos que nuestro jefe nos invita a una fiesta en su casa por el quince cumpleaños de su hija. No nos apetece en absoluto. ¿Qué le contestamos? ¿Declinamos la oferta amablemente inventando alguna excusa o se lo agradecemos y vamos, para no hacerle ese feo?

¿Hasta qué punto nos implicamos en el trabajo? ¿Hasta qué punto separamos ese mundo de nuestra vida privada?

Veamos otra pregunta. Cuando me encuentro de viaje con alguien desconocido que intenta ayudarme en algo, ¿creo fácilmente una relación de confianza, o por el contrario, mi primera reacción es de desconfianza?

Las **culturas de baja confianza** en los desconocidos tienen un *enfoque difuso*, la confianza no se extiende más allá de la familia y de los amigos más íntimos y cercanos, y solo se consigue después de una interacción larga (difusa) y donde se demuestra que se la ganaron. Primero hay que establecer una relación personal, solo después de conocerlos tendremos una relación de negocios.

Las **culturas de alta confianza** dan por sentada la confianza y lo que representa la otra persona, a quien se reconoce como tal. Pasan directamente a un *enfoque específico* de la negociación y solo si nos fallan perderemos la confianza. Por tanto, lo primero es el proyecto, iremos al grano.

6.1   *Modo de actuar*

Cuando negociemos con personas de **enfoque específico** iremos directos al punto de reunión y entraremos en la negociación sin preámbulos. Probablemente, en la agenda constarán ya los puntos que hay que tratar y quién asistirá a la reunión, de modo que no pondrán en duda ni a nosotros ni a las personas que nos acompañen. Se producirán confrontaciones duras, no personales, pero quizá sí algo agresivas.

Debemos intentar conocer previamente los valores de nuestros interlocutores y los de las empresas que representan. No utilizaremos títulos ni reconocimientos al comunicarnos con ellos, les hablaremos de manera directa, lacónica y explícita, con un lenguaje asertivo y rápido, incluso casual, sin atenernos a formalismos excesivos.

Empezaremos con una argumentación corta, resumida y rápida, pero indicaremos aquello que queremos extender más tarde. La entrega de datos o análisis se hará al principio, tras resumir cuáles son nuestros objetivos. Nos limitaremos a tocar aquellos puntos que hemos decidido, dando toda la información que tengamos, sin ocultar detalles que puedan ser definitorios del proyecto, producto o servicio. Ellos analizarán cada aspecto por separado y luego los juntarán para ver cómo afectan a sus objetivos. Se habrán informado sobre nosotros y sobre nuestras propuestas previamente y con detalle. La negociación será rápida, precisa, detallada, puntual, con anexos precisos en todos los puntos, y concluyente.

Si las personas son de **enfoque difuso,** debemos ir con mucho tiempo, sin agenda definida y, de ser posible, acompañados de mediadores, expertos y asesores. Tendremos muy en cuenta la historia de la entidad y de las personas con quienes vamos a discutir. Dejaremos que la reunión fluya, aunque parezca que no vaya a ningún sitio. Hablaremos de nosotros y preguntaremos acerca de ellos, de sus actividades, y seremos muy respetuosos con la persona o personas de mayor rango y edad o con

Culturas de enfoque específico	Culturas de enfoque difuso
Lo primero es el proyecto o el negocio	Lo primero es la relación personal
Relación superficial en el trabajo	Implicación personal en el trabajo
Empezamos resumiendo	Acabamos resumiendo
Estudia los datos	Estudia la historia
Transparente	Opaco
Separación total entre vida personal / vida profesional	Solapamiento de la vida personal / vida profesional
Comunicación explícita	Comunicación implícita
Gestión por objetivos	Gestión por valores
Análisis	Síntesis
Directo al propósito	Indirecto y sin objetivo concreto
Preciso y definitivo	Evasivo y ambiguo
Sólidos principios morales	La moralidad depende del contexto

Tabla 7. Diferencias entre las culturas de enfoque específico y las de enfoque difuso.

quien esté al frente de la legación. Nunca daremos el primer paso para hablar de nuestra propuesta, seremos pacientes y usaremos una comunicación implícita, indirecta, formal, pausada y tranquila, mostrándonos interesados por la conversación aunque se aleje de nuestro objetivo.

Es posible que hayan organizado algún acto social previo a la reunión, de tipo lúdico, deportivo, relacionado con otro proyecto, etc. Nos presentarán a personas ajenas a su actividad (incluida su familia) y podemos perder una jornada entera de trabajo.

Una vez que entremos en harina, analizarán cada punto como si de ellos dependiera todo el proyecto, estudiándolos desde una perspectiva global. No debemos impacientarnos cuando le den rodeos a las cosas o vuelvan una y otra vez sobre lo mismo. Cuando empiecen de verdad con el tema, entonces podemos nosotros dilatar el asunto, así demostraremos que el tiempo no solo juega a su favor y que somos capaces de seguir su juego, si es necesario; si nos interesan de verdad, jugaremos nosotros al misterio, a lo evasivo y lo abstracto (con cuidado, pues ellos son mejores en eso).

7 Dimensión de las emociones

En un extremo de esta dimensión encontramos las **culturas afectivas** o *emocionales,* que revelan fácilmente sus sentimientos, de manera verbal y no verbal, expresan sin inhibición las cosas que sienten tal cual las sienten, entablan contacto físico al hablar, gesticulan y hacen muecas; en ellas, mostrar un comportamiento pasional y vital está bien visto. En el otro extremo están las **culturas controladas** o *neutrales,*

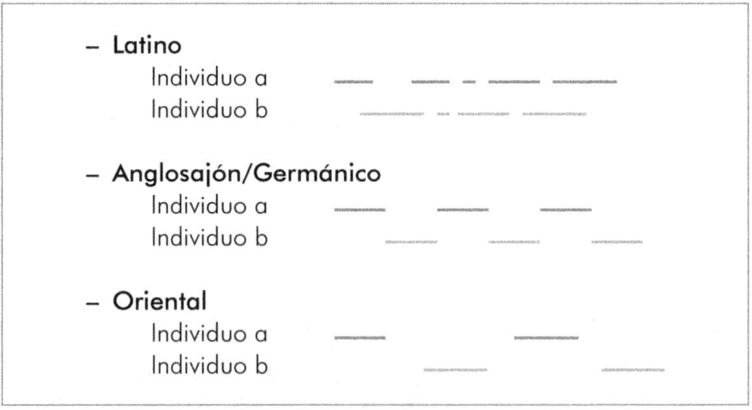

Figura 1. Representación de las emociones según las distintas culturas.

Culturas controladas	Culturas afectivas
No revelan pensamientos ni sentimientos	Revelan lo que sienten y lo que piensan verbal y no verbalmente
El contacto físico y las muecas están mal vistos	Emociones desinhibidas, contacto físico frecuente
Gran distancia personal	Poca distancia personal
Admiración por la serenidad	Admiración por el apasionamiento
Emociones controladas que un día explotan	Emociones expresadas con fluidez, efusivamente y con vehemencia
En ocasiones, se revela la tensión en los gestos y las posturas	La transparencia y la expresividad reducen tensiones
Comunicación fría	Comunicación cálida

Tabla 8. Diferencias entre las culturas afectivas o emocionales y las controladas o neutrales.

que no revelan sus sentimientos ni sus pensamientos en ninguna circunstancia, que evitan los contactos físicos pues son un tabú, y que admiran a las personas muy controladas, serenas, dueñas de sí mismas en todo momento.

Los estilos de comunicación están fuertemente condicionados por las emociones. En la figura 1 vemos representadas las emociones de las culturas latina (pasional, viva, incontrolable), anglosajona (metódica, pautada) y oriental (reflexiva, neutral, pausada).

La tabla 8 describe otras diferencias que se manifiestan entre las culturas afectivas y las controladas.

7.1 Modo de actuar

Cuando negociemos con personas de **culturas controladas** las discusiones serán monótonas; la falta de emoción en el tono no significa que estén aburridas o desinteresadas, sino que no quieren que veamos más allá de lo que tienen entre manos. Puede resultar un poco incómodo, pero debemos tomarlo como una estrategia, pues en determinados momentos, se abre una pequeña brecha en la que sí podemos observar su gusto o disgusto por la situación o el ofrecimiento. Las discusiones y argumentaciones son sobre los objetos, se argumenta poco sobre el uso, lo interesante que puedan resultar o que sería contar con él.

Evitarán los conflictos, serán amables pero frías y distantes, preservarán sus ideas, no serán efusivas en la comunicación ni en el tono, calidad o cantidad de ideas; tendremos la sensación de que están desinteresadas o desilusionadas con nuestras propuestas y que no quieren escuchar, comprar ni negociar con nosotros. Sus preguntas serán abiertas, indirectas, y las harán lentamente; su comunicación será lacónica, por eso debemos preguntar abiertamente e insistir si es necesario.

Serán políticamente correctas y muy racionales, solo tendrán una línea de argumentación o de trabajo cada vez y preferirán ir tomando pequeñas decisiones antes de seguir. Suelen ser negociaciones pausadas, pero no largas, y cuando entablan una la relación hacen que perdure en el tiempo.

Al negociar con personas de **culturas emocionales** debemos estar abiertos a acortar nuestra distancia interpersonal, a la efusividad de sus comentarios, a discutir sobre nosotros y lo que nos gusta, a lo que apela el proyecto, servicio o producto que estamos negociando, al placer de participar, tenerlo, de contar con él, más que a la utilidad práctica. Debemos ser cálidos, cercanos, pero cuando ellas muestren entusiasmo no significa que todo vaya perfecto, y si hay vehemencia en el desacuerdo y malas caras tampoco indica que todo se haya ido al traste. Puede haber mucho desgaste emocional, un grado de conflictividad alto con amagos de abandono, incluso desagravio de cierre de todas las posibilidades, que, no obstante, se arreglarán con abrazos y parabienes en un santiamén.

En la comunicación serán directas, rápidas en el habla, muy charlatanas y efusivas; serán muy asertivas y vehementes mientras nos tocan y nos van pidiendo que les acompañemos con su lenguaje no verbal. Serán muy poco formales y nos harán cientos de preguntas abiertas y cerradas.

Al cerrar el negocio mostrarán su alegría y tardarán horas en cerrarlo todo, parecerá como si ya no tuviesen prisa para nada y hubiésemos de permanecer juntos para siempre.

8 Dimensión del *locus* de control

Valoramos aquí si las personas de una determinada cultura creen que controlan el rumbo de su vida y perciben que el origen de las cosas que les pasan, de su conducta, e incluso su suerte está en sus manos o no lo está. Esto incluye el *locus de control interno:* las personas perciben que los eventos que ocurren a su alrededor están sometidos a su control y, por tanto, el esfuerzo, la dedicación, la habilidad y la responsabilidad de lo que hacen, así como sus logros, residen en ellas mismas.

Culturas de control interno	Culturas de control externo
La persona es el capitán de su propia vida y fortuna	La suerte está guiada por el destino, Dios o el entorno
Enfoque hacia la propia persona	Enfoque hacia las demás
Cree en sí misma	Cree en la sociedad, en la comunidad
Muestra la fuerza personal	Muestra sensibilidad
Lucha por su punto de vista	Vive en armonía con las demás
Diseña y cambia el entorno	Se adapta al entorno
Depende de sí misma	Depende de las demás
Espera la riqueza	Espera la pobreza
Felicidad y optimismo	Felicidad, tristeza y fatalismo
Bien y mal	Bien o mal
Rápida y ocupada	Estable y rítmica
Enfocada en los medios	Enfocada en los procesos
Materiales	Espirituales
La actividad	La experiencia
Confort y ausencia de dolor	Llena de placer y de dolor
La salud es nuestro estado natural	La muerte es un proceso natural

Tabla 9. Diferencias entre las sociedades de control interno y las de control externo.

En el *locus de control externo*, los eventos ocurren por razones de suerte, azar, destino o bien porque la persona está en manos de otras, superiores o con autoridad, y el resultado será indistinto del esfuerzo y la habilidad con el que se empeñe. Los méritos y las responsabilidades son atribuidos a otras personas y no a una misma.

Puede verse todo ello con mayor detalle en la tabla 9.

8.1 *Modo de actuar*

Las personas de **culturas de control interno** son directas y directivas, querrán argumentar con fuerza y vehemencia, de forma competitiva e insistente. Pelearán cada punto sin descanso y buscarán imponer sus puntos de vista y soluciones. No buscan la agresividad y tampoco la usan demasiado, pero serán todo lo insistentes que haga falta. Asumen sus errores como parte del aprendizaje y se esforzarán en no cometerlos dos veces. Son optimistas por naturaleza y creen en su fuerza propia y en la de sus argumentos para demostrar el por qué tienen razón.

Harán presentaciones muy enriquecedoras e invertirán el tiempo que sea necesario en llegar a un punto de negociación que les sea rentable e interesante. Trabajarán arduamente y creen en lo que hacen, así que convencerles de otro punto de vista requerirá de mucha perseverancia, convicción y razones poderosas; deberemos argumentar fuerte y con vehemencia durante horas para que cambien.

Las negociaciones con personas de **culturas de control externo** serán tranquilas, a un ritmo decidido y constante. Se adaptarán a las circunstancias con facilidad, de modo que no podremos utilizar muchas tácticas hacia ellas; escucharán activamente y tomarán decisiones sin vacilar cuando lo tengan claro. No se mostrarán recelosas, pero tampoco confiadas sin más. En sus comunicaciones serán indirectas, ni rápidas ni lentas, pero con tendencia a no correr demasiado, algo lacónicas pero no parcas en palabras ni en ideas, serán asertivas pero nada conflictivas, más bien formales, se puede dialogar con ellas en una posición de igualdad cómoda.

9 Dimensión de la percepción del mundo

¿El mundo se puede entender, se puede explicar o es mejor seguir la intuición y dejarse llevar por las sensaciones? La evolución humana nos ha llevado a una clara disyuntiva: o estamos ajenos a la naturaleza y fuera de ella o, por el contrario, sabemos que su poder es tal que, contra ella, siempre perderíamos.

Estableceremos una distinción entre el ser humano como dominador de la naturaleza, donde el mundo es controlable, puede ser cambiado a voluntad y ser sometido, y otro extremo en el que el mundo es controlador de nuestra vida, y contra el cual no podemos hacer nada, pues cuando creamos que tenemos una posición de dominio, se desatará para recordarnos que ello no es posible.

En las **culturas de naturaleza controlable,** se adopta la innovación, se explica el mundo desde el punto de vista empírico y la técnica puede controlarlo todo; el hombre es capaz de desarrollar maquinas, tecnologías y materiales más perfectos que la naturaleza y puede luchar contra ella. Las cosas están para que las usemos y los recursos para ser gastados; desde la ciencia todo es explicable, e incluso el tiempo es domeñable.

En las **culturas de naturaleza controladora,** el mundo y los recursos son limitados y tienen un comportamiento orgánico, puede sufrir y morir si no se trata

Culturas de naturaleza controlable	Culturas de naturaleza controladora
El hombre es racional	El hombre es intuitivo
El hombre domina la naturaleza	La naturaleza domina el hombre
El mundo es mecánico	El mundo es orgánico
El futuro es lo importante	El pasado se repite
Los bienes y el mundo son ilimitados	Los recursos son limitados
El orden natural es comprensible por la razón	El orden natural es misterioso y complicado, se necesita la fe
Innovación	Sabiduría
Hay una dicotomía entre lo físico y lo espiritual	Hay una unidad entre lo físico y lo espiritual
Es posible una comprensión empírica	Es posible una comprensión mágica
Debemos tener un control técnico	Debemos tener un control espiritual
Orden racional	Orden místico
El mundo funciona por probabilidades	El mundo funciona por azar
Podemos y debemos cambiar el mundo	Debemos aceptar el orden natural

Tabla 10. Diferencias entre la forma en que perciben el mundo las sociedades de naturaleza controlable y las de naturaleza controladora.

adecuadamente y nosotros con él, ya que formamos parte. El azar desempeña un papel importante y hay algo sobrenatural que debemos tener en cuenta y que jamás alcanzaremos a controlar.

Podemos analizarlo con más detalle en la tabla 10.

9.1 *Modo de actuar*

La negociación con miembros de **culturas de naturaleza controlable** es rápida, muy teórica, sigue un esquema, un método establecido, es predecible, se verbalizan los intereses y se plantean las dudas y los argumentos técnicamente, con sus ventajas e inconvenientes minuciosamente estudiados. El conflicto es ocasional y hay que ser hábiles en su resolución. Debemos anticiparnos a todos los aspectos de la relación, pues seremos interrogados de manera sistemática. Las posibles objeciones tienen que estar muy bien preparadas, sin dejar nada a la suerte. Seguirán el método a rajatabla, siempre. Las negociaciones serán poco creativas, pero muy ortodoxas y efectivas.

Cualquier cosa que pueda entorpecer la relación estará prevista y se estipularán medidas, todo tendrá su orden de prioridad e importancia y se debe llegar a un umbral mínimo para que un punto se cierre.

Con personas de **culturas de naturaleza controladora** la negociación será más prolongada, habrá espacio para la creatividad, para lo inesperado; la intuición desempeñará un papel importante y se puede malograr un acuerdo por un mal pálpito o por alguna razón inexplicable que imposibilita al otro a llegar al acuerdo. Las experiencias pasadas son importantes, aportar información de transacciones anteriores con gente que conozcan es bueno, traer ejemplos de soluciones efectivas también; asimismo, la humildad y la armonía serán valoradas. Pueden ser sociedades muy religiosas que practican su fe sin tapujos, como algo natural. Al finalizar los acuerdos se busca el refuerzo del contacto si ha sido positivo.

10   Dimensión del tiempo

Cada cultura percibe y gestiona el tiempo de manera diferente. Debemos preguntarnos: ¿La orientación es a corto, medio o largo plazo? ¿Es al pasado, al presente o al futuro? ¿Se percibe como escaso o abundante? ¿Cómo una propiedad privada o ajena? ¿Y se realiza cada vez una sola tarea o muchas al mismo tiempo?

¿Cómo vive una cultura la «elasticidad» del tiempo? ¿Qué es «a largo plazo» para un portugués, un español o un brasileño? ¿Qué es «a medio plazo» para un francés o un indio? ¿Qué es a «corto plazo» para un chino, un japonés o un sueco?

Las respuestas conformarán un escenario de posibilidades entre: un extremo secuencial o monocromático, donde el tiempo es un recurso escaso, es dinero y es lineal, es medible, y la puntualidad es importante, se realiza una sola tarea cada vez,

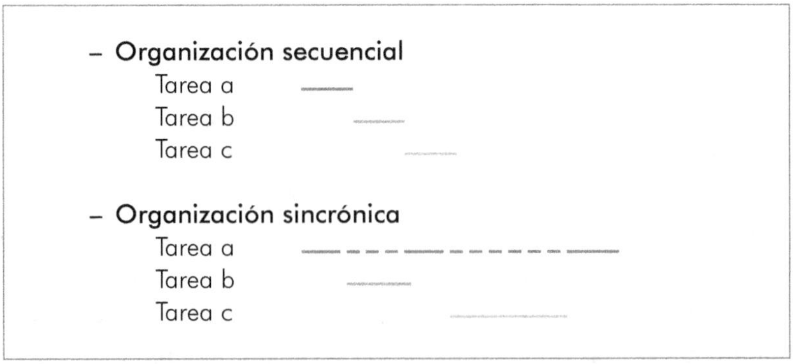

– **Organización secuencial**
    Tarea a   ———
    Tarea b   ———
    Tarea c   ———

– **Organización sincrónica**
    Tarea a   — — — — — — — —
    Tarea b   ———
    Tarea c   ———

Figura 2. Diferencias en la realización de tareas en una cultura monocromática y una policromática.

se orienta al corto plazo y hacia el futuro, y es una propiedad privada que nadie debe «robar»; y un extremo sincrónico o policromático, donde el tiempo es un recurso abundante, un amigo que nos dará nuevas oportunidades, cíclico (mito del «eterno retorno»), donde lo importante es el encuentro, podemos hacer muchas tareas a la vez, la orientación es al largo plazo y al pasado, y es una propiedad común, ya que es en él donde se produce ese encuentro.

Las **culturas monocromáticas** buscan la planificación del tiempo, la eficiencia y la productividad; sus miembros son esclavos de la agenda y de los planes, que son rígidos y poco orientados hacia las personas.

Las **culturas policromáticas** son sociedades impuntuales, donde se permite perder el tiempo. Suele haber falta de concentración, hay interrupciones constantes que son toleradas y, como ventaja, una gran capacidad de reacción a los imprevistos.

En cuanto a la realización de las tareas, en la figura 2 las vemos representadas gráficamente.

En la tabla 11 se puede analizar las diferencias en la percepción del tiempo entre sociedades monocromáticas y las policromáticas.

Culturas monocromáticas	Culturas policromáticas
Una sola tarea cada vez	Varias tareas a la vez
Concentración en la tarea	Con distracciones constantes
Se mira el reloj	Nunca se mira la hora
Puntualidad estricta	Puntualidad relajada
Molestan las interrupciones	Es necesario hacer pausas continuamente
El tiempo es oro	Hay que dar tiempo al tiempo
Seguimiento estricto de la agenda	Se puede hablar de cualquier tema
Se van a la hora prevista	Se quedan el tiempo que haga falta hasta acabar
Necesitan planificar	Les gusta improvisar
No gustan los cambios de planes	Disfrutan con lo imprevisto
Lo importante es el futuro (anticiparse)	Lo importante es el pasado (el recuerdo)
Respeto al joven vigoroso	Respeto al mayor, al experimentado

Tabla 11. Diferencias en la percepción y la planificación del tiempo
de las culturas monocromáticas y las policromáticas.

10.1 Modo de actuar

En las **culturas monocromáticas** las negociaciones son muy planificadas, las agendas son claras y han sido enviadas con anterioridad, y empiezan y acaban puntualmente. Suelen ser maratonianas y continuadas y, en ocasiones, se come durante la negociación. Los temas se tocan de uno en uno y no es necesario acordar cada punto para pasar al siguiente, pero sí hay que desarrollarlo y dejarlo claro, argumentado y con las posiciones clarificadas.

Lo que no está previsto no suele tocarse y no se lleva preparado. No harán perder el tiempo y, por tanto, los compromisos que adquieran los cumplirán previo a las reuniones, y esperarán que el interlocutor haga lo mismo. Querrán tener el tiempo muy estructurado y puede que cada tema tenga una duración exacta, y si no se termina, se aparta para pasar a otro. Argumentarán mucho de prospectiva, beneficios futuros, potencialidades, de la libertad de acción y actuación. En sus comunicaciones serán rápidos, formales, directos, lacónicos, asertivos y racionales.

Las personas de **culturas policromáticas** discutirán todos los temas, sobre todo los que no estén previstos. Explicarán experiencias anteriores exitosas y cómo repetirlas. Escucharán con atención procurando entender nuestros puntos de vistas, ya que el encuentro es también una oportunidad para aprender, y es posible que incluso se encuentren fórmulas nuevas, innovadoras y diferentes que interesen a ambas partes.

Debemos prepararnos para largas sesiones, en un número sin determinar, en las que se mezclarán y alternarán temas no profesionales, constantes interrupciones y descansos para discutir entre ellos. Pasaremos de un punto a otro sin que el primero esté discutido ni cerrado ni suficientemente argumentado. Es posible que se desestimen puntos parciales y que después se retomen. No hacer falta preavisar para realizarse visitas entre reuniones.

En las comunicaciones serán indirectos, emplearán mucho lenguaje implícito, lentos en el conversar pero amenos y con profusión de metáforas e historias, habladores, muy formales, con alto contenido emocional y muchas preguntas de todo tipo. En el acuerdo mantendrán un trato cálido y continuado.

Capítulo 11
La personalidad de los negociadores

1 Tipos de personalidad

Desde tiempos inmemoriales, el ser humano ha intentado definir la naturaleza de sus semejantes y la suya propia en los aspectos relacionados con la personalidad, que explique aquello que hace que cada cual actúe de una forma concreta y diferente frente a un mismo hecho o situación.

Como negociadores, es importante prever cuáles son esas reacciones, las conductas que esperamos observar cuando interaccionamos con nuestros interlocutores, cómo se manifestará su personalidad ante un comentario, una propuesta o un reto específico.

El modelo que desarrollamos a continuación debe permitirnos usar técnicas concretas para acercar a las personas a nuestros intereses atendiendo a los rasgos de su personalidad.

Muchas de las actuales teorías de la personalidad se basan en cuadrantes. Las más sencillas se basan en cuatro cuadrantes o tipos:

- El tipo A. Busca hacerse con el control a través de la acción directa y adivinando las acciones futuras para crear armonía. Logra un sentido de identidad inspirando a otros para que sean de su misma opinión. Sus valores más importantes son el alineamiento y la perfección.

- El tipo B. Explora y resuelve problemas. Logra su identidad por medio de la independencia. Sus valores son la libertad, la innovación y la asunción de riesgos.

- El tipo C. Analiza y trata de entender cómo son las cosas, consigue su identidad a través del diseño y la realización efectiva. Sus valores son la originalidad y la racionalidad.

- El tipo D. Produce cambios que afectan a otros, logra su identidad a través de la expresión e inspirando a los demás. Sus valores son la visión y la armonía.

Los griegos, y antes que ellos los egipcios y los sumerios, empezaron a utilizar cuatro arquetipos basados en los cuatro elementos conocidos: fuego, aire, agua y tierra, para designar los tipos de personalidad. Se conocen como teoría de los cuatro humores o de los cuatro temperamentos (véase la tabla 1).

En el siglo XX, otros autores desarrollaron teorías más específicas de personalidad que se hallan relacionadas con estas. Se recogen en la tabla 2.

Uno de los modelos desarrollados en el siglo XX que ha supuesto las bases de la «medición» de la personalidad hasta nuestros días es el modelo de los tipos de personalidad de Carl Jung. En la práctica, establece una fuerte conexión entre la personalidad, los estilos de aprendizaje y la forma en que nos relacionamos con los demás.

Jung dispone que la actividad consciente de la persona se establece a partir de dos procesos perceptivos: el sensitivo y el intuitivo, y de otros dos procesos relacionados con la forma de tomar decisiones: uno racional y otro emocional. Cada persona utiliza en mayor o menor medida todos ellos, pero solo uno es el predominante, el que define cómo es esa persona verdaderamente.

Las personas con predominancia *sensitiva* se relacionan con el mundo a través de los sentidos, observan lo que sucede a su alrededor, recogen la información y actúan de forma práctica. Aquéllas con predominancia *intuitiva* se basan en las relaciones y las diferentes posibilidades que tiene cada situación; por tanto, interpretan las señales, buscan significados a las cosas y se basan en lo que puede ser cada cosa o puede suceder en cada momento. Las personas *racionales* son lógicas cuando toman decisiones; se basan en datos, en hechos, en la información que almacenan hasta tener la necesaria para tomar las decisiones, y son calmadas. Las *emocionales,* por

Autor	Tipo A	Tipo B	Tipo C	Tipo D
Empédocles y egipcios	Fuego	Aire	Agua	Tierra
Hipócrates	Bilis amarilla	Sangre	Flema	Bilis negra
	Entusiasta	Alegre	Calmado	Triste
Galeno	Colérico	Sanguíneo	Flemático	Melancólico
Ezequiel	Hombre	León	Águila	Buey

Tabla 1. Tipos de personalidad esenciales, según la teoría de los cuatro humores o los cuatro temperamentos.

Autor	Tipo A	Tipo B	Tipo C	Tipo D
Handy	Apolo	Dionisio	Atenea	Zeus
Eysenck	Inestable extrovertido	Estable extrovertido	Estable introvertido	Inestable introvertido
Jung y Myers	NF Intuitivo emocional	SP Sensorial perceptivo	NT Intuitivo pensador	SJ Sensorial juzgador
David Kersey	Idealistas Dice lo que es posible, hace lo que está bien	Artesanos Dice lo que es, hace lo que funciona	Racionales Dice lo que es posible, hace lo que funciona	Guardianes Dice lo que es, hace lo que está bien
Sistema DISC	Dominante	Influyente	Constante	Cumplidor

Tabla 2. Tipos de personalidad según distintos autores del siglo xx.

el contrario, son personas subjetivas y perceptivas, observan las posibilidades y, a partir de su forma de ver y entender, toman las decisiones, aunque se basen en datos circunstanciales, son empáticas y se adaptan a cada ocasión.

Jung observó que esos cuatro tipos se expresan de forma diferente en función de la actitud que las personas tienen hacia las cosas, y así define la extroversión y la

Figura 1. Los cuatro tipos básicos de personalidad según Carl Jung.

Tipo	Características
Extrovertidos racionales	Analíticos, planificadores
Introvertidos racionales	Contemplativos, teóricos
Extrovertidos emocionales	Sociables, sentimentales
Introvertidos emocionales	Enigmáticos, inaccesibles
Extrovertidos sensitivos	Prácticos, dispuestos
Introvertidos sensitivos	Obsesivos, expertos
Extrovertidos intuitivos	Innovadores, modificadores
Introvertidos intuitivos	Idealistas, visionarios

Tabla 3. Resultado de combinar los distintos tipos básicos de personalidad y las «actitudes».

introversión. El *extrovertido* es fuertemente emocional, expresivo y comunicativo, interactúa de forma eficiente y cómoda con las otras personas, con las experiencias y en todas las situaciones. Dice lo que piensa, lo verbaliza con facilidad, comparte sus sentimientos y pensamientos. Por el contrario, el *introvertido* mantiene sus emociones en privado, es calmado y reflexivo, se centra en el pensamiento interno y en el mundo de las ideas.

A partir, pues, de la relación entre cada uno de estos tipos básicos, y de su combinación con las «actitudes» (introversión o extroversión), obtenemos ocho clasificaciones diferentes que se recogen en la tabla 3.

Cada persona tiene un tipo básico predominante y otro auxiliar; si los combinamos, obtenemos los 16 tipos de personalidad que Jung desarrolla:

1. Extrovertido Racional Sensitivo - ET(S).
2. Extrovertido Racional Intuitivo - ET(N).
3. Extrovertido Emocional Sensitivo - EF(S).
4. Extrovertido Emocional Intuitivo - EF(N).
5. Extrovertido Sensitivo Racional - ES(T).
6. Extrovertido Sensitivo Emocional - ES(F).
7. Extrovertido Intuitivo Racional - EN(T).
8. Extrovertido Intuitivo Emocional - EN(F).
9. Introvertido Sensitivo Racional - IT(S).
10. Introvertido Racional Intuitivo - IT(N).
11. Introvertido Emocional Sensitivo - IF(S).
12. Introvertido Emocional Intuitivo - IF(N).

13. Introvertido Sensitivo Racional - IS(T).
14. Introvertido Sensitivo Emocional - IS(F).
15. Introvertido Intuitivo Racional - IN(T).
16. Introvertido Intuitivo Emocional - IN(F).

A partir del modelo de Jung se ha desarrollado una de las pruebas más potentes para el trabajo de la personalidad; se conoce como el modelo MBTI®, y se basa en las teorías de Myers Briggs®. Katharine e Isabel Briggs Myers (madre e hija) consideran que los trabajos de Jung son de difícil aplicación y deciden hacer una prueba basada en ellos que facilite la interpretación. El sistema describe las preferencias individuales para dos actividades cognitivas: cómo recogemos la información y cómo la procesamos para tomar decisiones.

Las personas usamos todo el rango posible de procesos cognitivos, pero tendemos a decantarnos preferentemente por uno de ellos en detrimento de los otros. Entender esas preferencias y el papel que desempeñan en la conducta de las personas, nos puede ayudar a mejorar las relaciones con ellas, la colaboración, la productividad y la eficiencia en el entorno social y profesional.

Con respecto al modelo ofrecido por Jung, el de Myers Briggs introduce algunos cambios, como refleja la tabla 4.

En definitiva, Myers facilita la comprensión del modelo de Jung para hacer un uso más efectivo de los distintos tipos de personalidad. Presenta un código de cuatro letras de acuerdo con el orden que se expresa en la tabla 5.

Se centra en el mundo exterior	**(E) Extrovertido**	*continuum* hacia	**(I) Introvertido**	Se centra en su mundo interior
Toma la información basada en hechos	**(S) Sensitivo**	*continuum* hacia	**(N) Intuitivo**	Toma la información interpretando significados
Decide usando la lógica y el análisis	**(T) Racional**	*continuum* hacia	**(F) Emocional**	Decide por lo que le afecta a él y los demás
Respecto al mundo exterior, lo organiza y lo controla	**(J) Juzgador**	*continuum* hacia	**(P) Perceptivo**	Respecto al mundo exterior, es espontaneo y se adapta

Tabla 4. Tipos básicos de personalidad de los individuos según Myers Briggs.

Primera letra	Segunda letra	Tercera letra	Cuarta letra
Extrovertida o introvertida	Sensitiva o intuitiva	Racional o emocional	Juzgadora o perceptiva
E o I	S o N	T o F	J o P
Enfocada al exterior o a sí misma	¿Cómo obtenemos la información?	¿Cómo decidimos?	¿Cómo nos relacionamos con el mundo exterior?

Tabla 5. Código de cuatro letras propuesto por Myers para facilitar
el uso de los distintos tipos de personalidad.

«Etiquetar» la personalidad no es algo complicado y podemos usar esas etiquetas en entornos de trabajo. A continuación, escogemos un sistema que sintetiza y facilita aún más su uso.

2   Cómo reconocer las personalidades para su aprovechamiento

El modelo en el que vamos a centrarnos nos permite, de una manera fácil y casi lúdica, reconocer rápidamente los diferentes tipos de personalidad para usarlos en una negociación. Nos vamos a basar en el sistema DISC, el cual se establece a partir de las teorías de los cuatro cuadrantes de Marston, y ha sido desarrollado fuertemente en los últimos años y usado con frecuencia en el mundo laboral.

Por lo general, a las personas nos gusta tratar (negociar, comprar, vender, juntarnos, salir) con personas que se parecen a nosotros, en cuanto a conducta o puntos de vista. Pero qué ocurre con alguien que es capaz de adaptarse a diferentes estilos: cae mejor, vende más, tiene más éxito. Esas personas se ven tal y como le ven los otros y comprenden el efecto que causan en los demás; por tanto, son capaces de mejorar su rendimiento notablemente. En el mundo laboral, se les considera buenos profesionales y se caracterizan por su capacidad de relacionarse con un nutrido grupo de personas con perfiles diferentes con las que logran una relación de confianza y para los que gozan de gran credibilidad.

Saben que triunfar en su profesión o en su cometido depende de su capacidad de relacionarse con otras personas. Deben desarrollar la habilidad de saber estar y adaptarse a cada estilo de personalidad, a tratar a cada cual de una forma distinta, en definitiva, a tener la flexibilidad suficiente para conocer cómo son los demás y cómo deben actuar con ellos. Ése el objetivo del presente capítulo, dotarnos de una herramienta que permita clasificar y ofrezca pistas de cómo tratar con los distintos tipos de personalidad.

Para resumir la teoría en la que basamos el modelo o sistema pensemos en una línea continua que une dos extremos: una conducta o una actitud muy pasiva y una conducta muy activa. Proponemos, a modo de juego, seguir las indicaciones mentalmente o por escrito para investigar nuestro estilo de personalidad, y luego comprobaremos si somos capaces de identificar el de los demás. Imaginemos esa línea:

Conducta pasiva ------------------------|---------------------- Conducta activa

Debemos situarnos hacia un lado o hacia el otro del punto medio. Es posible que nos resulte difícil tomar la decisión, en ese caso pensemos que a la izquierda tenemos un alto nivel de introversión y a la derecha un alto nivel de extroversión. Ahora pasemos a centrarnos en nuestro trabajo, y decidamos si nos orientamos preferentemente en las tareas o en las personas:

Tarea ------------------------------------|------------------------------------ Personas

Para facilitar la decisión, preguntémonos: ¿Uso los sentimientos en mi relación con los demás o rehúso usarlos? Si la respuesta es sí, indica que me oriento hacia las personas, si es no, hacia la tarea. Hay otra posibilidad, cuando trabajo con otros, ¿mi posición es antagónica, miro lo que no me gusta y soy objetivo?, o ¿mi posición es amistosa, miro lo que me gusta y procuro ser amable? En el primer caso, me situaré más cerca de la tarea y en el segundo, de las personas.

Ahora veamos qué sucede si los cruzamos (véase la figura 2).

Figura 2. Teoría de los cuatro cuadrantes básicos según Marston.

Figura 3. Cuadrantes de personalidad. Recoge de manera global nuestra relación con los otros y aquello que más nos gusta de esa relación.

En función de dónde se producen los cortes, me inclinaré hacia un tipo de personalidad u otro. En cada cuadrante observamos una forma global de relación con los otros, entre paréntesis qué cosas nos gustan más en la relación con los otros y un color en las letras (véase la figura 3).

Las personas con tendencia a la *dominancia* son asertivas y les gusta hacer las cosas; las *influyentes* son muy sociables y habladoras; las *constantes* son apacibles, se toman las cosas con calma, y las *cumplidoras* son muy diplomáticas y siempre toman precauciones. La figura 4 recoge algunos de los adjetivos predominantes en su estilo de conducta.

Figura 4. Adjetivos predominantes en el estilo de conducta de cada tipo de personalidad.

Figura 5. Adjetivos descriptivos de cada tipo de personalidad.

Y si alguien nos pregunta cómo nos vemos a nosotros mismos o cómo somos, probablemente utilizaríamos para describirnos alguno de los adjetivos que se resumen en la figura 5.

En otras ocasiones, por ejemplo si tenemos un mal día o si los otros nos conocen mucho, podrían describirnos con adjetivos parecidos a los que aparecen en la figura 6.

Una vez superada la primera parte del modelo, entremos en detalle en cada cuadrante e intentemos reconocer a las personas con las que trabajamos, negociamos o tratamos. En principio, existe una correlación alta entre los colores y estos cuadrantes. Esto no significa que todas las personas dominantes tengan predilección

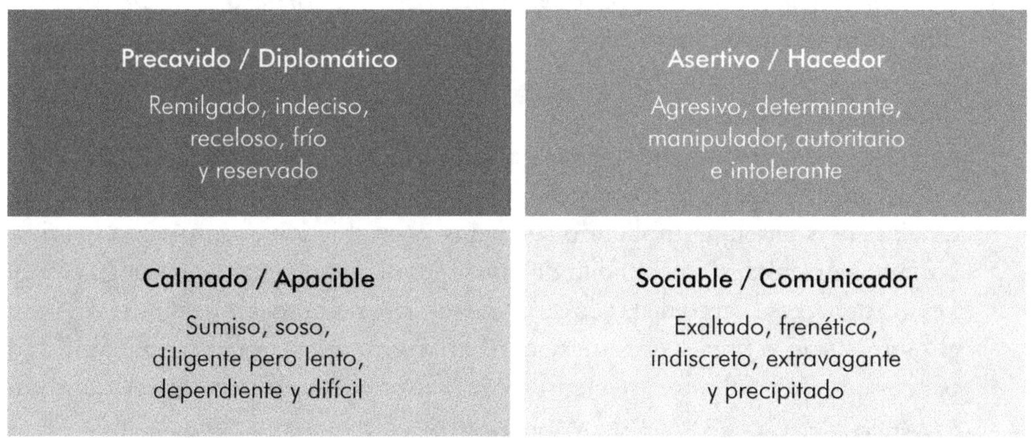

Figura 6. Adjetivos que probablemente otros pueden utilizar para describir nuestra personalidad.

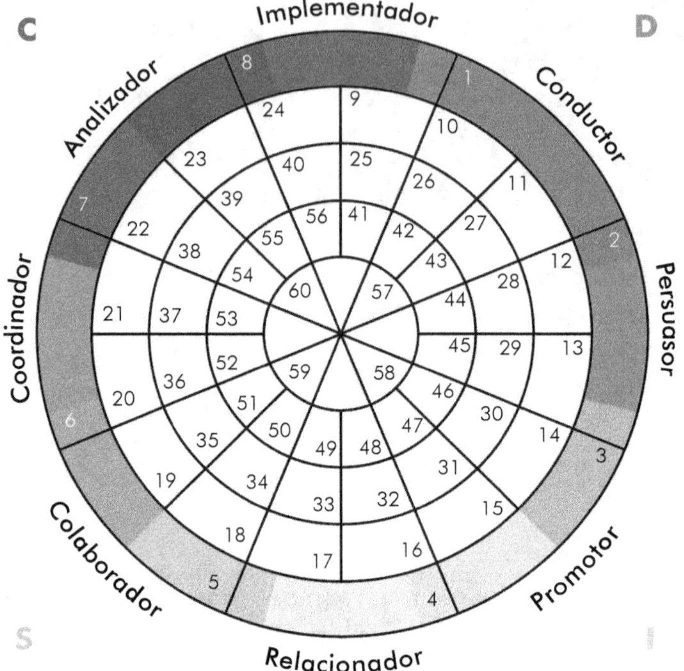

Figura 7. Rueda cromática que pone en relación los colores y los cuadrantes
de personalidad, definidos por algunos adjetivos.

por el rojo, pero sí que les gusta este y los de su misma gama, así como los colores
adyacentes de esta rueda cromática, que reflejan la transición entre ellos.

2.1 La personalidad de tipo «D»: dominantes, directos, decididos. Les interesa «el resultado»

- **Qué tienen de bueno**
  Son personas activas, orientadas a la tarea, dominantes, demandantes, decisivas
  al marcar diferencias. Van directas a resolver el problema y disfrutan haciendo
  que las cosas pasen, cumpliendo las metas y los objetivos, asumiendo los riesgos que haga falta, sin necesidad de que se les diga qué hay que hacer ni cómo.
  Les gusta hacerse cargo de las cosas y marcan altos estándares de ejecución para
  ellos mismos y para los demás, confían tremendamente en su habilidad
  para producir resultados excelentes y les gusta el reto y la competición. Son
  personas enérgicas, exigentes y autocráticas, de fuerte tendencia individualista. Son progresivos, siempre quieren ir más allá. Son tercos y les interesa

todo: si tú dices que te gusta la pesca, ellos son grandes aficionados y buenos pescadores, si hablas de submarinismo, son expertos buceadores. Resolviendo problemas son lógicos y tajantes, de respuestas e ideas imaginativas e inusuales.

- **Qué tienen de malo**
Tienen dificultades de relación con los demás, que los ven como personas frías, directas, autoritarias, que no se preocupan por nadie. También tienden a ser ego-céntricos y poco empáticos. Aunque se muestran muy críticos y protestan cuando sus normas no se siguen, ellos optan por romper las reglas y retar a los que tienen el poder; además son muy impacientes y nunca están satisfechos del todo.

  No les gusta perder el tiempo hablando o haciendo planes, y menos con gente a la que consideran poco o nada competente o que no aprueban los cambios. Odian el trabajo rutinario y que les controlen y supervisen. No soportan trabajar en los detalles y les complace cambiar constantemente, de forma de hacer, de trabajo, de ocupación, interesándose por lo inusual.

  Les gusta encontrar respuestas a las cosas y los problemas por sí mismos y les va la aventura, el desafío y las misiones importantes, nuevas y estimulantes, pues se aburren con facilidad; son irritables, se enfadan y desenfadan rápidamente. No les preocupa el impacto que causan en los demás, así que no se muerden la lengua y dicen las cosas a la cara, tal como son. Tienen un ego elevado.

- **Cómo son dentro del equipo**
Cuando trabajan en equipo buscan el resultado, valorizando el tiempo. Son innovadores, aportan comunicación franca y abierta, crean normas y sistemas de trabajo, hacen que se hagan las cosas, movilizan a los demás para resolver los temas, para enfrentarse al enemigo, para conseguir objetivos y retos difíciles…, son pioneros. Prueban las cosas y las implementan.

- **Cómo son respecto al liderazgo**
Son controladores y saben delegar en los demás. De rápidas decisiones, respe-tan a los líderes fuertes y quieren ganar siempre, adoran el poder y la autoridad y les interesa la productividad y la independencia. Ejercen mucha presión sobre los demás, pero dejan libertad de acción y los juzgan por su habilidad para hacer el trabajo.

- **Cómo motivarlos… o desmotivarlos**
Para motivarlos o trabajar bien con ellos, debemos dejar que tomen el control de la tarea, que planifiquen, sin apenas controlarlos, dejando que realicen varias

tareas con una sola acción de resultados inmediatos y difíciles; es preferible dejar que escojan en vez de darles un ultimátum y ofrecerles oportunidades para lucirse y prosperar en su carrera. Hay que ser claro y conciso con ellos, prepararse bien y no hacerles perder el tiempo, involucrarlos en las decisiones y en el desarrollo de las soluciones, pero dejando claro cuáles son los límites de su autoridad y los recursos que pueden usar. Si nos retan o atacan, no debemos ceder.

Si queremos que se enojen o desmotivarlos, haremos que trabajen en cosas de detalle y se las supervisaremos constantemente, cuestionando lo que hacen todo el tiempo, les limitaremos al máximo los recursos, les impediremos implementar sus ideas, les quitaremos autoridad con frecuencia, les procuraremos trabajos rutinarios o tareas sencillas que no les permitan lucirse ni formar parte del éxito o de los resultados. Pero cuidado, porque si los llevamos al límite primero, se mostrarán tranquilos, analíticos y lógicos, después un poco agresivos y al final pueden ser muy rudos, sumamente críticos y perder los nervios, volviéndose imprudentes y temerarios, e incluso pueden explotar y dejar a la vista su faceta de tiranos.

- **Cómo podrían mejorar**
  Habría que hacerles ver que las personas son importantes, y también sus sentimientos. Que querer mandar más que sus jefes, estar todo el día discutiendo y desear hacerlo todo a la vez solo los estresará más. Deberían esforzarse en entender que relajarse no es un crimen y que sería positivo para ellos autocontrolarse, así como dejarse controlar y supervisar un poco. También es preferible explicar lo que uno piensa que anunciar directamente lo que ha decidido, y aceptar que puede equivocarse.

- **Su estilo de comunicación**
  Su pregunta típica es «¿Qué?». Suelen conversar en tono alto e interrumpir, y no tienen muchos preámbulos, van al grano. Discuten sobre el resultado final antes de empezar, hacen sus resúmenes al principio. Les gusta dirigir la conversación y las reuniones y marcar las agendas.

2.2 *La personalidad de tipo «I»: influyentes, inspiradores, inductores. Les interesa «las personas y la comunicación»*

- **Qué tienen de bueno**
  Son personas activas, orientadas hacia los demás, son impresionables y causan fuerte impresión, muy entusiastas con lo que hacen, les gusta la gente y les mo-

tiva gustar y hacerse querer, son siempre optimistas y tienen gran don de gentes. Son extrovertidos y sociables, siempre buscan entornos socialmente favorables en los cuales pueden desarrollar y mantener contactos. Confían en la gente y disfrutan sacando lo mejor de ellos. Socialmente expertos, entablan amistades con facilidad y rara vez provocan confrontaciones de manera intencionada.

Son consumados comunicadores, tienden un poco a la exageración y a contar historias. Son muy persuasivos, les gusta estar acompañado, trabajar con otros y usar sus redes profesionales. Tienen una larga lista de amigos a los que acudir cuando necesitan algo, y consiguen su ayuda. Poseen una buena visión de conjunto e inspiran a los demás, pero necesitan reconocimiento y aprobación continuos, y les molesta y desmotiva el rechazo. No hay nada peor para un «I» que impedirle participar en un evento o en una fiesta, o no ser el centro de ella.

Les gusta aprender cosas nuevas y cambiar de proyectos con frecuencia, y que se les permita ser creativos en el trabajo. Son muy entusiastas y generan una actitud positiva, hacen que los demás confíen en sí mismos y en sus habilidades. Juzgan a los otros por su expresión, ya sea corporal, física, su vestimenta o su forma de hablar.

- **Qué tienen de malo**
  Tienden a ignorar las reglas, pues piensan que están hechas para los otros, pero no para ellos. Suelen hablar en tono alto y hacerse notar, son muy impulsivos y charlatanes. Les disgustan enormemente los detalles y suelen ser muy dispersos. No se sienten cómodos trabajando con gente negativa o pesimista, y tampoco soportan las planificaciones rígidas o trabajar en solitario, y odian ser criticados en público. Les preocupa más la popularidad y el reconocimiento que los resultados, gesticulan demasiado y solo escuchan lo que les conviene. Son tan exagerados que hasta mienten, interrumpen las conversaciones, y cuando hay que trabajar en serio y con ahínco y ya no es divertido... se dedican a otra cosa, no suelen acabar todo lo que empiezan.

  Tienen un pésimo control del tiempo, se pasan de optimistas y buscan continuamente el prestigio. Les gusta hacer largas listas de cosas que tienen que terminar al final del día, pero que nunca acaban, solo la rehacen de nuevo, poniendo orden y prioridades. Eluden el trabajo de preparación porque confían en su labia. Bajo presión se vuelven descuidados, desorganizados e inconsistentes.

- **Cómo son dentro del equipo**
  Son muy creativos resolviendo problemas, motivan a los otros a conseguir objetivos y a involucrarse en el equipo, siempre dando muestras de un gran

sentido de humor, evitando conflictos interpersonales y elogiando el éxito individual y del equipo. Su estilo de trabajo es promover ideas y dar apoyo, manteniendo el equipo unido aún más allá de lo necesario. No son aptos para el aprendizaje pasivo ni para evaluar a las personas.

- **Cómo son respecto al liderazgo**

  Son entusiastas e inspiradores, les encanta influir en los demás con elogios y favores, plantean muy bien sus ideas y causan una impresión buena y positiva. Siguen el dictado de su corazón. Son visionarios y grandes motivadores, catalizadores dentro del grupo, juntan a los miembros y les hacen confiar en sus propias capacidades. Llegan a lo más alto por sus dotes persuasivas y su autoconfianza, y les gustan las oportunidades para quedar bien. Buscan jefes amistosos que les permitan escalar socialmente y que les reconozcan cuando asumen riesgos, lo cual es frecuente.

- **¿Cómo motivarlos… o desmotivarlos?**

  Les motivan las relaciones amistosas, que les consientan, la popularidad, las oportunidades para ayudar a los demás y para hacer que desarrollen todo su potencial, la posibilidad de explicar sus ideas y opiniones, el trabajar en un grupo bien avenido y ser el foco de atención, donde puedan trabajar a su aire, sin dedicarse a los detalles, y sea más importante la manera de conseguir el objetivo que este en sí mismo. Si son rechazados o excluidos del grupo, y tratados como extraños, pueden acercarse al umbral de la depresión y sentirse desgraciados. Les disgusta sobremanera que controlen su tiempo, así como trabajar solos en algo sin relevancia social y donde nadie ve sus logros, hasta el punto de dimitir. Odian hacer seguimiento de las cosas, de los plazos, de la ejecución, que les aburran con detalles, que ignoren sus ideas o lidiar con la burocracia.

- **Cómo podrían mejorar**

  Debemos pedirles que sean un poco menos superficiales, que cumplan sus promesas, que sean menos metomentodo y cotillas. Deben aprender a controlar y gestionar su propio tiempo y mejorar su capacidad de escuchar, de preguntar, de hacer pausas y de considerar la opinión de los demás. Deben evaluar mejor, discriminar mejor y proporcionar una información más realista. Deben aprender a posponer las decisiones inmediatas y aceptar las ideas de otros, resistir la urgencia y dominar los impulsos, en definitiva, reflexionar un poco más. Hay que ayudarles a establecer metas realistas y claras, y programar tareas y tiempos con el compromiso de revisarlas cada poco tiempo.

- **Su estilo de comunicación**

Su pregunta típica es «¿Quién?». Hablan de sus experiencias, sus ideas, sus sentimientos, preguntan sobre el organigrama, la procedencia de cada persona, qué ha hecho y a quién conoce. Preguntan y explican cuestiones personales antes de entrar en temas de proyectos y negocios, tienen una gran habilidad verbal y confían totalmente en ella, buscando siempre la oportunidad de demostrarlo.

2.3 La personalidad de tipo «S»: seguros, sumisos y suaves. Les interesa «las relaciones y el proceso»

- **Qué tienen de bueno**

Son personas muy leales, simpáticas y amistosas, que escuchan y dan soporte a los demás. Son muy respetuosos con la tradición y, por eso, son lentos para cambiar. Les disgustan los cambios inesperados y el conflicto entre personas. Son pacientes, cuando empiezan algo lo acaban, confían en que las cosas irán bien pero no creen que ellos lo provoquen. Se lo creen todo, son buenos especialistas en su profesión y planifican su trabajo a conciencia, aunque abordan pocos temas al mismo tiempo, y nunca abandonan a sus amigos. Son excelentes conciliadores en caso de conflicto, ya que saben calmar las tensiones en momentos complicados. Tienden a ser tranquilos, indirectos e informales y no suelen mostrar sus sentimientos, pero sí buscan el aprecio de los demás.

- **Qué tienen de malo**

Son personas pasivas y flemáticas. Son muy posesivos con sus cosas y con las de su grupo, suelen formar grupitos de tres o cuatro colegas que comen y trabajan juntos y se blindan contra los demás. Cuando se trata de ayudar a un amigo, son capaces de ir más allá de sus posibilidades reales. Son del todo predecibles, muy organizados y siempre hacen las cosas de la misma manera cuando les va bien. Sólo se sienten seguros en la intimidad, mostrándose sumisos, sosos y serviles, por miedo a perder su seguridad. Se toman la crítica a su trabajo como una afrenta personal, son duros consigo mismo, su resistencia pasiva al cambio les impide moverse hasta que se les empuja a ello. Esperan que los jefes les digan lo que tienen que hacer y luego proceden como siempre. Si se les lleva al extremo, se hacen la víctima, el mártir, y se muestran derrotistas.

No les gusta tener que viajar demasiado y estar lejos de su familia. Si se les desafía o se les somete a presión son testarudos e insolentes. Son rencorosos y sarcásticos y pasivamente agresivos, prefieren dar su brazo a torcer que pelearse, pero no lo olvidan. Buscan con insistencia controlar el entorno y minimizar los cambios.

- **Cómo son dentro del equipo**
Son capaces de trabajar en equipo intensamente para crear un ambiente estable y de armonía. Se puede confiar en ellos, pues hacen lo que dicen, cumplen y no fallan, su lealtad al equipo es total, y se toman mucho tiempo para reajustarse a uno nuevo. Mantienen una posición firme cuando trabajan, pero buscando el consenso, ya que son muy intuitivos y suelen conocer muy bien los puntos fuertes y los débiles de quienes les rodean; se interesa de verdad por sus compañeros como seres individuales, ganándose así su aprecio.

- **Cómo son respecto al liderazgo**
Son líderes dulces, suaves, muy estables, sin sorpresas, no piden demasiado, ejercen un control muy débil y eso les hace perder oportunidades por ser demasiado cautos y por evitar cambios. Son relajados y reservados, les gusta que los líderes sean amistosos, que establezcan una relación duradera con el grupo. Necesitan trabajar a su ritmo, en un entorno estable y familiar, y disponer de tiempo para tomar decisiones, las cuales serán, por lo general, juiciosas y acertadas. Prefieren seguir que dirigir, e influencian a los demás por su amabilidad y su firmeza.

- **Cómo motivarlos… o desmotivarlos**
Les gusta el trabajo especializado, establecer maneras de trabajar seguras, estables y estructuradas, cooperar con los otros, dejando que acaben lo que tienen entre manos, que reconozcan su lealtad y sus servicios, tener reglas claras y expectativas concretas, siempre trabajando en equipos pequeños.
Les disgustan los cambios sin preaviso, trabajar en un entorno agresivo, demasiado competitivo y de confrontación continua. Se desmoronan cuando no tienen el soporte de sus colegas o jefes y se bloquean si se les presiona para tomar decisiones y cambiar mucho las cosas; son muy sensibles a las críticas injustas y odian que otros se pongan medallas por sus esfuerzos, tampoco soportan que se ponga en duda su lealtad. Les gustan los proyectos largos y trabajar en pocos a la vez. Hay que conversar de vez en cuando con ellos y pedirles su opinión. Buscan siempre la moderación y el acuerdo, juzgan a los demás por su amistad. Les horroriza el caos y la desorganización.
Necesitan vitalmente tiempo para repasar que todo esté bien. Odian hacer pausas continuamente y las interrupciones.

- **Cómo podrían mejorar**

  Siendo más flexibles en sus rutinas, abiertos a establecer algunos cambios, ya que pueden suponer oportunidades; deben aprender a dejarse descubrir por los otros y a que les entiendan. La amistad no lo es todo, se puede trabajar con personas que solo son compañeros, compartiendo las buenas ideas, y algunas veces es necesario asumir riesgos. Hay que forzarles a que hablen en las reuniones, pues suelen ser demasiado callados.

- **Su estilo de comunicación**

  Su pregunta tipo sería «¿Cómo?». Son personas que hablan despacio y relajadamente, como si no tuviesen nada más que hacer. Escuchan a los demás, y luego piensan y hablan de los detalles, de lo que debería hacerse y cómo, usando un tono y un lenguaje corporal muy pausado, sin causar controversias ni confrontaciones.

2.4 *La personalidad de tipo «C»: cautos, cuidadosos y cumplidores. Les interesa «la calidad y la exactitud»*

- **Qué tienen de bueno**

  Son competentes, cautos, calculadores, conscientes y exactos, les gusta tener siempre la razón y hacerlo todo bien. Son muy analíticos, estudian todos los aspectos de una situación y las posibles eventualidades antes de tomar una decisión. Les preocupa sobremanera su reputación y les gusta que les reconozcan como exactos y lógicos. Son precisos, sistemáticos, contemplativos y buscan los hechos y los datos. Les gustan los sistemas y los procesos que producen resultados predecibles y válidos.

  Son disciplinados y muy válidos para trabajos que requieren atención y precisión, ya que son muy esmerados y concienzudos. Muy objetivos en su forma de pensar y muy críticos, combinan la intuición con los hechos. Se tienen una alta consideración, como si fueran una elite muy perfeccionistas. Les gusta estar con personas similares a ellos y trabajar en un ambiente pacífico, donde no necesiten expresar sus sentimientos. Son juiciosos, juegan limpio y son objetivos, pues no dejan que los sentimientos interfieran en las decisiones ni en los resultados.

  Preguntan por cuestiones importantes, no pierden tiempo. Son muy diplomáticos, tienden a rechazar las agresiones y a buscar la justicia, y necesitan disponer de toda la información que haya sobre un tema.

  Juzgan a los demás por su funcionamiento mental y su inteligencia. Son buenos evaluando a los demás y buscan clarificar las situaciones y probar sus ideas. Les gustan las teorías y los conceptos complicados, los retos intelectuales y aprender e investigar en solitario a partir de datos e ideas. Su oficina y su puesto de trabajo siempre están impecables.

- **Qué tienen de malo**

  Son muy meticulosos porque le tienen pavor al ridículo, por ejemplo a que les corrijan públicamente una falta (aunque sea de ortografía); pero son capaces de buscar todo tipo de manuales para demostrar que están en lo cierto y que hay alguien más que lo avala. Siempre se obsesionan por lo que puede salir mal, leen la letra pequeña y les encantan los detalles.

  Prefieren trabajar solos y evitan tener que tomar decisiones. No confían en los extraños y se preocupan solo de su familia, su reputación y su trabajo.

  Se les puede ver como personas frías, insensibles y despreocupadas. Abusan de los análisis y los test, y si se les presiona mucho, se preocupan en exceso y se atascan, se bloquean y no saben por dónde tirar. Sometidos a una presión extrema, pueden sufrir la parálisis por el análisis y empantanarse en detalles nimios. También es propio de ellos reservarse la información y no compartirla.

  Temen los cambios repentinos tanto como al ridículo. En vez de vender sus ideas, las imponen, pudiendo llegar a ser tercos y obstinados, hipercríticos consigo mismos y con los demás. Son incapaces de trabajar en varios proyectos a la vez. En lo personal, no les gusta hablar de sus sentimientos y ponen rápidamente límites a ese tipo de conversaciones. No viven bien los cambios, de modo que si se casan con un «D» alto, que cambia los muebles de sitio cada mes, suelen volverlos a poner en su lugar amablemente.

- **Cómo son dentro del equipo**

  Son realmente el sostén y la conciencia del grupo, definen las situaciones, recogen la información y profundizan en los temas, precisan los problemas y apuntan soluciones, evalúan la situación y la comprueban. Aportan sentido de la responsabilidad, se preocupan por los medios para hacer el trabajo. Escuchan activamente a todos los miembros del equipo.

- **Cómo son respecto al liderazgo**

  Son competentes, usan el libro de reglas y normas y se ciñen a ellas, informan adecuadamente con abundantes datos. Les gusta hacer y que les presenten informes y resúmenes, analizan con detalle cada decisión e insisten hasta que todos están seguros. Son muy precisos y necesitan tiempo para pensar cada decisión, pero una vez tomada, la defienden hasta el final. Les gusta asegurarse de cada paso que dan y escuchar las sugerencias. Influyen en los demás con datos objetivos y argumentos lógicos, y gustan de verificar los sistemas.

- **Cómo motivarlos... o desmotivarlos**
  Les motivan las tareas claramente definidas, los detalles, los riesgos limitados, los trabajos que requieren precisión y planificación, y disponer de tiempo para pensar sin que se les agobie con los cambios. Les encanta ir directos al proyecto o al negocio, conocer y presentar los hechos, focalizarse en los problemas y resolverlos. Que les permitan definir los estándares y desarrollar los procesos para hacer el trabajo, que les pregunten su opinión y no les metan prisa para contestar; también les gusta escuchar, que se respete su espacio personal y hacer programas de acción a largo plazo. Aprecian el reconocimiento por el trabajo bien hecho, así como enfrascarse en investigaciones complejas sin premuras. No les satisfacen los cambios bruscos e inesperados, ni perder tiempo en situaciones sociales con implicaciones emocionales o donde tengan que hablar de ellos mismos. Odian la falta de tiempo para procesar la información y evaluar las consecuencias de una decisión. No soportan que les critiquen personas que ellos creen que no entienden la situación o trabajar en sistemas que no disponen de controles de calidad.

- **Cómo podrían mejorar**
  Deberían restarle importancia a los detalles e interesarse más por las relaciones interpersonales, hablar de sus sentimientos, olvidar los agravios del pasado y aceptar que no todo el mundo les va a apoyar incondicionalmente, y que el optimismo no es malo. Deben entrenar sus habilidades personales y de negociación, aprender a discernir cuándo una cosa está «suficientemente bien» aunque no sea perfecta, y ver con perspectiva las consecuencias de equivocarse, que no es el fin. No es preciso saberlo exactamente todo antes de opinar, deben aprender a aceptar y a ser más entusiastas.

- **Su estilo de comunicación**
  Su pregunta tipo es «¿Por qué?». Se resisten al cambio hasta que se les explica el porqué, no les motiva una conversación que se base en las emociones en vez de en los detalles, les interesa la calidad y la corrección y rechazan las conversaciones en las que se critica su trabajo. Tienden a ser tranquilos, indirectos en su lenguaje y muy formales, parecen demasiado cautos. Hablan en tono bajo, de hechos concretos y evitando equivocarse; casi nunca hablan en las reuniones. Conviene evitar las reprimendas y los conflictos con ellos en público.

2.5   Adjetivos más comunes para cada estilo de personalidad

A continuación, ofrecemos unos cuadros que sintetizan, mediante adjetivos e ideas clave, el detallado perfil de cada uno de los estilos de personalidad estudiados en los anteriores apartados (véanse las figuras 8 y 9).

C Consciente

Cauto, cumplidor, correcto, calculador, cuidadoso, contemplativo

D Dominante

Directo, dirigente, dominante, determinado, decisivo

S Constante

Sumiso, soportador, *status quo*, seguro, suave

I Influyente

Inductor, inspirador, impresionante, interactuante, interesado

Figura 8. Adjetivos clave para definir cada tipo de personalidad.

C Consciente

Lento, es un pensador crítico y perfeccionista. Lógico, basado en los hechos, organizado, sigue las reglas. No demuestra sentimientos, privado, prefiere poco pero bueno. Se fija en lo global. Pregunta ¿Por qué? y ¿Cómo?

D Dominante

Independiente, persistente, directo. Energético, ocupado, juega duro (y sucio). Se centra en sus objetivos y no en las personas. Prefiere decir que preguntar. Pregunta ¿Qué?

S Constante

Consistente en el sentido de estable. Acomodaticio, busca la paz. Le gusta ayudar a otros. Buen consejero, sabe escuchar. Relación estrecha con sus amigos. Prefiere preguntar que decir. Pregunta ¿Cómo? y ¿Cuándo?

I Influyente

Social, persuasivo, amistoso. Energético, ocupado, optimista, distraíble. Imaginativo, se centra en lo nuevo y el futuro. Controla fatal el tiempo. Se centra en las personas en vez de las tareas. Prefiere decir que preguntar. Pregunta ¿Quién?

Figura 9. Resumen genérico global para cada tipo de personalidad.

3 Formas de negociar en función de la personalidad

Hemos visto en detalle los rasgos específicos de cada uno de los tipos de personalidad que componen el DISC. El siguiente paso es relacionarlos con la forma en que podemos utilizarlos para negociar con éxito en entornos internacionales. Si partimos de que para iniciar un proceso de negociación debemos establecer una buena sintonía con nuestros interlocutores, el primer objetivo será utilizar este conocimiento para asentar las bases de una mutua confianza. En capítulos anteriores, hemos demostrado que los aspectos culturales influyen sobremanera en la interacción con personas de otras culturas; en este caso, debemos pensar que trabajamos con personalidades, con rasgos genuinos e individuales que, pasados por el tamiz de la cultura, hacen de cada individuo un ser único. Aunque pueda parecer generalista, intentaremos un ejercicio de reduccionismo y buscaremos un inicio de la relación acorde con los tipos de personalidad que nos asegure causar una buena «primera impresión».

3.1 *Cómo iniciaremos la interacción*

Es el momento más difícil si no conocemos previamente a nuestro interlocutor o interlocutores. Nos centraremos en la persona de mayor poder de decisión para establecer las pautas de trabajo. Si tenemos la ocasión, preguntaremos e indagaremos sobre los aspectos más importantes de su personalidad. Es probable que conozcamos a alguien que haya tenido contactos previos con él: colaboradores, clientes comunes, proveedores… Conviene ser muy cuidadosos y observadores en los primeros minutos para captar y «leer» aquellas características que nos permitirán saber cuál es su tipo preponderante de personalidad.

Las personalidades *dominantes* nos hablarán sobre los resultados, la agenda o la forma de hacer las reuniones; los *influyentes* nos preguntarán por temas personales; los *constantes* velarán porque todo esté preparado y listo y a nadie le falte de nada; y los *cumplidores* se asegurarán de que todo esté en orden y funcione correctamente. En esos preciosos momentos debemos jugarnos el todo por el todo para ganar la partida y ser efectivos en nuestra decisión.

Una vez comenzada la interacción, buscaremos establecer ese momento inicial de entendimiento.

Si nos enfrentamos a una fuerte personalidad *dominante,* no debemos dejarnos amilanar, sino demostrarle que estamos a su altura, pues de lo contrario perderemos su respeto. Al mismo tiempo, buscaremos establecer juntos las «reglas» de juego para que ambos nos sintamos cómodos.

Si se trata de una personalidad *influyente,* le hablaremos de nosotros mismos y le preguntaremos sobre algún amigo o conocido común o que hemos conocido a través de algún medio concreto, o bien sobre algo que alguien nos comentó acerca de él. Le haremos saber que nos interesamos personalmente por él o ella y que podemos formar parte en algún momento de su potente círculo profesional, ya que somos personas interesantes por los contactos que tenemos o por la gente a la que representamos.

Si la persona se enmarca en el tipo *constante,* empezaremos hablando sobre los aspectos que envuelven la reunión: viajes, acomodación, nuestro interés y el de nuestro representado por la oportunidad que brinda el encuentro. No le haremos muchas preguntas y le pediremos ayuda para cualquier nimiedad que le permita sentirse bien por poder prestárnosla.

Si se trata de una persona *cumplidora,* le preguntaremos dónde sentarnos y cómo funcionan los aparatos, evitaremos cualquier pregunta que no sea técnica, le daremos todos los datos que podamos acerca de nosotros, de nuestros proyectos o productos, de lo que pretendemos, y le pediremos información específica sobre un tema relacionado con el encuentro, concediéndole tiempo para que se explaye en detalles y comentarios.

3.2 *Si ya nos conocemos o el segundo paso en la interacción*

Una vez iniciado el debate, empezamos a plantear nuestros argumentos y a escuchar los de los demás. Para centrarnos mejor en función del tipo de interlocutor, vamos a utilizar una serie de pistas.

Al iniciar nuestra argumentación con una persona *dominante,* debemos ser breves y directos, ya que le molestará perder el tiempo; hay que ir al grano, con preguntas del tipo «qué» y no «cómo» ni «quién». No nos desviaremos del tema que se discute y le haremos ver los resultados que puede obtener si colabora o trabaja con nosotros, además de ir solucionando todos los problemas que vayan apareciendo o las objeciones que ponga. Debemos llevarlo todo muy bien preparado y organizado, darle libertad para escoger entre varios caminos y dejar que participe en el desarrollo de las soluciones una vez que las has apuntado; también hay que dejar claro desde el principio con qué recursos contamos y hasta dónde podemos llegar, sin repetirnos ni cansarle, sin divagar ni generalizar demasiado, pero manteniéndonos fieles a la agenda de trabajo.

Si la persona es *influyente,* tendremos que mostrarnos amistosos y construir un ambiente favorable. Podemos dedicar algo de tiempo a un contacto meramente social sin hablar de proyectos todavía. Le pediremos que verbalice sus ideas y objeciones, y nos dará toda la información que necesitemos. Aprovecharemos las pausas para hablar de temas que pueden interesarle y de conocidos comunes. Le permitiremos dar sus puntos de vista con frecuencia y le haremos preguntas abiertas constantemente. No le aburriremos con detalles ni le diremos explícitamente lo que tiene que hacer, le expondremos posibilidades y solicitaremos su opinión sobre ellas; así, le dejaremos tiempo para que se vaya formando una opinión y acabe expresando lo que prefiere. Le dejaremos claro que puede llamarnos cuando quiera, y le daremos nuestro número de teléfono privado; asimismo, le haremos saber que nos importa más la relación con él o ella que el proyecto o negocio en sí mismo. Tendremos muy en cuenta sus ideas y las repetiremos a lo largo de las conversaciones.

Si nuestro interlocutor es alguien *constante,* es decir, alto «S», debemos crear también un ambiente favorable y agradable. Expresaremos un genuino interés por su persona, reconoceremos sus cualidades como elemento de la relación. Haremos preguntas relacionadas con la manera de hacer, con la forma en que nos comunicaremos y trabajaremos juntos en el proyecto que se establezca. No le pediremos que nos explique sus objetivos y necesidades con celeridad, sino que sugeriremos que se tome su tiempo y que nos ayude a ver qué cambios son necesarios respecto a lo que tiene hoy para incrementar el interés por la colaboración. Aclararemos el papel que cada parte tiene que desempeñar en la relación y, si es necesario, le aseguraremos un soporte de tipo personal. No le pediremos demasiadas cosas al principio y evitaremos mostrarnos agresivos y llegar a la confrontación en los primeros estadios. Le daremos tiempo para que se exprese y evitaremos la ansiedad si le cuesta un poco. Le ofreceremos una visión a largo plazo de la relación que puede iniciarse y de la lealtad que encontrará en nosotros.

En el caso de enfrentarnos a una persona *cumplidora,* deberemos prepararnos antes concienzudamente; a cada idea o sugerencia le mostraremos los pros y los contras con detalle, aportando todos los datos posibles. Le aseguraremos que no habrá sorpresas y nos centraremos en la calidad de lo que vamos a aportar. Entre reuniones, le enviaremos todo tipo de documentación e información adicional (que se leerá), y cuando acordemos algo –podemos hacer acuerdos parciales a lo largo de la negociación– lo explicitaremos y dejaremos bien aclarado. Tendremos sumo cuidado de que no se sienta atacado si disentimos en algo, y lo explicaremos con hechos, evitando relacionarlo con la persona; debemos ser persistentes (él o ella lo serán) y diplomáticos en todo momento. Tenemos que estar preparados para explicar el más nimio de los detalles y las preguntas las contestaremos con respuestas cortas y directas. Estableceremos la forma de trabajar durante la negociación y nos daremos un plazo largo para ello. Seremos muy respetuosos en no traspasar los límites de su intimidad, por ello no haremos preguntas personales.

3.3 *Cuando la cosa se complica o queremos complicarla*

Llegado el momento, es posible que nos convenga tensar la situación, pero debemos prever hasta dónde puede llegar la tensión y cómo se comportarán nuestros interlocutores en una situación de alto estrés.

Si son personas *dominantes,* basta con ser un poco ambiguo y mostrarse relajado y demasiado sociables con ellos, pues eso los descolocará y los pondrá nerviosos; si no fuera suficiente, entraremos en pequeños detalles o los cuestionaremos personalmente. Si lo hacemos bien, adoptarán un tono agresivo y empezarán a perder los modos. Es el momento de seguir apretando, la siguiente vuelta de tuerca es pedir pausas y hacerles perder tiempo o quitar recursos que ya habíamos prometido. Si nos pasamos, este tipo de personas pueden ser rudas en sus modales e irascibles, la ventaja para nosotros es que se vuelven imprudentes.

Si tenemos delante a una persona *influyente,* para bloquearla, mantendremos un ambiente frío y pesimista durante la reunión, la atacaremos personalmente y pondremos en entredicho su representatividad, pediremos hablar con sus superiores o bien la inundaremos con detalles. En esa situación, inicialmente se mostrará aún más habladora de lo normal, y si seguimos apretando y nos mantenemos muy distantes, manifestando nuestro descontento con la situación persistentemente, se volverá más descuidada, y hará un seguimiento más superficial de las cosas.

Si queremos desarmar a una persona *estable,* también cambiaremos algunas cosas que estaban establecidas, como el sitio de la reunión y los horarios, manifestaremos nuestro desacuerdo con todo y crearemos un clima de enemistad y agresividad, comeremos por separado y nos mantendremos distantes. Se mostrará derrotista y apagada, y si le insinuamos que hemos tenido contactos con sus superiores o bien le urgimos a que tome una decisión, entonces se sentirá amenazada personalmente y se apocará o se relajará demasiado.

En esa situación, frente a una persona *cumplidora,* nos interesa abrir varios frentes de trabajo a la vez y ser un poco liosos: involucrar los sentimientos en la discusión, pedirle que ella lo haga y pasarnos de sus límites personales, ser demasiado amigos o cambiar cosas inesperadamente, no darle tiempo para repasar, para leer toda la información o negarle parte de esta o dársela a cuentagotas. Veremos que empieza a volverse aún más analítica, que se empantana en los detalles más insulsos y pierde seguridad. Si seguimos con cambios súbitos, ponemos en entredicho la calidad de su trabajo y su dedicación o hablamos mal de ella para dañar su reputación, se cerrará y no querrá darnos información; finalmente, se quedará paralizada, no sabrá qué hacer ni qué decir y dejará vía libre a nuestras propuestas.

3.4 Para cerrar la negociación

En las etapas finales del proceso, aún debemos tener muy en cuenta las diferentes personalidades.

Al cerrar un trato con personas *dominantes,* debemos dejar que ellas digan las últimas palabras, que propongan el siguiente tema de discusión o de negociación. Si tenemos interés en ello, nos centraremos en convenir el resultado de la transacción, dejaremos la redacción final del acuerdo en manos de expertos, a menos que nos interese darle un último vistazo al redactado, ya que ellos no se fijarán porque tienen prisa por terminar.

Si se trata de personas *influyentes,* actuaremos igual para el redactado, acabaremos con un evento social que selle nuestra eterna amistad e intercambiaremos invitaciones para visitarnos mutuamente, nos enviarán correos electrónicos con felicitaciones por Navidad durante años y pueden ayudarnos con otros proyectos; por lo tanto, seremos muy cordiales en todo momento.

Si son *constantes,* intentaremos mantener el contacto, estableceremos vías de colaboración preferente entre nuestras empresas, buscaremos expandir el acuerdo a otras áreas de actividad y estableceremos programas de acción a largo plazo. El redactado del acuerdo será justo y confiaremos a título personal en ellos.

Si son personas *cumplidoras,* al cerrar elogiaremos su reputación, reconoceremos la enorme ventaja que supone trabajar con ellas y miraremos rigurosamente la letra del acuerdo, ya que preferirán prepararla ellas con todo detalle. Debemos mantener una correspondencia fluida sobre todo lo que ocurra a lo largo de la transacción si queremos que en el futuro sean nuestros colaboradores o socios.

Además de los aspectos culturales y personales que hemos analizado, debemos abordar detalles estrictamente comunicativos para perfeccionar nuestro trabajo como negociadores. Este es el cometido del siguiente capítulo.

4 Los rasgos de «personalidad» de los diferentes países

Los siguientes rasgos tienen que ver con características personales, por ello tenemos que pensar que la personalidad de un país no iría más allá de los rasgos que sus valores culturales y sus sistemas éticos les permitieran adjetivarlos.

Si bien algunos autores han intentado denodadamente explicar la personalidad de países a partir de las teorías de Jung y el desarrollo que Myers hace de ellas, no creemos que se pueda utilizar una teoría de la personalidad de los países para un proceso de negociación.

Desde nuestro punto de vista, no cabe ahondar en investigaciones que difícilmente aportarán datos fiables para una teoría que se pueda sustentar.

Capítulo 12
La comunicación en la negociación

1 El origen de la comunicación

1.1 Un poco de historia

En algún momento de la evolución del hombre, aparece el lenguaje, es decir, la comunicación oral entre homínidos de una forma compleja. No sabemos si el pensamiento simbólico se dio antes o después de la capacidad oral del ser humano, pero es evidente que una vez que el hombre fue capaz de transmitir oralmente información acerca de él mismo y de su entorno, y desarrolló el lenguaje, aumentó su complejidad social, exploró las capacidades de relacionar conceptos y de previsión mental, enriqueciendo la inteligencia y dando lugar al desarrollo cultural. Por tanto, comunicación y cultura van de la mano desde los albores de nuestra especie.

Se considera que la especie *homo heidelbergensis,* hace 350.000 años, ya debía oír de forma similar al hombre actual, y algunos estudios demuestran que también debía de ser capaz de hablar, aunque de forma rudimentaria. Concretamente, el ADN obtenido de neandertal a partir de restos fósiles constató la presencia de cambios en el gen FOXP2, que en los humanos está relacionado con la capacidad de hablar.

Aún no sabemos exactamente cuándo empezó el habla. Algunas teorías se basan en el surgimiento del complejo aparato fisiológico que nos permite articular palabras; otras, en la complejidad cognitiva que hay detrás de la palabra hablada y que podría haberse expresado originalmente mediante gestos. Hasta que se produjo esa especialización fisiológica, se cree que no había diferencias entre el lenguaje humano y el sistema de comunicación utilizado por otras especies de homínidos. Sí sabemos que hasta la aparición del *Homo sapiens* no se produjo una evolución lingüística significativa. Así pues, el lenguaje humano puede contar con 30.000 o 40.000 años de existencia

Probablemente, el lenguaje surge a partir del momento que hay un tamaño cerebral adecuado, se dan los cambios fisiológicos pertinentes y se intensifica la interacción social por la presión selectiva a la que son sometidos los humanos, la necesidad de organizarse para robar carroña a otras especies y para cazar, lo que significa agruparse con muchos otros congéneres y la necesidad de hacer referencia a objetos, animales o estrategias fuera del alcance inmediato sensorial de los miembros del grupo. Eso requiere de unidades simbólicas que fuerzan al cerebro a procesos de interacción y construcción cada vez más complejas que originan la evolución del lenguaje.

Con el paso del tiempo, el hombre vive en clanes familiares que, posteriormente, se agrupan en comunidades más amplias que originan las tribus. Poco a poco, estas consolidan un lenguaje más amplio, aunque diferente de otros grupos cercanos, lo que da lugar a varias lenguas. La interacción social entre grupos muy cercanos es el origen de las primeras culturas y, con ellas, la necesidad de una comunicación más permanente que la oral.

1.2 *Aparece la escritura*

Durante el Neolítico se desarrolló la escritura pictográfica, es decir, signos que representan objetos. Los signos eran icónicos, se parecían a lo que representaban, de manera similar a como se siguen utilizando a modo de señales o instrucciones. En la pictografía las escenas tienen un fin causativo, se dibujaban hombres cazando ciervos para que los ciervos pudieran ser cazados. Es obvio que no se pueden representar ideas abstractas, pero es la primera manifestación física del lenguaje

En 1997, en Umm el-Qaab, cerca de Abidos, en Egipto, el equipo de Gunther Dreyer halló un conjunto de 300 vasijas y tablillas de arcilla, datadas entre los años 3400 a 3200 a.C., posiblemente, los más antiguos documentos de escritura conocidos.

La primera comunicación escrita de los sumerios fue mediante pictogramas, que representaban palabras y objetos, pero no conceptos abstractos, ni los verbos y sus tiempos, o los pronombres. Por ello, se comenzaron a utilizar ciertos símbolos con valor fonético silábico. Se empezó dando a dos palabras homófonas, por ejemplo un objeto y un verbo, el símbolo del objeto (en sumerio las palabras «ajo» y «dar» suenan como *sum*, por tanto el símbolo utilizado para «ajo» empieza a usarse con valor fonético para «dar»). A partir de ahí, aplicando similitudes semejantes, se creó un corpus silábico, usado para poder expresar conceptos abstractos.

Los signos silábicos fueron disminuyendo con el tiempo en número y la escritura pictográfica dio paso definitivo a la escritura ideográfica, un conjunto de caracteres que representan una idea. Los caracteres chinos y los kanji japoneses son ideogramas.

Igual que la escritura maya y los emoticonos, nacidos en la última década del siglo XX en internet.

Después, para no confundir el valor fonético y el ideográfico, se desarrollaron signos determinantes que indicaban cómo debía leerse cada símbolo. Al final de este proceso, los símbolos, además del valor silábico, podían tener otros significados.

En la costa de la actual Siria, 2.000 años a.C., los escribas de la franja Ugarit-Biblos, presionados por una enorme actividad comercial y una abundante correspondencia, tuvieron la necesidad de simplificar aún más la escritura y adoptaron los símbolos gráficos, cuyo sonido permitía deducir la palabra que correspondía según el contexto, lo que dio lugar al primer alfabeto de la historia, el cuneiforme, en Ugarit (Canaan), con treinta letras, que en el siglo XVII a.C. ya estaba totalmente consolidado.

Al mismo tiempo que aparecieron las tablillas sumerias, los egipcios descubrieron la escritura ideográfica. Ello permitió interpretar símbolos o imágenes a personas de diferentes lenguas, que entendían el mismo significado. Igualmente, con el tiempo se incluyeron ideogramas auxiliares para construir palabras abstractas o compuestas, que también dieron lugar a una escritura silábica.

La escritura jeroglífica se empezó a utilizar hacia el 3300 a.C., aproximadamente en la misma época en la que surgió la escritura cuneiforme. Era un sistema en el que se mezclaban logogramas, signos consonánticos (simples, dobles, triples e incluso de cuatro o más consonantes) y determinantes (signos mudos que indicaban a qué familia conceptual pertenece una palabra).

Los símbolos eran también icónicos o figurativos, fáciles de reconocer, incluso para alguien que no conociese su significado, tomaban como referencia los objetos de su entorno.

Aún hoy quedan restos de escritura ideográfica: en las matemáticas, que se componen de signos matemáticos y signos numéricos. Los números no expresan palabras sino signos gráficos que para cualquier hablante en cualquier idioma significa lo mismo, aunque se pronuncie diferente en cada lengua. La escritura jeroglífica, junto con la influencia del proto-sinaítico, es el origen del alfabeto fenicio.

El pueblo fenicio creó un importante vínculo entre las civilizaciones mediterráneas, tanto en la vertiente comercial como en las formas artísticas por imitación, fusión o difusión de las propias.

La necesidad de establecer acuerdos comerciales obligó a inventar un alfabeto que permitiera una comunicación fluida. El alfabeto fenicio, del que emanan el resto de alfabetos conocidos, estaba basado también en ideogramas, igual que los sumerios. El sistema compuesto exclusivamente por consonantes era de una simplicidad asombrosa y tenía un objetivo muy concreto: permitir la transmisión, difusión y generalización del conocimiento y la cultura fenicios. Ahí encontramos por primera vez en la historia, el uso de la lengua escrita como herramienta no solo de comunicación intercultural sino también como factor de culturización.

Los hebreos adoptaron el alfabeto fenicio sin dificultad, por su similitud lingüística, y mantuvieron los veintidós caracteres. Juntos, a causa de la actividad comercial de ambos pueblos con los griegos, a partir del siglo ix a.C., estos abandonaron paulatinamente su silabario para la escritura, llamado sistema lineal B, que no representaba exactamente la fonética de su idioma. Por ello y para completar la transcripción a la lengua griega, adaptaron algunos signos utilizados en fenicio para indicar aspiración para representar las vocales. Esta aportación resultó fundamental, ya que la inmensa mayoría de los alfabetos que incluyen signos vocálicos se derivan de la aportación original griega. Con esta innovación el alfabeto griego alcanzó veinticuatro letras, representando a todos los sonidos individuales del idioma, a cada vocal y cada consonante correspondía un símbolo distinto.

Los etruscos adoptaron el alfabeto, aunque con 26 letras, y de ahí se originan los alfabetos latino y cirílico. El latino se reduce a 21 letras y es, con las variaciones históricas vividas, el más usado en la actualidad en el mundo, por alrededor de 2.500 millones de personas.

En cuanto a los soportes utilizados, hubo un largo recorrido desde la piedra de las cuevas de los hombres primitivos, a los huesos de animales o cortezas de árboles; luego una larga época empleando tabletas de arcilla y papiros. Se produjo un salto tecnológico: el pergamino en Europa y el amate en América, hasta llegar a un soporte revolucionario: el papel, inventado por los chinos, desarrollado tecnológicamente por los árabes y difundido desde España a Europa. De ahí se pasó a la impresión mecánica y seriada de textos, que supuso el gran salto de la civilización. En la actualidad, estamos en el umbral del último gran cambio tecnológico, el uso electrónico del lenguaje escrito y su evolución en las redes.

1.3 *El componente intercultural*

La base del desarrollo de la escritura tiene un alto grado de necesidad intercultural.

En algunas lenguas occidentales, el concepto de cultura tiene acepciones similares o se confunde con el de civilización. Incluso se utiliza el concepto de civilización como expresión de una gran cultura que contiene o impacta a las menores y que acaba convirtiéndose en un conjunto amplio de culturas, de forma que llegamos a denominar civilización occidental a culturas parecidas unidas en un gran bloque. Por el contrario, el relativismo cultural pretende en cierto modo que se entienda cada cultura desde sus propios parámetros, resaltando la enorme riqueza de la diferencia cultural, por oposición al etnocentrismo como único punto de vista desde una determinada cultura para explicar los comportamientos, criterios y estándares al universalizar la cultura propia por encima del resto, lo que suele ser el germen principal de los conflictos interculturales.

Estos dos conceptos, «relativismo cultural» como fórmula abierta y «etnocentrismo» como fórmula cerrada, son los dos puntos de referencia esenciales en el estudio de la interculturalidad.

Para nuestro interés, definiremos por igual cultura y civilización y lo entenderemos como el conocimiento de los grupos humanos a partir de la forma en que se relacionan entre sí, de sus costumbres, símbolos, formas de organizarse políticamente, estructuras económicas, creencias y de la relación con su entorno.

Durante los primeros mil años de nuestra era se produjeron los primeros choques interculturales, fundamentalmente por motivos comerciales que acabaron en conflictos bélicos, de conquista. Si repasamos los grandes imperios o civilizaciones de la historia (Imperio mongol o chino en Asia, el romano en Europa, el egipcio y cartaginés en África, los prehispánicos en América: incas, mayas y aztecas), observamos que esas primeras «relaciones» interculturales se basan en situaciones de imposición cultural. No hubo en esos tiempos verdaderos intercambios entre diferentes culturas más que por motivos bélicos, aunque eso no supone que a pesar de que esa fuese la base del encuentro, no se diera también un intercambio de tecnologías, creencias y avances científicos que, en ocasiones, se convirtieron en pequeñas revoluciones, aunque aún distantes de la forma actual de entender la fusión de culturas.

En Occidente, finalizado el gran choque de las Cruzadas, que no solo sirvió como expansión de la fe, sino como viajes de exploración, empezó a gestarse una forma de contacto entre culturas que pretendía equilibrios diferentes al de la propia imposición sobre otros. Se despertó el interés por conocer a los otros, por entenderles y comunicarse de forma más efectiva con ellos. Aunque se mantuvo el interés económico por encima de todo, se observa un cambio muy lento de paradigma en la relación con otras culturas. A partir de ese momento, aunque la idea de expansión etnocéntrica, es decir, de nuestra forma de ver y entender las cosas y con la bandera de la fe por delante, siguió estando presente, tomó fuerza una vertiente mucho más económica que anteriormente.

Las rutas mediterráneas y su capacidad de comercio resultaban ya demasiado pequeñas para el ansia comercial de Europa. Las guerras para la formación de las futuras naciones empezaban a producirse, sufragarlas era muy costoso, y se debía buscar la fuente económica que sustentara el poder político. Esas fuentes se hallaban fuera del continente y se puso la vista en oriente. No debemos olvidar que en esos momentos, el concepto de nación era muy endeble todavía y que los de etnia, lengua o religión eran los predominantes para reconocerse en la propia cultura. Y es en el concepto de religión donde se encuentran muchos de los aspectos de esta etapa expansiva, pasando de querer conquistar solo los territorios a querer conquistar también las almas, lo que hará que el poder económico se mantenga.

Ese nuevo paradigma da lugar a una época y un fenómeno totalmente nuevo que tiene como colofón el descubrimiento de América, pero que no se detiene ahí, sino que es el revulsivo que lleva hasta la entrada del siglo xx.

1.4 *La época de los grandes viajeros*

A finales del siglo xiii, existe la primera constancia de un viaje comercial con profundo choque intercultural: **Marco Polo** regresa de su viaje a Extremo Oriente. Hasta ese momento, Oriente medio, los árabes y persas, eran los intermediarios en las transacciones de la Ruta de la Seda con el este más lejano. A su vuelta, escribió el *Libro de las Maravillas,* una narración de particularidades y costumbres con un profundo carácter etnográfico desde una mentalidad occidental, medieval y cristiana. Aunque el enfoque es marcadamente ese y el punto de vista es absolutamente etnocentrista, el relato manifiesta un interés por saber cómo ven las cosas, cómo nos ven a nosotros, cuáles son las formas de hacer y, sobre todo, el por qué las hacen así. Es un tratado algo costumbrista que pretende informar, ilustrar sobre los otros con la lógica de que conocerles puede resultar ventajoso en la relación con ellos. Probablemente, este sea el libro precursor de una ingente cantidad de relatos e informes diplomáticos y comerciales.

Desde ese momento, emergen los problemas de comunicación entre las culturas desde el punto de vista idiomático o lingüístico y también de la interpretación de factores culturales. El interés por conocer a los demás –que luego llamaremos sensibilidad intercultural– para poder aprovechar al máximo la relación con ellos.

Doscientos años más tarde, **Cristóbal Colón**, que llevaba en su viaje un ejemplar del libro de Marco Polo, inició otra de las aventuras interculturales más importantes de todos los tiempos. Aunque el móvil inicial era meramente económico, se buscaba el oro que se pudiera conseguir fruto del pago de tributos de conquista o directamente de la explotación del mismo, su descubrimiento abrió un mundo de nuevas posibilidades.

Las consecuencias demográficas de este viaje fueron importantes para Europa, pues se produjo el primer gran desplazamiento de personas entre continentes. Al mismo tiempo, cientos de miles de esclavos africanos fueron trasladados también, aunque a la fuerza, hacia América y se asistió por vez primera a un mestizaje no solo cultural, sino también biológico. Y con ello, también por primera vez se dio un choque sanitario de culturas: las grandes epidemias de sarampión, viruela o sífilis, que acabaron con un alto porcentaje de la población autóctona.

Otra consecuencia comercial directa fue el desplazamiento del eje Mediterráneo al Atlántico, que acabó con el equilibrio de culturas entre oriente y occidente. Empezó a haber un claro predominio mundial de la cultura europea occidental e incluso de las lenguas, el francés, el inglés y, sobre todo, el español, cobraron el auge que se mantiene hasta principios del siglo XXI.

Por otro lado, el oro americano supuso una gran ventaja para posibilitar la política de los reyes de las grandes naciones europeas, naciones que van tomando el auge «nacional» que hoy confundimos con cultura y tiene la desventaja de provocar un alza de precios que provoca fuertes etapas de depresión.

Desde un punto de vista técnico, el aumento de los viajes transnacionales generó un fuerte desarrollo de la ingeniería, la técnica y los instrumentos de navegación.

En este punto, es indispensable adentrarse en una digresión, para profundizar en un aspecto muy relevante para la comunicación intercultural. Puede servir, además, como ejemplo clarificador reflexionar sobre las estrategias de los conquistadores, especialmente en las de **Hernán Cortés** para la conquista de México, para entender cómo un puñado de hombres, aunque eso sí, con un nivel tecnológico increíblemente más avanzado que el de los nativos, fueron capaces de conquistar el imperio azteca.

Después de las primeras expediciones, Cortés decidió marchar sobre el imperio azteca. En un alarde de habilidad negociadora, había enviado a Grijalba a entablar contacto con los totonacas (enviar un «intermediario» o emisario es propio de culturas colectivistas), y selló una alianza para que le ayudaran contra los aztecas y se liberaran de sus tributos. Pero aquí entró en juego una persona crucial en la conquista de México: Malinche, que fue durante todo el periplo de la conquista, la lengua de Cortés.

Malinche era de una región de habla náhuatl y fue vendida al cacique de Tabasco, donde aprendió la lengua maya. Al mismo tiempo, Cortés había llegado desde Cuba con el ecijano Jerónimo de Aguilar que hablaba maya porque después de naufragar fue esclavizado por los mayas del Yucatán. Fue entonces cuando se produjo un encuentro que cambió el curso de la historia. Cuando Cortés se adentró hacia occidente desde la costa del golfo, Malinche traducía del náhuatl al maya y Jerónimo de Aguilar, del maya al castellano, lengua que Malinche enseguida aprendió. Sus habilidades como intérprete y sus conocimientos sobre las relaciones entre los diferentes pueblos, sus costumbres y maneras de negociar, fueron esenciales para la campaña, sobre todo cuando hacía de intérprete con los tlaxcaltecas que fueron clave en la contienda. Por otro lado, en las negociaciones, favorecía activamente el acuerdo por encima del enfrentamiento y llegó a ser la intérprete entre Cortes y Moctezuma. Gómez de Orozco afirma que Malinche «fue una parte instrumental de la estrategia española, al interpretar en tres idiomas y ofrecer información esencial sobre la organización económica, el conocimiento de las costumbres nativas, el orden y la sucesión de los reinos, las formas de tributo, las reglas que regían las relaciones familiares, etcétera».

Quizás fue la primera vez en la historia en la que se demuestra que hay un valor más allá de la mera utilización de otra lengua y que el componente cultural es aún más importante.

Otro de los grandes viajes relacionados es la primera vuelta al mundo, protagonizada por **Fernão de Magalhães** y Juan Sebastián Elcano. A partir de él, nuestro mundo se percibió con su forma real, pues se constató la redondez de la Tierra. La trascendencia del viaje también estriba en que fue el punto de partida para definir la posibilidad de «repartir» el mundo y establecer una hegemonía de las culturas dominantes en el momento. En ese punto podríamos decir que parte la «cultura occidental», cuyas bases perduran prácticamente hasta nuestros días.

Solo uno de los cinco barcos con más de 250 hombres que partieron (volvieron solo 18), pudo descargar las especias que fueron parte del objetivo del viaje. El valor de la carga fue suficiente para sufragar el gasto de la expedición y producir beneficios, lo que da idea de la rentabilidad del negocio pese al enorme riesgo que suponía. Un viaje menos conocido y menos glorioso, pero más importante desde el punto de vista intercultural, es el de **Álvar Núñez Cabeza de Vaca**. El relato de su viaje «fallido», al que titula *Naufragios,* tiene una mirada distinta, otra manera de entender lo que entonces llamaban el Nuevo Mundo. Es una toma de conciencia de la diferencia con los otros; aunque este viaje significa un traslado de unas metas a otras, un camino de una cultura a otra y, por tanto, un camino desde una manera de verse uno mismo, de una identidad, a otra distinta.

El viaje de Cabeza de Vaca duró seis años y pasó de tener barcos y armas en una expedición altamente organizada a naufragar varias veces y quedarse sin ninguno, perderlo todo y ser esclavizados. En esos años recorrieron el sur de la actual Texas y solo cuatro supervivientes alcanzaron México para volver a España.

En definitiva, Cabeza de Vaca explica su fracaso reorientando sus objetivos para acabar positivándolo, reemplazando su voluntad inicial de vencer y conquistar, por la de convencer y contrastar.

Pasó por diferentes etapas en su viaje desde el primer problema. Inicialmente, se observan dos culturas absolutamente separadas, ni siquiera se entienden por qué sus lenguas y sus costumbres son distintas y desconocidas para el otro, hay un total desconocimiento y desinterés por el otro. Es claramente un nosotros contra ellos, desde un fuerte carácter colectivo. El objetivo es enriquecerse ellos a costa de los otros. Buscan el oro.

Después de eso, los problemas se agravaron y la situación tomó un marcado carácter individual, se apartó de las ideas del jefe de la expedición y se enfrentó a la opinión general de todo el grupo, incluso empezó a ver cualidades en los indígenas muy positivas que los demás no eran capaces de ver. Se dio cuenta de que la idea inicial del Nuevo Mundo variaba y que necesitaban de los indígenas para sobrevivir, sustituyendo el objetivo inicial de enriquecerse por el de subsistir. Preferían la comida, el maíz, al oro.

Más adelante, hubo un último naufragio, donde lo perdieron todo, y Cabeza de Vaca se separó definitivamente de su grupo cultural, se aproximó a la forma de vida de los indígenas, a sus costumbres, sus ideas y se adaptó a ellas. Aprendió su lengua e interactuó con ellos. Es el único caso en la conquista americana que se aprende la lengua indígena en vez de obligar a los otros a aprender castellano. Comían con y como ellos, cazaban y vivían a la manera de los otros y apreciaban sus valores. Durante esa parte del periplo, Álvar Núñez se dedicó al trueque con los indios, esto es, a tratarlos como iguales en la acción comercial y a negociar con ellos en una relación de mutuo beneficio. Finalmente, obligado por las circunstancias, pasó de intentar convertir a los indígenas a convertirse en su chamán (¿hay mejor prueba de aceptación de la otra cultura?). Nuevamente huvo un cambio de objetivo: volver a casa.

Finalmente, cuando se reencontraron con castellanos (cristianos en el texto) se dio una culturización extraña, como la que padece un expatriado de vuelta a casa, el uso del «nosotros» no es el mismo que al principio de la expedición, se antepone la supervivencia a la riqueza, hay que vestirse de nuevo, los indios son libres, no sus esclavos, y el concepto de colonización tiene un sentido totalmente distinto. Este viaje les cambió por completo y pudo plantear un paradigma diferente a la conquista americana. Se le considera el primer defensor de los pobladores americanos.

Otros viajes como los de James Cook, sirvieron para conocer grandes áreas del pacífico y nuevas islas, además de Hawai y Australia. David Livingston contribuyó con el conocimiento de África, el nacimiento del Nilo, las cataratas Victoria, el lago Tanganica y Zambeze, y otros como Richard Francis Burton, India, las zonas colindantes del Mar Rojo, La Meca y países árabes y los lagos centrales africanos. Todos ellos conformaron un conocimiento más preciso del mundo que consiguió dos objetivos: la preponderancia de la cultura a la que pertenecían, desde su época hasta nuestros días, y convertir el mundo en algo conocido, mesurable, definido y abierto a la posibilidad de ser compartido.

1.5 *De la universalidad a la aldea global*

A partir de mediados del siglo XIX, y tras los viajes mencionados, la cultura anglosajona y la europea occidental se combinaron para hacer prevalecer su forma de pensar y de vivir, hasta convertirse en lo que hoy denominamos la cultura occidental moderna.

Algunos países aprovecharon esos viajes para expandir su economía, que tuvo como consecuencia la colonización, el fenómeno de los indianos españoles y la gran inmigración americana. Fue parte de los últimos avatares interculturales previos a lo que vivimos hoy en día, pues fueron la fuente de las relaciones internacionales que conformaron la génesis de la globalización.

La Segunda Guerra Mundial fue un catalizador de esta universalidad al añadirle al componente social y de pensamiento, un aglutinante político: el sistema democrático y un vehículo lingüístico, el inglés como idioma internacional. Esta nueva cultura imperante, con el mismo objetivo económico que en épocas anteriores, llegó a cualquier punto del mundo a través de los medios de comunicación: la radio, el cine, la televisión y la prensa. Y en el resto del mundo, queriendo emular su forma de vivir y, por ende, el bienestar implícito en esa cultura occidental, se generó así importantes movimientos migratorios.

Por otro lado, las fronteras cada vez dividen menos y el concepto de «aldea global» tomó fuerza, estamos a las puertas de la gran revolución del último tercio del siglo xx, la revolución tecnológica que nos envuelve en este momento.

1.6 Situación actual

La aparición y el auge de internet y las redes sociales, asociados con el desarrollo tecnológico, han creado una globalización con una increíble paradoja. La homogeneización de la tecnología, los medios y el conocimiento, en lo que podríamos denominar la Revolución de la Sociedad del Conocimiento, ha roto con una línea que desde la revolución industrial se mantenía inalterable: las diferentes revoluciones se basaban en disponer del elemento que provocaba dicha revolución. Así, en la revolución de los medios a partir de 1829, quien disponía del vapor, el hierro, el ferrocarril, tenía el poder; a partir de 1875 durante la edad o revolución del acero, quien disponía de él y de la electricidad, quien desarrollaba la ingeniería, ostentaba la ventaja. A partir de 1908, se inició la era del petróleo y con ella la producción en masa, y es obvio lo que supuso desde ese momento hasta nuestros días para quien los controla. Incluso en 1971, con el inicio de la revolución de las tecnologías de la información se mantiene la misma lógica, pero con la entrada en el nuevo milenio y la sociedad del conocimiento tiene lugar la paradoja mencionada: el conocimiento en sí no tiene valor, disponer de él es extremadamente fácil, está accesible en cualquier otros dispositivo portátil, en cualquier lugar podemos acceder a él.

Si reflexionamos sobre esta paradoja, qué es lo que hoy nos permite tener el control, el poder, la ventaja sobre otros que disponen de los mismos medios de acceso al conocimiento, puesto que está al alcance de todos. La reflexión nos lleva a una idea sugerente, se ha democratizado el medio y todos podemos acceder en casi igualdad de condiciones a una información básica, luego la diferencia estriba en el uso, en cómo somos capaces de convertir esa información, ese conocimiento, en algo más, que podemos llamar sabiduría y que no es individual sino colectiva. Es la habilidad de aunar tres conceptos: experiencia, inteligencia y conocimiento, y para nadie ha de ser una sorpresa la relación entre esos tres conceptos y el de cultura. Por tanto, en la etapa actual, el conocer, experimentar, compartir, entender y la gestión de las otras culturas deviene el factor fundamental que favorece el buen fin de las relaciones en el mundo comercial, científico, cultural, asociativo, etc., y casi podríamos extenderlo a cualquier otra faceta de relación humana.

La globalización no ha supuesto, por otro lado, una homogeneización cultural total, hay partes de las culturas que replican la cultura global, pero que mantienen una marcada diversidad en aspectos más íntimos y que siguen siendo el espejo de lo más universal del ser humano: su variedad y, por tanto, mantendremos que lo más global, la definición más amplia de la cultura se contenga en la palabra diversidad y, más que nunca, la competitividad resida en ese conocimiento más íntimo de la diversidad cultural.

1.7 *Los* **third culture kids**

Durante decenios, las personas han sido educadas en una cultura, una sociedad y un solo entorno en el que, además de estudiar y trabajar, solían desarrollar toda su carrera con esporádicas salidas de viaje al exterior. Podemos llamar a ese grupo, la gente de la *primera cultura*. A partir de la mayor facilidad de viajar, aparecieron grupos más numerosos de personas que lo hacían de manera continuada o incluso emigraban, y a los que llamaremos gente de la *segunda cultura*. A ese grupo se le sumó a partir de la década de 1950 un grupo aún más especial que se le denominó en los sesenta los *third culture kids,* los chicos de la *tercera cultura*. Personas que son valiosísimas en el mundo empresarial porque son capaces de aportar un punto de vista diferente, ya que han crecido o vivido una parte de su vida en un entorno cultural diferente al de sus padres.

En los últimos años, para poder negociar en entornos internacionales se han hecho indispensables estos chicos de la tercera cultura: no solo es accidental su lugar de nacimiento, no solo han viajado desde su infancia, sino que además durante su época de estudiantes han vivido, estudiado y conocido culturas diferentes y distantes, y en el mundo laboral están preparados para cambiar continuamente de trabajo y de entorno cultural. Están preparados para liderar o ser liderados a miles de kilómetros, mientras trabajan con o para equipos diferentes en distintos lugares del mundo a la vez, en el que atienden y son atendidos por centros de servicios que no se sabe dónde están y en el que cuando vuelven a casa, en su entorno más familiar, conviven diversas culturas mezcladas.

De hecho, en la primera administración del presidente estadounidense Obama, gran parte de ella, como él mismo, estaba formada por personas que habían crecido o vivido largo tiempo fuera de Estados Unidos. La variedad de experiencias, el ver la parte positiva de las mismas, hace que ese grupo de gente tenga un fuerte sentido de «así es como soy, no importa donde esté» y sea capaz de lidiar con problemas desde el punto de vista de los varios ambientes culturales a los que han sido expuestos durante su educación.

Para tener éxito en las relaciones internacionales, es absolutamente necesario dotarse de la máxima «sensibilidad intercultural», estar preparados para usar patrones culturales diferentes de forma automática, dotarse del conocimiento multicultural necesario para enfrentarse a la dirección o participación en equipos remotos, ser capaces de manejar eficazmente la interculturalidad y ser los pioneros del siglo XXI en la ruptura etnocéntrica en la relaciones comerciales, profesionales y sociales de ámbito internacional.

2   La comunicación intercultural en la negociación

La comunicación intercultural estudia las interacciones que se dan en personas de culturas diferentes, desde el punto de vista de cómo la cultura a la que pertenecen influye en aquello que la persona es, en cómo actúa, piensa y se manifiesta desde un punto de vista verbal y no verbal. Por tanto, es un proceso de comunicación en el que personas que parten de valores culturales diferentes son capaces de verse unas a otras lo suficiente diferentes como para saber que se deben superar ciertas barreras personales y dificultades en el contexto comunicativo, pues de lo contrario dificultarían, impedirían o enrarecerían el proceso comunicativo normal.

2.1   Categorización de la comunicación intercultural

Lomas, Osorio y Tusón categorizaron al principio de los años noventa los estudios sobre comunicación intercultural en cuatro grandes grupos teóricos.

2.1.1   Teorías basadas en el proceso comunicativo

- *Teoría de la reducción de la incertidumbre y de la ansiedad, de W. B. Gudykunst.* Se basa en la mayor incertidumbre y ansiedad que crea la necesidad de interactuar con personas de un entorno cultural ajeno al nuestro. Esa incertidumbre nos lleva a posicionarnos frente a las personas de las otras culturas tratando de explicarnos racionalmente el por qué actúan, piensan o hablan de una determinada manera y cuáles son los valores que hay detrás de esas conductas. Este autor busca controlarlas a partir de la toma de conciencia del proceso comunicativo (qué conocimientos debemos tener para comunicarnos en ese entorno), de la motivación (cuál es el interés de que se produzca una interacción efectiva) y de la confianza en la habilidad para comunicarnos.

- *Teoría de la adaptación transcultural de Young Yun Kim.* Se busca que los miembros de una cultura sean capaces de reconocer las diferencias entre la cultura ajena y la propia y adaptarse a la otra en un proceso que apela a tres competencias clave: cognitiva (conocimiento de la otra cultura), afectiva (la motivación para ponerse en el sitio del otro) y operacional (que fuerza a actuar y comportarse adecuadamente).

- *Teoría de la construcción de una tercera cultura.* Desarrolladas en última instancia por Carley Dodd y Fred Casmir en 1998 y 1999. Se basa en que al encontrarse una persona de la cultura A con una de la cultura B, perciben diferencias (incluso concientizan el estereotipo y la hostilidad que la incertidumbre puede acarrear) y buscan construir, combinando los contrastes y similitudes de sus culturas originales, una nueva cultura en un proceso de cooperación. Este modelo tiene componentes de personalidad y de relación de los individuos que interactúan, de modo que se aproxima al concepto de diversidad.

2.1.2   Teorías basadas en el papel del lenguaje en la comunicación intercultural

Partiendo de la idea primigenia de la no separación entre lenguaje y pensamiento, y desde la justificación de que el lenguaje se organiza a partir de reglas y patrones culturales, se realizan estudios de interaccionismo simbólico, en el que gana importancia la estructuración de las interacciones. La interacción entre los miembros de diferentes culturas parte de una voluntad de comunicarse, de conversar, esa voluntad hace que se produzca un encuentro lleno de negociaciones y matices, de posturas que adoptan las partes a partir de sus patrones de conducta, y la interacción se configura como un ritual de símbolos. Hay dos teorías fundamentales al respecto:

- *Teoría de la gestión coordinada de significados y reglas.* Parte de las teorías CMM de W. Barnett Pearce y Vernon E. Cronen. Se basa en la dificultad o imposibilidad de la comunicación para llegar a la perfección. El objetivo de la comunicación es la coordinación, que se entiende como el modelo de interacción a través del cual se le da sentido y coherencia a los participantes de la misma; por tanto, la gestión de los significados compartidos estriba en asignar una única interpretación al mensaje, es decir, gestionar desde las diferentes perspectivas una única interpretación que no genere malentendidos. Las reglas serían la organización de los significados coordinados para cada participante de la comunicación. Este proceso se realiza a través de dos tipos de reglas: las *constitutivas,* que definen el significado, y las *regulativas,* que definen el comportamiento. La teoría se basa en tres procesos básicos: la coherencia, que describe cómo el sentido se logra en la comunicación; la coordinación, que tiene que ver con las palabras y acciones que usamos durante la interacción comunicativa y cómo se unen para producir patrones; y el misterio, como conceptualización de que no todo puede ser explicado en el proceso de comunicación.

- *Teoría de la retórica.* Combina el estudio de las diferencias individuales y del contexto en el que se da la interacción, en un análisis holístico del proceso comunicativo.

2.1.3 Teorías de la organización cognitiva del proceso de comunicación

Se establecen, principalmente, a partir de los estudios realizados por Chomsky, Fodor y Vygotsky, y se basan en la organización cognitiva de las personas que participan en una interacción de comunicación.

- La *psicolingüística.* Estudia cómo se adquiere y desarrolla el lenguaje en la especie humana y su utilización. Estudia los factores psicológicos y neurológicos que capacitan a los humanos para la adquisición del lenguaje, su uso, su comprensión, cómo se produce, y las funciones cognitivas y comunicativas. Los procesos psicolingüísticos pueden dividirse en dos categorías: de codificación (producción del lenguaje), y de decodificación (o comprensión del lenguaje).

- El *constructivismo*. Postula un proceso dinámico de aprendizaje participativo e interactivo de forma que el sujeto crea procedimientos para resolver situaciones de aprendizaje. Es la construcción de determinados esquemas mentales en el aprendizaje que, por el hecho de ayudar a interpretar los significados, contienen un componente cultural determinado y, por tanto, sugieren una diferenciación cultural.

2.1.4 Teorías del desarrollo de las relaciones interpersonales

Se basan en la fundamentación de las relaciones personales a través de la comunicación.

- *Teoría de la penetración social,* de Altman y Taylor. Propone que las relaciones entre personas se mueven desde un nivel superficial hasta uno profundo e íntimo y pretende entender la cercanía que puede darse entre personas que interactúan. El proceso pasa por una fase de auto apertura que profundiza hasta niveles muy personales que dejan vulnerable al individuo como paso fundamental en el desarrollo de una relación cercana. También la podemos definir como el proceso de mutuo descubrimiento de forma sistemática que puede ser predecible e incluir cierto grado de deterioración durante el proceso. Inicialmente, el proceso puede ser rápido pero luego se ralentiza. El grado de penetración variará en función de lo positivo o negativo que sea el balance entre el coste y la recompensa que se logre en la interacción.

- *Teoría de resolución de conflictos,* de Stella Ting-Toomey. Para entender cómo cada cultura responde de forma diferente a la resolución de los conflictos. Nuestra imagen de nosotros mismos está en riesgo en caso de conflicto y nuestra especificidad cultural pone en juego cómo vamos a reducir ese riesgo y cómo nos comunicamos en esas situaciones. Las diversas facetas de la identidad cultural de un individuo o grupo las describe como «caras». Las caras son las imágenes de un individuo o de un grupo basadas en las normas y los valores del grupo y el conflicto se origina cuando se sienten amenazadas esas caras. Las caras pueden perderse, guardarse o protegerse. Se trata de saber hasta qué punto los individuos de una sociedad están dispuestos a «perder la cara» o a «mantenerla»; eso hace que la interacción con individuos de otras culturas sea de una manera u otra, y que sea muy relevante en medio de una interacción o una negociación. Port ejemplo, las culturas colectivistas buscan preservar por igual las caras de uno mismo y los otros y la cara del grupo, que es lo más relevante; en las individualistas, en cambio, se adopta un estilo de conflicto de dominación, ya que la cara de uno es independiente de la del grupo y hay que preservarla.

2.2 Claves básicas

En 1980, durante la crisis de los rehenes de Estados Unidos e Irán, el secretario general de la ONU, Kurt Waldheim, viajó a Irán para negociar la liberación de los rehenes americanos. Al llegar a Teherán, pronunció una célebre frase: «*I have come as a mediator to work out a compromise*» (He venido como mediador para negociar un acuerdo mutuo).

En farsi, el idioma persa, la palabra «compromiso» no tiene un significado positivo como el que tiene en inglés a modo de «solución intermedia que ambas partes aceptan», tiene más bien un significado negativo, parecido a rendición o traición como si decimos «nuestros ideales democráticos se han visto comprometidos».

Por otro lado, en farsi un *mediator* que entendemos nosotros como el encargado de intervenir en una discusión o en un enfrentamiento entre dos partes para encontrar una solución, hace alusión a alguien que se entromete en asuntos ajenos.

El resultado fue que de forma inmediata una turba enfurecida empezó a manifestar su descontento y acabaron apedreando el coche del secretario general.

Este tipo de situaciones, a escala menos importante, suele ocurrir en entornos internacionales si no tenemos en cuenta una serie de consejos que pueden ser de utilidad.

A partir de la Segunda Guerra Mundial y la creación de la ONU, se iniciaron intensos intercambios de trabajo entre naciones y se pusieron de manifiesto algunos problemas de comunicación. Los trabajos de Hall en ese sentido fueron de ayuda, pues a partir de él muchos otros trabajaron el concepto hasta llegar a nuestros días.

2.2.1 Conceptos de interculturalidad y multiculturalildad

Explicaremos aquí por qué usamos el concepto de interculturalidad y no el de multiculturalidad en la comunicación, ya que distinguimos entre uno y otro. La multiculturalidad es la yuxtaposición o presencia al mismo tiempo de varias culturas en una misma sociedad, mientras que la interculturalidad implica reciprocidad y reconocimiento de las diferencias culturales (véase la figura 1). Podemos tener una situación de multiculturalidad en un autobús que viaja por un país en el que confluyen, por las razones que sean, diversas culturas diferentes, o en una ciudad en cuyos barrios viven personas provenientes de diferentes países o regiones, o en una empresa en la que trabajan personas de distintas nacionalidades, pero solo existirá una relación intercultural cuando, a partir del reconocimiento de una cultura y las otras hacia las diferentes, se establezca una relación o interacción entre ellas desde la mutua aceptación de las diferencias. Por tanto, se dará un proceso de comunicación intercultural efectiva con ocasión del intercambio cultural recíproco fruto del reconocimiento, del interés por la diversidad, con un componente de conocimiento y sensibilidad por esa diferencia, en alusión al concepto de comunicación intercultural interpersonal de Koester y Wiseman.

En la relación multicultural es suficiente con que los interlocutores tengan un idioma vehicular común (o incluso utilicen traductores).

En una negociación internacional, forzosamente se debe tener en mente estos conceptos. Se puede mantener una situación de multiculturalidad momentáneamente, pero al iniciar la negociación, se debe cambiar hacia la interculturalidad como única fórmula de éxito y, por tanto, interactuar con los otros, intentar entenderlos y hacernos entender, y romper las barreras que nos hacen pensar en conceptos de superioridad o inferioridad para iniciar una relación de recíproca tolerancia, interés e interacción desde la diferencia. La competencia más importante es aceptar la diferencia en los demás.

Figura 1. Los conceptos de interculturalidad y multiculturalidad.

2.2.2 Competencias

Hay dos competencias que resultan absolutamente indispensables:

- La *aceptación,* definida como la competencia de aprobar, dar por bueno, admitir, dar la conformidad con una cosa propuesta y en ocasiones obligada, considerando finalmente que está bien o es suficientemente buena, sin que sea lo mismo que tolerar o que deba gustar o hacernos feliz.

- La *adaptabilidad,* definida como la capacidad de las personas para adaptarse a un medio totalmente diferente del que se proviene y, además, hacerlo bien. Esa habilidad de acomodarse o ajustarse a situaciones, maneras de hacer, hábitos de consumo, alimentación o trabajo, tiene «predictores» que nos pueden ayudar a conformar los equipos para la negociación. Debemos ser muy pulcros y cuidadosos al seleccionar a las personas que nos van a acompañar durante ese proceso.

2.2.2.1 Predictores de la adaptabilidad

Algunos de los predictores de esa adaptabilidad están relacionados con rasgos de la persona. Veamos algunos:

- *La empatía.* La capacidad de ponerse en el lugar de los otros e intentar entender sus puntos de vista y motivaciones.
- *La madurez.* En ocasiones, profesionales muy valorados, con experiencia y sobrada preparación tienen estrepitosos fracasos por falta de madurez, por apresurarse o querer aparentar.
- *La flexibilidad.* En el sentido de no fijarse una sola forma de hacer o de aproximarse a los temas demasiado rígida.
- *El liderazgo.* Un fuerte sentido del ejercicio de liderar es un incidente crítico muy fuerte.

Hay también elementos adicionales a la personalidad que vaticinan una buena adaptabilidad:

- La motivación específica en cada caso, es decir, la existencia de un interés elevado por la tarea o el resultado que se espera con la actividad.

- La red de contactos profesionales de la persona, su amplitud, su robustez, la gestión que se ha hecho de la misma.
- El conocimiento de la lengua y la cultura propias de los lugares donde se va a desarrollar la tarea.

Finalmente, también encontramos predictores relacionados con la sensibilidad intercultural que hemos ya enunciado en apartados anteriores, así como el control del estrés que tiene una persona al enfrentarse a situaciones complejas y desconocidas.

2.2.2.2 Frenos a la adaptabilidad

Son lo que imposibilita a muchas personas un verdadero trabajo fuera de su entorno:

- La arrogancia monocultural, que contiene las actitudes que impiden una correcta adaptación. Ejemplo de ello es la no aceptación de la manera de ser, hacer y pensar de los otros, una especie de cerrazón por barreras culturales que contiene todo los prejuicios, fruto de hacer pasar la conducta de los demás por nuestros valores sin querer entender los suyos. El no ser capaz de hacerse aceptar es la consecuencia evidente de la propia arrogancia y ahí reside el fracaso de un gran número de negociaciones.

2.2.3 Fases de la adaptación

El proceso de adaptación contiene diversas fases que debemos entender y estar preparados para afrontar, dándoles su justa importancia e incluso disfrutando de ellas. Al producirse una actividad de negociación, encontraremos cuatro momentos bien diferenciados:

1. **La euforia.** Es un momento de descubrimiento, quizás se trata de un reto profesional, un lugar exótico nunca visitado, equipos nuevos y sensación de cierto triunfo, que explicamos a familiares y amigos. Ese primer sentimiento o fase se desvanece en cuanto llegamos al lugar donde se va a hacer efectiva la actividad.

2. **El choque cultural.** Al llegar a nuestro destino debemos aprender las cosas más insignificantes: a movernos, a saber dónde está cada cosa y cómo con-

seguirlo, aunque a veces parezca que no nos hagan caso o nos ninguneen, lo cual desata sentimientos negativos de impotencia, angustia e incluso de hostilidad. En casos muy delicados, conviene asegurar la asistencia en el destino de una forma muy consistente. Hay otra forma de asegurarse de que el choque no merma nuestras capacidades en la negociación, es anticipar la tercera fase, la culturización.

3. **La culturización.** Es el tránsito del lógico etnocentrismo que caracteriza a los seres humanos por un etnorrelativismo que nos faculta para el intercambio recíproco con los demás no iguales.

4. **El etnocentrismo** despliega una serie de estados psicológicos que hay que superar en aras a la adaptación (véase la figura 2). El primero es la *negación*, que se infiere a través de conductas de aislamiento o de separación que van más allá de las que tendríamos con personas de nuestro entorno cultural considerados como el contrario. En la situación de interculturalidad, la separación y la búsqueda de mantener un espacio propio es muy fuerte. Esas conductas dan paso a otras, que son las propias de un estado de *defensa*, que pasan por la denigración, pues intentamos rebajar a los otros por mor de su forma de hacer, pensar, decir, de mostrar superioridad o incluso de creerla, que una vez superadas nos llevan a una *minimización;* universalizamos al ser humano y convenimos con nosotros mismos y los otros «que todos somos iguales», que las personas son igual en todo el mundo, y que hay pocas cosas que nos diferencien. Esa no es la solución, es una conducta que intenta positivar la situación aunque solo consigue una tregua momentánea si no se inician las fases que lleven al etnorrelativismo.

La primera fase psicológica del **etnorrelativismo** es la *aceptación* (véase la figura 2), significa que psicológicamente se está en predisposición de aceptar las diferencias, darnos cuenta de ellas y entenderlas. Esa situación generará conductas de respeto y reciprocidad, sabremos por qué y cómo hacen las cosas y lo relacionaremos con los valores que les llevan a proceder así. Entramos en una etapa de apertura que ha de permitir una *adaptación* seria, donde aquel predictivo de empatía que enunciamos anteriormente, se pone en juego y permite ver no solo el pluralismo, sino disfrutar de él. Hemos pasado de conocer y entender las diferencias, a disfrutar con ellas. En ese punto, podemos iniciar una comunicación efectiva para nuestros intereses. Ese estado nos llevará a una *integración* real con la

Etnocentrismo

Negación (aislamiento, separación)
Defensa (denigración, superioridad)
Minimización (universalismo)

Etnorrelativismo

Aceptación (respeto por la conducta y los valores)
Adaptación (empatía, pluralismo...)
Integración (evaluación contextual)
Estabilidad (primeros logros, «reaprender»)

Figura 2. Diferencias entre los procesos de etnocentrismo y etnorrelativismo.

otra cultura, es decir, hay cosas que nos gustan pero también hay otras que no; no es posible que todo sea maravilloso. Seremos capaces de ponerlo todo en un contexto igual que cuando estamos en nuestro entorno: aquello que hacemos bien, lo hacemos también aquí bien, aquello que nos gusta, lo seguimos haciendo alegremente, y lo que no, lo hacemos por disciplina. Estamos dispuestos para trabajar centrándonos en la tarea y la actividad sin que la situación de interculturalidad intervenga en lo más mínimo.

En la última fase de la adaptación, la *estabilidad,* se obtienen los primeros resultados satisfactorios en la relación intercultural. Se evidencia que la gestión técnica tienen condicionantes culturales que no son una práctica universal, que no se puede replicar exclusivamente los modelos que sirven en nuestro entorno, o fracasaremos. Nos damos cuenta de que necesitamos «reculturizarnos», reaprender algunos conocimientos y pasarlos por filtros de jerarquía, tiempo, etc.; seguir algunos de los modelos aprendidos (Hofstede, Trompenaars...) u otros nuevos puede sernos de gran utilidad.

Si bien para que la comunicación multicultural sea efectiva necesita de la *voluntad de reciprocidad* y el encuentro de dos o más culturas con un reconocimiento de simetría, además, debe alcanzarse un *grado mínimo de eficacia,* de comprensión entre las personas que interaccionan, y suficiente satisfacción en la relación establecida. Para ello es imprescindible superar algunas barreras personales que mantengan la motivación para continuar.

2.2.4   *Claves para una comunicación intercultural efectiva*

Básicamente, son dos las claves que aseguran una comunicación intercultural efectiva: la sensibilidad intercultural y la competencia comunicativa intercultural.

2.2.4.1   La sensibilidad intercultural

Ayuda a valorar los aspectos afectivos de la competencia comunicativa intercultural, ya que evalúa si hay *implicación* en la comunicación intercultural. Es decir, si existe el respeto a las diferencias culturales, al grado de confianza en la comunicación intercultural, el grado en que gozamos de la interacción y la capacidad de atención en la comunicación intercultural.

2.2.4.2   La competencia comunicativa intercultural

Permite evaluar los aspectos cognitivos y comportamentales. Hablaremos de una suficiente competencia comunicativa cultural cuando observemos: capacidad para interpretar de forma adecuada aspectos de la comunicación verbal y no verbal del interlocutor en contextos multiculturales, así como para tener un comportamiento flexible ante la comunicación y ante los elementos culturales que inciden en ella.

Distinguimos tres niveles básicos competenciales:

- *El conocimiento y la concienciación.* Nos da la competencia cognitiva, y se establece a partir de saber de qué manera las diferencias culturales afectan a la comunicación verbal, cómo los aspectos no verbales inciden en ella, de qué manera afectan a la comunicación no verbal y hasta qué punto la diversidad cultural impacta en una situación de comunicación.

- *Las actitudes y las emociones.* La competencia afectiva nos debe inducir a controlar las emociones, sobre todo las negativas que puedan afectar nuestro éxito comunicativo, y debe fortalecer todos aquellos elementos afectivos que ayuden a una mejor comunicación.

- *El comportamiento.* La competencia comportamental nos ha de permitir adaptar nuestro lenguaje verbal y no verbal en función de la situación y las circunstancias.

> **Competencia inconsciente (sensibilidad espontánea)**
>
> No necesita pensar acerca de lo que hace para ser sensible culturalmente; de forma natural, su conducta es apropiada; puede confiar en su intuición puesto que se ha adaptado a aquello que conoce de las interacciones interculturales

> **Competencia consciente (sensibilidad deliberada)**
>
> Sabe que hay diferencias culturales y cuáles son algunas de esas diferencias; intenta modificar su conducta para ser sensible a ellas; tiene que hacer un esfuerzo consciente; algunas cosas las tiene que intuir aún

> **Incompetencia consciente (saliendo de la ignorancia)**
>
> Se da cuenta de que hay diferencias culturales, aunque no está seguro de cuáles son, ni si son muy importantes o si son profundas o superficiales. No tiene ninguna seguridad en su intención

> **Incompetencia inconsciente (feliz en la ignorancia)**
>
> No tiene ni idea ni le importa si hay diferencias culturales; no es consciente de la posibilidad de que cometa fallos o errores o malinterprete la conducta de los otros; no tiene necesidad ni siquiera de confiar en su intuición

Figura 3. Niveles de conciencia intercultural.

Según Storti, hay diferentes estadios en la concienciación cultural que nos conducen a una verdadera eficiencia en la comunicación (véase la figura 3).

2.2.5 Dimensiones de la comunicación intercultural

Hay siete dimensiones que se fijan en un *contínuum* entre dos extremos y que nos pueden ayudar a describir cómo es la comunicación en los diferentes ámbitos interculturales. Veamos cuáles son:

Directa	------------------------------	Indirecta
Rápida	------------------------------	Lenta
Exuberante	------------------------------	Lacónica

Asertiva	Educada
Emocional	Racional
Formal	Informal
Alta frecuencia	Baja frecuencia

- **Comunicación directa *versus* comunicación indirecta**

  La comunicación directa ocurre cuando la persona es franca y simple, quiere expresarse de forma clara y sin complicaciones, se le da más importancia a lo que se dice que a la manera como se dice. En la comunicación indirecta se evita el conflicto y la confrontación no hablando directamente de un asunto delicado y se espera que el otro interprete la realidad a través de lo que se dice o bien se evita erosionar o atacar su estatus con algo difícil de discutir. En las culturas indirectas es difícil decir no, preferirán usar frases del tipo: «Es una pregunta difícil de contestar», «Ahora no podemos contestar esa pregunta» o «Es posible que lleguemos a un acuerdo, pero ahora no es posible comprometernos».

- **Comunicación rápida *versus* lenta**

  Esta dimensión se refiere a la velocidad de la conversación y al tiempo de respuesta que se espera. En las sociedades de comunicación rápida se espera no dilatar la respuesta y seguir adelante con la conversación, eso demuestra que hay compromiso e interés, y se puede interrumpir sin que se tome mal. En las lentas, hay que tomarse tiempo antes de responder, ya que la conversación es un placer en sí mismo y hay que considerar las distintas posibilidades.

- **Comunicación exuberante *versus* lacónica**

  En las culturas de comunicación exuberante, se utilizan muchas palabras para explicar una amplia variedad de ideas y pensamientos, se emplean historias y metáforas. Son conversaciones largas y con mucha implicación. Los silencios son escasos y se usan muchos adjetivos diferentes con significados parecidos y se parafrasea con frecuencia. En las culturas lacónicas, se usan pocas palabras y adjetivos, las conversaciones son cortas, las preguntas pocas y cerradas, el laconismo se interpreta como sentido de dignidad asociada al valor de la calma.

- **Comunicación asertiva *versus* educada**

  En las comunicaciones asertivas hay inherente un cierto sentido de argumentación, de conflicto, de discusión. Son culturas que enfatizan sus opiniones a partir de valores sólidos y muy anclados. Se oponen fácilmente, hablan de las diferencias y se habla claro y se estima que eso es seguridad en uno mismo y en sus convicciones y fuerza personal. Las personas de comunicación educada evitan el conflicto y la confrontación y buscan la armonía en la conversación, incluso si se sienten ofendidos. Las diferencias se abordan de manera cautelosa y diplomática y esperan no ser criticados fuertemente.

- **Comunicación emocional *versus* racional**
  Las culturas emocionales comunican mucho no verbalmente, con gestos, gritos, posturas y actitudes ostentosas en público y en privado. La emoción en la conversación es importante para darle importancia, y en la discusión, es necesaria para tener razón (a veces, parece que el conflicto puede llegar a más pero no es así), se levanta la voz, se dan golpes en la mesa y se dramatiza y sobreactúa. En las racionales, no se muestra ninguna emoción, creen que es contraproducente para la resolución de conflictos o para mostrar desacuerdo. En algunos países, es una conducta del todo inaceptable.

- **Comunicación formal *versus* informal**
  En la comunicación formal hay implícito un cierto reconocimiento de estatus o jerarquía en el grupo y existe una deferencia en el trato comunicativo hacia las personas. Las reglas suelen ser claras y hay un orden de quien habla, a quien se le habla, el tipo de expresión, y se utilizarán los títulos y símbolos de jerarquía en la conversación. En las informales no se considera ninguna formalidad ni estatus. Lo importante es la interacción como tal, no se utiliza el usted ni formas similares y el entorno no verbal suele relajarse también. Conviene evitar las actitudes demasiado desenfadadas en algunas ocasiones.

- **Comunicación de alta frecuencia *versus* baja frecuencia**
  En las culturas de alta frecuencia se pregunta mucho y se mantiene más de una conversación al mismo tiempo. Para tomar decisiones, primero se tienen que aclarar todos los aspectos y todas las personas deben expresar su opinión y su punto de vista; son grupos activos que buscan el consenso. Las de baja frecuencia buscan tener pocas conversaciones, tomar decisiones y seguir adelante; son grupos independientes y asumen la responsabilidad de sus decisiones personalmente.

2.3 *Escuchando los argumentos*

Si partimos de la premisa que sin comunicación no hay negociación y que la comunicación ya en ámbitos domésticos y familiares es fuente de frecuentes malentendidos, en un entorno internacional aún será más difícil y habrá situaciones de enfrentamiento, conflicto y manifiesta hostilidad. En nuestro ámbito doméstico e incluso en el personal, hemos oído en infinidad de ocasiones frases como «Nunca me habías dicho que...», respondido por un «... ya te lo dije, pero no me estabas escuchando».

En ocasiones, tras un primer intento fallido, los negociadores se dan por vencidos y dejan de escucharse mutuamente; a partir de ese momento, se intenta acabar pronto, convencer a los propios o no acabar muy mal. Otras veces, por muy claros que seamos, los demás no nos escuchan o no entienden lo que decimos; hay una falta de atención porque los otros se están preparando para contestar, para argumentar algo que aún no han terminado, o incluso para contestar preguntas que aún no se han formulado. Esto es causa frecuente de malentendidos, alguno agravado por el uso de idiomas diferentes.

Para contrarrestar estos problemas debemos desplegar algunas técnicas esenciales: La primera es escuchar atentamente, algo harto difícil en medio del estrés de la negociación. Escuchar para comprender los puntos de vista, los sentimientos y las emociones y tratar de descubrir qué hay detrás de las palabras. Además, si damos muestras de que escuchamos, y hacemos breves comentarios al respecto, obligamos al otro a expresarse mejor, a tener más atención y a que conozca que nadie está perdiendo el tiempo en ese proceso. Es altamente satisfactorio para la otra parte y tiene un coste nulo.

En un ámbito internacional, y en una lengua distinta a la habitual, no debemos preparar las respuestas mientras los otros hablan, ya que perderemos sutilezas que en una lengua no materna es fácil que pasen desapercibidas. Insistentemente debemos pedir que repitan las ideas que no hemos entendido. Si es necesario, solicitaremos que las expresen detalladamente hasta que entendamos sus percepciones e intereses. Si lo hemos entendido, lo repetiremos en parte: «si he entendido bien, usted ha dicho...» o «entiendo que su posición en este asunto es...», eso nos hará captar su atención. Hablaremos de forma positiva, eso no significa necesariamente que estemos de acuerdo, solo que lo hemos comprendido, y posibilitará una comunicación constructiva.

Es ámbitos internacionales, existe una fuerte tendencia a desconectar con facilidad. Esto se produce por diferentes razones:

- Establecer comunicación en otros idiomas es extenuante, siempre. Incluso si hablamos en nuestra lengua, resulta muy tedioso y cansado hacernos entender con palabras y frases fáciles.
- En nuestra vida corriente no estamos demasiado habituados a escuchar bien, y en un contexto poco familiar, aún es más difícil.

- En las relaciones profesionales y en las cotidianas es más fácil oír que escuchar; nos hemos acostumbrado al ruido permanente y desconectamos fácilmente para concentrarnos en nuestros pensamientos. Hemos aprendido a *no* escuchar. Además, la sociedad actual es más visual que auditiva, nos atraen las imágenes, no los sonidos.

- Nos hemos acostumbrado a interpretar; nos quedamos con la idea general y sobrevivimos con eso. En algunos casos, eso puede generar graves problemas, por lo que es imperativo asegurarnos de que entendemos con precisión todo lo que oímos y no solo lo interpretamos.

Si le añadimos a todo esto que escuchamos de una manera muy liviana y que mientras el otro habla estamos pensando en un montón de otras cosas a la vez (el horario del vuelo de vuelta, el hotel, cómo responder a la siguiente pregunta, cómo decir que no estoy de acuerdo...), resulta que después de escuchar la primera frase que nos dicen, en lugar de escuchar el argumento que lo sustenta, estamos ya pensando en cómo argumentaremos nuestra frase.

Tenemos que estar también atentos a los cambios que se producen en la velocidad, la entonación, el timbre de voz o las pausas de nuestros interlocutores; la potencia de los silencios debe ser valorada, así como los cambios de frecuencia, es decir, el énfasis en el sentido de <u>subrayar</u>, «entrecomillar» o *emplear cursivas* en el discurso. Las inflexiones de la voz nos dan las claves de las emociones y los significados no contextuales que se quiere dar a las palabras que se dicen.

2.3.1 Algunas ideas para escuchar con éxito

- **Usar la repetición**
  Una manera de asegurar la comprensión a partir de escuchar activamente, es repetir lo que acaba de decir nuestro interlocutor con nuestras propias palabras. En muchos idiomas hay frases hechas que es importante «descifrar» con nuestra manera de decir y con el vocabulario que tengamos en esa lengua. Por tanto, usaremos con frecuencia frases del estilo de «Creo que he entendido que...», «Me estás proponiendo que...», «Tu idea es que...» o «¿He entendido bien que tu propuesta se basa en...?».

- **Usar el reflejo**
  Escuchar significa interpretar lo que oímos, valorar lo que creemos que el otro piensa o siente y cuáles son sus motivaciones. El reflejo es entender lo que nos

dicen, interpretar aquello que no nos dicen pero creemos entender y observar y explicárselo al otro. Con eso, estamos diciendo: que le escuchamos, que le entendemos y, si queremos, que sintonizamos con él. Para reflejar usaremos frases del estilo de «Manifiestas mucho interés en nuestro producto, pero parece que no te gusta cómo lo hemos suministrado hasta ahora...», o bien «Creo que me estás diciendo que para ti lo más importante es el precio, pero veo que te preocupa aún más el plazo...» o «He entendido que quieres comprarlo, pero observo que tienes problemas para buscar financiación...».

- **Usar el resumen**

  Resumir no es exclusivamente el cierre de la negociación. Es importante, tras cada hito de la misma, hacer un resumen del punto donde estamos. En entornos anglosajones, en los que se empieza enumerando aquellas cosas en las que hay menos discusión o ya hay acuerdo, es importante también, tras lograr éxitos en el acercamiento de posturas, hacer un resumen de lo conseguido. También en culturas latinas se empieza hablando de los desacuerdos, y el hecho de acercar algún punto merece de un resumen motivador para continuar.

  Adicionalmente, resumir nos permite saber que seguimos juntos en las ganas de negociar, refuerza los contenidos discutidos por cada parte y permite corregir aquellos que no han sido bien percibidos. Usaremos frases del tipo «Hemos acordado entonces que nosotros pagaremos el transporte y vosotros las posibles mermas», o bien «Queda claro que vuestra propuesta es... y que la nuestra es...», o «Es evidente que lo único que nos separa en este momento, según lo manifestado, es...».

  Debemos evitar oír sin escuchar, no tratar de interpretar lo que nos dicen en todo momento, concentrarnos y prestar atención a nuestro interlocutor en vez de a nuestros pensamientos, dar muestras de que seguimos la conversación, repitiendo y resumiendo varias veces a lo largo de la negociación.

2.4 *Exponiendo los argumentos*

Una vez pasados los primeros momentos del encuentro, tras las presentaciones o el intercambio de ideas como cortesía, se inicia la exposición de argumentos por las partes, así como los objetivos y cómo pretendemos alcanzarlos, etc. La eficacia expositiva en esos primeros minutos influirá fuertemente en la impresión que causemos a los demás, la cual marcará la negociación. Hará que establezcamos el *rapport* (ambiente de confianza y cooperación mutuas) necesario o que se rompa la confianza y facilitará o impedirá el desarrollo de las sesiones. De la actitud de los demás hacia uno mismo dependerá en gran medida el éxito de la negociación.

Para argumentar con éxito, hay algunos elementos clave que debemos tener en cuenta:

- La seguridad.
- La firmeza.
- El *rapport*.

- **La seguridad**

  Hablar con seguridad reafirma la confianza en uno mismo y hace que la gente esté dispuesta a escucharte y a considerarte competente, y si tienes esa sensación, reafirmará la confianza en ti mismo. Es una pescadilla que se muerde la cola, pero en este caso muy positiva.

  Para dar imagen de seguridad, debemos tener en cuenta que en los primeros momentos nos jugamos gran parte de la partida. Hay que respetar la regla de 50-40-10, ya que la mitad de las impresiones que causamos vienen dadas por «lo que se ve»: apariencia, postura, gestos, expresiones, vestimenta, sexo, edad, belleza, etc.; el cuarenta por ciento por «cómo se oye»: timbre y tono de voz, acento, vocalización, énfasis, velocidad, etc.; y el 10 restante por «lo que se oye»: las palabras que decimos, el mensaje que damos. Eso significa que a los demás les impresiona más lo aparente que lo real y, por tanto, la apariencia de seguridad es más importante que nuestra argumentación, aunque recordemos: solo para la primera impresión. Por eso, tendremos especial cuidado en las primeras fases con los códigos de vestuario. Vestirse adecuadamente consiste más en sentirse a gusto y cómodo con uno mismo que en disfrazarse para interpretar y adaptar nuestro estilo a las distintas circunstancias. En ocasiones, al presentarnos en la sede de una empresa (o en terreno neutral) acompañados de un nutrido grupo de ejecutivos con trajes parecidos en cuanto a corte y color, con los mismos ordenadores y en vehículos de una gama similar, si no nos aporta seguridad, probablemente se la reste a ellos, si pensamos en términos de empresa competitiva. En cambio, al negociar en un entorno cooperativo (con la Administración, con una oenegé) eso mismo parecería ridículo.

  Recurrir a un logopeda para mejorar nuestro acento y pronunciación en otro idioma o para mejorar el timbre y el tono de nuestro propio idioma es aconsejable en determinados entornos o si nuestra voz necesita ser domesticada. Hay algunos trucos sencillos para que la voz aparente seguridad: disminuir el timbre, además de hacer la voz más atractiva, le da más autoridad (los nervios producen el efecto contrario); vocalizar mucho, moviendo mucho los labios y la boca al hablar, permite pronunciar con más claridad; y mantener la cabeza alta hace que se nos entienda mejor.

Por último, la seguridad también depende además de nuestra imagen y de cómo decimos las cosas, de lo que decimos, y eso tiene que ver con las impresiones que tenemos de nosotros mismos, las cuales, en definitiva, acentúan o disminuyen nuestra propia confianza. Debemos reflexionar acerca de si somos capaces o no de conseguir lo que queremos, y preguntarnos sobre: el papel que representamos, el poder que tenemos, lo que podemos ofrecer que el otro no tiene, nuestras habilidades, conocimientos y experiencia. Si somos capaces de reconocer que tenemos derecho y obligación de estar en esa situación o proceso, a ser tratados con respeto y obtener toda la información necesaria, a decir lo que queremos y lo que opinamos, a disentir, a que nos escuchen, a tener tiempo para decidir y a ser escuchado, entonces podemos entrar en el siguiente elemento clave.

- **La firmeza**

Nuestro enfoque puede ser duro o agresivo, pasivo o blando y firme. Cuando argumentamos, a veces tenemos que desempeñar un papel que elegimos como el mejor para lograr los objetivos previstos, y en función de ese papel enfocamos nuestra argumentación de una manera u otra. En las negociaciones competitivas (de suma cero) solemos pensar que el enfoque agresivo es el más adecuado; si bien nos hace ser muy visibles y tener la sensación de fuerza y de ser alguien a quien tener muy en cuenta, a veces crea antagonismo y puede ser bueno solo en el corto plazo. Por otro lado, un enfoque blando, una buena imagen de conciliador y de persona honesta, propicia la consecución de menos objetivos, y puede transmitir poca seguridad e incluso debilidad, pero en negociaciones cooperativas y a largo plazo, puede resultar efectivo.

En realidad, nuestro enfoque debe ser siempre firme. Eso consiste en mantener nuestros derechos, nuestros puntos de vista, pero atendiendo y considerando los de los otros. Debemos hacer las concesiones que hemos previsto, pero nunca más, y pensar qué quieren los otros, y cuál es la salida válida para ambas partes. Debemos dejar que expresen lo que quieren, lo que les gusta, lo que buscan y qué opinan. Lanzaremos más preguntas que retos, más opiniones que afirmaciones taxativas, sin desafiar, buscando puentes para una solución que convenga a las dos partes. Eso implica, necesariamente, saber muy bien lo que queremos, qué concesiones podemos hacer y cuál es realmente nuestra opinión al respecto.

Otra forma de mostrar firmeza es decir «no» de manera eficaz. Decirlo de forma directa es signo de firmeza, pero en ocasiones puede parecer demasiado agresivo. Para suavizarlo, ese puede posponer la negación al final del argumento: «No estamos de acuerdo con el precio, ya que ni el servicio postventa ni el tiempo de entrega son en absoluto adecuados», o bien «Si tenemos en cuenta que el tiempo de entrega y el servicio postventa se alejan de nuestros intereses, no estamos de acuerdo con el precio». En casa podemos decir «No, no me parece bien que salgas hoy cuando entras en la semana de exámenes», o bien «Pensando en que entramos en la semana de exámenes, que salgas hoy no me parece adecuado». En ambos casos estamos negando firmemente, pero en las segundas opciones no hay agresividad manifiesta.

- **El *rapport***

  Es una técnica del entorno de la programación neurolingüística cuya finalidad es crear un ambiente de cooperación y confianza con los demás. Para evitar situaciones de incomodidad o de rechazo de situaciones o personas, trata de eliminar los posibles prejuicios y distorsiones a partir de una comunicación abierta, madura y fluida, en la que no se produzcan malentendidos por juicios, críticas abiertas o broncas. Se basa en el respeto por los demás y sintonizar con ellos de la misma manera que sintonizamos con nuestros conocidos. Es una comunicación empática que permite establecer una buena relación en un momento concreto con alguien de nuestro interés, a pesar de que inicialmente no sea afín a nosotros porque nos cree o le creemos una sensación negativa de miedo, inseguridad o rechazo. El lenguaje no verbal es un elemento vital para el *rapport,* así como empezar con un comentario o pregunta que no signifique prejuzgar sino interesarse por el otro, poniéndonos nosotros y nuestros problemas e intereses en un segundo lugar.

  Hay un factor que es preciso considerar: cómo es el «funcionamiento» de las personas, pues de acuerdo a cómo funcionan, distinguimos individuos visuales, auditivos y kinestésicos.

  - Los *visuales* se basan en aquello que «ven»: tienen que verte, observar que les atiendes y estás por ellos, que les miras. Tienen expresiones como «mira…», o «no lo veo claro», o bien «no tiene buen color…», o «mi manera de verlo…». Su esquema mental se basa en imágenes y son muy rápidos hablando, incluso de varias cosas a la vez, cambiando continuamente de tema; son muy sincrónicos en su forma de hacer y en su esquema de pensamiento.

- Los *auditivos* tienen un ritmo algo más pausado, a medio camino entre los visuales y los kinestésicos. Necesitan «oír» que les sigues, con algo más que miradas o movimientos de cabeza, quieren oír expresiones de asentimiento mientras hablan y suelen utilizar expresiones del tipo «escucha...», o «esto no me suena de nada...», o bien «esa canción ya me la sé...». Son más secuenciales, acaban las frases y son muy reflexivos.
- Los *kinestésicos* necesitan el contacto físico, la palmada en la espalda, el abrazo, el apretón de manos sincero. Usan los sentidos más que el pensamiento, tienen más capacidad de concentración y son muy intuitivos. Usan expresiones del tipo «me da escalofríos...», o «tengo la sensación de...», o bien «tus argumentos me oprimen...».

En función del tipo de persona, adaptaremos nuestro lenguaje, nuestra comunicación y forma de hablar a su tipo predominante. Si a esto le sumamos tres pequeños «trucos» adicionales, podemos establecer suficiente empatía con nuestro interlocutor:

- *La correspondencia de palabras.* Consiste en utilizar para preguntar o para responder parte de las palabras usadas previamente por el interlocutor. Por ejemplo, si dice «He estado preocupado porque no veo la solución a nuestras discrepancias» (sabemos que es visual y que piensa en imágenes), responderemos sin demora «A mi modo de ver, nuestras discrepancias pueden solucionarse si tenemos suficiente vista por las dos partes...».
- *La correspondencia de posturas o gestos.* Se trata de «imitar» movimientos o posturas con mucha discreción: si se inclina hacia delante, nosotros también; si cruza las piernas, le imitamos; y si pone las manos encima de la mesa, igual.
- *La correspondencia en volumen y tono.* Es cuestión de sintonizar con su ritmo de hablar, su volumen y su respiración.

Para comprobar que estamos creando ese *rapport*, en un momento dado de la conversación, cambiaremos el gesto, la postura o el tono; si se adapta y nos corresponde, habremos establecido el ambiente idóneo para empezar a exponer nuestro argumento y dará una fuerte impresión de que «nos entendemos» y empatizamos de una forma que parece natural, ya que es el inconsciente el que entra en juego.

Por el contrario, en la situación contraria sería casi imposible establecer esa empatía entre dos personas si:

Uno habla muy deprisa	y el otro habla muy pausadamente
Uno habla con voz muy alta	el otro habla en susurros
Uno emplea un tono grave	el otro uno suave
Uno es muy agresivo	el otro es muy tranquilo
Uno habla apasionadamente	el otro utiliza un tono y un tiempo aburrido

2.5 El arte de preguntar

Entre la escucha activa y la argumentación, necesitamos de un lubricante que haga que ambas se superpongan al mismo tiempo sin que se produzcan fricciones que puedan romper el proceso. No hay mejor fórmula para evitarlo que utilizar la versatilidad inmensa de las preguntas. Las preguntas posibilitan varias cosas:

- Mantener el control de la conversación (quien pregunta tiene más control sobre lo que se dice y por dónde se quiere ir, tiene más tiempo para pensar que quien responde).
- Estimulan el pensamiento conjunto de las partes, logran el compromiso, abren nuevas vías de soluciones, sirven para aclarar malentendidos y ayudan a avanzar.
- Evitan la agresividad de aseveraciones rotundas y ayudan a apaciguar el conflicto cuando se utilizan para conocer las fuentes del mismo: «¿Qué nos ha hecho llegar a este desencuentro?».

2.5.1 Cómo debemos preguntar

En función de cómo sean las preguntas nos servirán para abrir una conversación y motivar al otro a intervenir, o para obtener una respuesta concreta, conocer las motivaciones de los demás o evitar generalidades, vaguedades, etc. Distinguiremos, pues, entre diferentes tipos de preguntas:

- *Preguntas abiertas,* también llamadas abstractas, y preguntas cerradas o concretas. Las primeras las usaremos siempre para abrir un tema o iniciar la interacción («¿Cómo podríamos influir en el resultado final?»); las segundas, para cerrar un punto o concluir la negociación («¿Podré tenerlo mañana?»).

- *Preguntas de descomposición.* Van de lo general a lo particular, y nos permiten respuestas más clarificadoras o que nos explican las motivaciones o intenciones del interlocutor, en qué se basa lo que nos pide o nos dice, qué valor le da, qué significa para él, o bien lo que pasa por su cabeza en un momento concreto: también fuerza a ser preciso en los argumentos. A pesar de ello, debemos tener en cuenta que determinadas culturas tienen patrones diferentes de pensamiento, por ejemplo, si observamos cómo un japonés nos da una dirección, veremos que no ponen nombre a las calles, sino a las manzanas, y el número de la casa depende de cuándo se construyó: la primera es la más antigua, y así sucesivamente.

  Ejemplos. Estamos hablando de los envíos que se van a hacer del producto que hemos comprado. Necesitamos saber qué cantidad recibiremos por envío, qué medios van a utilizar, cómo será el embalaje, etc. Nuestro interlocutor nos dirá «Nosotros prepararemos convenientemente los envíos», a lo que preguntaremos «¿Y cómo los prepararéis exactamente?». Y tras «Abarataremos los costes con nuestro sistema de envíos», todavía preguntaremos «¿En qué se basará exactamente la reducción, cómo lo haréis posible?». Y aún más, después de «Deberemos hacer algunos cambios menores en los sistemas de transporte», tendremos que preguntar «¿En qué cambios estáis pensando?». A veces, nuestro sentido de la prudencia nos empuja a contentarnos con respuestas demasiado generales, que no dejan claro lo que va a ocurrir; y tras negociaciones muy exitosas, se esconden gazapos que después enturbian una relación que podría haberse cerrado mejor. No debemos tener miedo a buscar la concreción en aras de un desarrollo posterior de la relación más fluido.

  En ocasiones, las preguntas de descomposición pueden ser *preguntas prueba,* que además de obtener detalles nos dan ideas del marco de negociación que tienen los otros. Son del tipo «¿De qué manera...?», o «¿Cuánto dinero o cuánto tiempo hace falta...?», o bien «¿Con qué contamos exactamente?».

- *Preguntas de recomposición.* Las usaremos cuando pretendamos ir de lo concreto, particular y específico a lo general y global. Cuando necesitemos saber más sobre los detalles, hechos o datos que llevan a nuestro interlocutor a hacer una afirmación.

  Ejemplos. La partícula más fuerte de recomposición es «Por qué». Cuando preguntamos por qué la gente nos contesta desde el contexto genérico habitualmente. «¿Por qué quieres escribir un libro?» ...«Porque es una forma de expresar lo que siento», o «Necesito hacer algo que me entretenga y me ayude a investigar», o «Además de ganar dinero, me supone notoriedad...». Es decir, nos dice la situación general que busca con ese esfuerzo. También podemos obtener una respuesta corta: «No me había planteado por qué», o «No lo sé». En esos casos debemos mantenernos en silencio, controlar nuestra ansiedad de «llenar» el espacio con palabras y dejar que el interlocutor reflexione, busque la respuesta y nos la diga. Eso origina además que la persona hable consigo misma, que indague sobre sus verdaderas motivaciones. Si aun después del silencio no hay respuesta, debemos reformular la pregunta de otra manera. Si obtenemos respuesta, debemos seguir con ese tipo de pregunta, pero sin abusar, ya que puede ser molesto; podemos intercalar otras preguntas del estilo «¿Qué implicaciones tiene para ti publicar ese libro?». Si la respuesta es fama o notoriedad, podemos proseguir con «¿Qué representa para ti (o para tu trabajo) tener fama y notoriedad?», y seguir recomponiendo hasta averiguar la verdadera motivación y las razones por las que hace sus afirmaciones.

Las preguntas de recomposición también sirven para salirse de situaciones estancadas, porque hacen aflorar las cosas que preocupan a los otros y que pueden causar sus reticencias. Supongamos que un cliente no quiere que le sirvamos el producto desde una fábrica concreta en Bélgica. La pregunta debe ser «¿Qué importancia tiene para vosotros que mandemos el producto «A» desde Bélgica?». De ahí surgirán los elementos que provocan la desconfianza, los problemas que presuponen y los frenos. La siguiente pregunta puede ser «¿Podemos hacerlo mientras no ocurran los problemas que mencionáis?», o bien «¿Y si desde Bruselas podemos también... (cubrir otro deseo expresado con anterioridad)?». Por otro lado, hay preguntas que desbloquean situaciones encalladas: «¿Qué debería ocurrir para que expedir desde Bruselas no sea un problema?», o «¿Qué tendría que cambiar en nuestras entregas desde Bruselas para que hacerlo desde allí no fuera un problema?», o «¿Qué tenemos que modificar para que usted cambie su idea sobre nuestra fábrica de Bruselas?».

- *Preguntas que proporcionan atajos o salidas airosas.* Si estamos en una situación de bloqueo que no nos permite seguir adelante, tenemos que cambiar de registro y necesitamos estimular a la otra parte a variar de visión; es el momento de introducir elementos de imaginación, de visualizar la solución utilizando nuevas ideas. Ante la falta de una vía común entre las dos partes, preguntas del tipo «¿Por qué no ponemos en marcha una forma diferente a la vuestra y a la nuestra?», o «¿Y si cambiamos totalmente el planteamiento e imaginamos un espacio que no contenga nada de lo comentado hasta ahora por ninguna de las partes?». Sugeriremos algo sin que sea una propuesta formal y lo haremos en forma de pregunta, por ejemplo «¿Os parece que aparquemos este punto y nos centremos en algo diferente como puede ser...?».

- *Preguntas que evitan o disipan los conflictos.* Imaginemos que cometemos un pequeño fallo conduciendo que pone en peligro u obliga a otro conductor a realizar una maniobra peligrosa; el otro toca el claxon y suelta un improperio por la ventanilla. Nuestra primera reacción es responder con enfado e intensificar el conflicto, o en ocasiones, pedir disculpas. Intentemos proceder de un modo diferente, preguntémosle «¿Se ha hecho usted daño?», o «¿Le he asustado con mi maniobra?». Empleemos un tono de voz neutro y mostremos interés por la respuesta; probablemente, nos contestará con palabras más suaves. Y sigamos con «No me he dado cuenta, ¿no pensará que lo he hecho adrede, verdad?». En muchas ocasiones, obtendremos una breve cortesía.

  Si es en medio de una discusión o negociación, en ocasiones puede no tratarse de un verdadero conflicto (en algunos entornos arabo-musulmanes una discusión airada no pasa de una mera puesta en escena de puntos de vista encontrados). Hacer preguntas del tipo «¿Cuál ha sido el problema?». o «¿Qué ha originado que lleguemos a esta situación?», obliga a nuestros interlocutores a detenerse para respondernos. El tono empleado debe ser poco amenazador, y las preguntas muy concretas y objetivas, buscando el origen detallado del problema.

- *Preguntas dirigidas.* Debemos evitarlas en lo posible, pero también estar preparados para ellas en una interacción habitual y, sobre todo, en una internacional. Suelen empezar o acabar por una negación o un condicional. Son preguntas perversas que acaban en fuertes antagonismos, respuestas obvias o situaciones de manipulación por una u otra parte. Supongamos que conocemos la debilidad del otro para entregar a tiempo lo que le hemos comprado. Podemos formular la pregunta dirigida así: «¿No me podrían explicar cómo van a ser capaces de entregar a tiempo el pedido?», o bien «Conocemos cómo gestionan sus envíos, podrán cumplir con el plazo que pedimos, ¿verdad?», o bien «Hemos oído algunas experiencias de otros clientes acerca de sus envíos, ¿ustedes podrían hacerlo a tiempo?». Si somos la diana de esas preguntas, debemos hacer patente la poca oportunidad de las mismas, y contestaremos con afirmaciones cortas o nuevas preguntas: «Podemos explicarlo, pero ¿solventaría su duda?». Y con respecto a la segunda «¿Qué ocurriría si no lo cumpliésemos?». Y a la última «¿Qué pasaría si no lo hiciésemos a tiempo?». Este tipo de conversaciones es un pulso desafiante, pero conviene mantenerse firmes y tajantes ante preguntas dirigidas o perderemos credibilidad frente a nuestro interlocutor.

  Si las cosas van bien y nos acercamos a lograr un acuerdo y ya estamos en los momentos de conclusión, debemos hacerlo saber con preguntas, mucho mejor que con aseveraciones directas que pueden arruinar el final, sobre todo en entornos culturales donde el tiempo es un elemento laxo y podemos aparentar prisa o poca sensibilidad. Por ejemplo, «¿Estamos en condiciones de decir que ambas partes ven esta solución como posible?»; y es mejor decir esto: «¿Podríamos hacer un borrador del acuerdo o del contrato?», que esto otro: «¡Firmemos un preacuerdo para quedarnos todos tranquilos!».

- *Preguntas enmascaradas.* Para acabar, recordemos que enmascarar las preguntas en forma de conversación no solo es menos agresivo que una retahíla de preguntas sin tregua sino que, además, resulta mucho más elegante y permite escuchar mejor a nuestro interlocutor. Si introducimos preguntas como «Me vendría muy bien saber si para ti es importante...», o «Si me dijeras qué consideras esencial en este tema...», y también «A veces, me cuesta ver la finalidad de...», e incluso preguntas indirectas del tipo «A nosotros nos ocurre en ocasiones, como es natural, y a lo mejor a ustedes también, que no conseguimos...», sin duda sacaremos valiosa información en forma de charla inocua y con finalidades constructivas.

2.6 *Veinte consejos prácticos para una efectiva comunicación verbal para aquellos que negocian en una segunda lengua o lengua no nativa*

1. Es mejor hablar solo cuando lo que vamos a decir es más importante que callarnos. Al dialogar en un idioma que no es el nuestro, escuchar y entender es primordial, debemos utilizar un tono bien audible (no debemos bajarlo por no dominar el idioma) y hablar de una forma clara (sin impostar acentos, es mejor pronunciar con fuerte acento que intentar pronunciar bien y construir mal las frases). Debemos controlar nuestra respiración y mostrarnos relajados.
2. Usar un lenguaje sencillo y claro que no dé lugar a interpretaciones erróneas, confusiones o malentendidos, evitando las frases hechas si no se domina el contexto, ya que pueden estar pasadas de moda o ser poco inteligibles.
3. Emplear los silencios para enfatizar lo que decimos y para ayudarnos a escoger bien las palabras y mantener la atención del interlocutor.
4. Ajustar el discurso a nuestro interlocutor, a su nivel de conocimiento de la lengua, buscando sintonizar con él (recuérdese la correspondencia en las palabras y en los gestos).

5. Evitar usar las partículas negativas; no hay por qué decir que una cosa «no está mal» cuando podemos decir que «está bien». Además, son difíciles de entender y pronunciar en algunos idiomas.

6. Cuando demos órdenes o instrucciones, usemos el mismo orden en que deben seguirse o completarse. Por ejemplo, diremos «Por favor, acabe el informe y luego llame al mensajero y envíelo a la oficina de John», mejor que «Llame al mensajero para enviar el informe a la oficina de John cuando lo acabe».

7. Para dar instrucciones importantes correctamente utilizaremos preguntas finales abiertas, cuya respuesta nos dará la clave de que nos han entendido. Por ejemplo, en vez de preguntar «¿Han entendido a qué hora es la reunión mañana?», preguntaremos «¿Bien, entonces a qué hora hemos quedado mañana?».

8. Evitar palabras que crean dudas o son poco claras: «quizás», «probablemente», «tal vez», etc. Usemos en su lugar palabras claras y positivas que crean una sintonía con el interlocutor: «sí», «siempre», «seguro», etc.

9. Usemos palabras y frases visuales, ya que la gente piensa en imágenes y facilita la conversación: «Tenemos una montaña de producto para ser expedido, hay más de 2.000 artículos». Para reforzar instrucciones podemos emplear diagramas, dibujos o pictogramas.

10. Hablemos con frases simples y cortas, con pausas entre los diferentes bloques de información y despacio para dar tiempo a que la otra persona «traduzca» y piense sobre lo que hemos dicho. Si observamos que no entiende, repetiremos la frase con las mismas palabras y, seguidamente, la reformularemos con otras palabras.

11. Cada día los leones se levantan pensando que serán más rápidos que la cebra más lenta, y las cebras se levantan pensando que serán menos lentas que el león más rápido. Debemos hablar más lento de lo que la otra persona piensa y pensar más rápido de lo que la otra persona habla. Estamos obligados a marcar ese tiempo o bien no nos enteraremos de nada o no nos entenderán en absoluto.

12. Evitemos pensar en voz alta o revelaremos nuestro proceso mental de pensamiento.

13. Después de cada mensaje importante, hagamos una pausa que permita a nuestro interlocutor entender y procesar lo que hemos dicho.

14. No debemos asumir que se entiende lo que decimos, sino forzar a que nos hagan preguntas para estar seguros de que realmente nos han entendido.

15. Evitemos la ironía, el sarcasmo, los chistes y los dobles sentidos; de lo contrario, no nos entenderán o, lo que es peor, nos malinterpretarán.

16. Si nuestro interlocutor se despista, devolvámoslo a la conversación; para ello, usaremos el silencio, formularemos una pregunta abierta o le pediremos una opinión.
17. Si utilizamos siglas, lenguaje especializado o jerga, debemos explicar en palabras sencillas su significado. Nos hará parecer entendidos, expertos o seguros, pero tenemos que evitar que no se nos entienda.
18. Variemos la melodía, el ritmo y la frecuencia, hagamos énfasis en las ideas importantes, y que se note. Observemos si entonamos adecuadamente, si el volumen es adecuado, pues no debemos hablar ni demasiado alto ni demasiado bajo, tampoco ni muy rápido ni muy lento.
19. Cuando quieras que el otro diga algo, dilo tú primero en voz alta. Las personas tienden a repetir las cosas que oyen para quedar bien y lograr sintonía.
20. Usemos siempre un lenguaje activo en vez de pasivo. En vez de decir «La mercancía debe ser pagada antes del envío», es preferible decir «Hay que pagar la mercancía antes del envío».

3 La comunicación intercultural y las nuevas tecnologías

3.1 *Las reglas de la* netiquette

La *netiquette* es un código de etiqueta para utilizar en la red, sería como las buenas prácticas en el ciberespacio. Son las normas que se emplean para participar educadamente en la comunicación a través de los medios basados en internet y el correo electrónico. Podríamos considerar esos medios una nueva cultura en la que pedimos permiso para entrar, en la que debemos evitar cometer errores de protocolo y ofender, provocar malas interpretaciones o entrar en conflictos. No hemos de olvidar que estamos tratando con otras personas.

Al comunicarnos por escrito en la red o por correo electrónico, conviene seguir las pautas de buenas maneras; de lo contrario, corremos el riesgo de ser considerados novatos, maleducados, o provocadores. Algunas de las reglas de la *netiquette* no han sido impuestas por nadie, lo son de facto, han ido surgiendo de la propia comunidad de internet. Fueron compiladas en 1995 en un documento llamado RFC 1855 y a partir de entonces se ha establecido una especie de código ético o de cortesía de comunicación que a continuación resumimos, aun a riesgo de ser superficiales, simples o repetitivos.

- La primera gran regla es la educación. Estamos tratando con personas que tienen sentimientos e intereses, y el hecho de estar frente a una pantalla no nos lo ha de hacer olvidar. También es muy difícil comunicar lo que queremos sin el juego de gestos, expresiones de la cara, matices de la voz, etc. Asimismo, si olvidamos lo aprendido en la relación intercultural en los capítulos anteriores, eso nos hará perder sensibilidad cultural y, a veces, incluso capacidad intercultural por no estar atentos.

- Debemos mantener esa educación hasta el límite en caso de usar diferentes formas de comunicación electrónica a la vez. No olvidemos que en las videoconferencias en los *webinar,* en los *netmeetings*, tenemos acceso a un número elevado de participantes.

- El medio electrónico es impersonal y nos lleva a pensar que es como cuando conducimos, que podemos insultar y maltratar al resto de conductores porque estamos dentro de nuestra burbuja, aislados. No nos comportemos como si los demás fueran contactos pasajeros.

- Una técnica sencilla es, al finalizar un mensaje, pensar si le diríamos eso a la persona si la tuviésemos delante. Si la respuesta es no, mejor rehacer el escrito, ya que lo que escribimos permanece y un día puede venir rebotado.

- Existe legislación que afecta a las redes igual que al mundo no virtual. Los derechos de autor, la propiedad intelectual, la protección de datos es exactamente igual. La posibilidad de encontrarnos con problemas no es remota.

- Utilizar la casilla Asunto o *Subject* de forma descriptiva y concisa. Sintetizar el tema del correo o de la comunicación que hacemos para que las demás personas decidan si lo leen o no.

- Los mensajes deben enviarse en texto plano, evitando los textos enriquecidos (RTF) o HTML, ya que es posible que los otros no puedan leerlos.

- No se debe escribir nunca en mayúsculas, ya que, en la red, equivalen a gritar y crean graves problemas en algunos países que se lo toman muy en serio. Debemos escribir como lo haríamos normalmente, con minúsculas y mayúsculas.

- Para *enfatizar* se pueden utilizar asteriscos y guiones bajos. Hay que cuidar la ortografía y la gramática. Las abreviaturas y los guiños, muy en boga entre los jóvenes, pueden no ser entendidos. Conviene repasar el texto antes de pulsar «enviar»; debe ser inteligible, conciso, claro y concreto y someterse al asunto, si no, cambiemos el asunto. Escribiremos en párrafos no muy largos para estructurar bien el mensaje y con un interlineado intermedio.

- Los nombres de las personas a las que nos referimos en el texto deben estar bien escritos, ya que en algunas culturas resulta casi insultante no escribir bien un apellido.

- Al responder mensajes hay que aludir al mensaje original para situar a los demás, y ser muy claro qué dices tú y qué decía el mensaje original; en algunos correos aparece el signo «>».

- Limitar las líneas a 72 caracteres. Todavía algunos clientes de correo no pueden mostrar líneas de más de 80 caracteres, así que las cortan. Las líneas de 72 caracteres nos permiten varios niveles de respuestas antes de que el texto se redistribuya.

- Utilizar los emoticones, pues son el equivalente al lenguaje no verbal que observamos cuando vemos a la otra persona; así, cosas gordas pueden convertirse en bromas o cosas sin importancia pueden enfatizarse. Estos son los emoticones básicos:

:-)	Contento
:-(	Triste
;-)	Bromeando
:-D	Riendo
:-0	Sorprendido
:-P	Burlón
:-/	Contrariado
0:-)	Inocente
}:-)	Diablillo

- Al enviar copias de un correo a varias personas, hay que ser cauteloso; si queremos mantener la confidencialidad de direcciones de correo debemos usar los campos Bcc o Cco *(blind carbon copy* o copia carbón oculta), en lugar del campo Cc *(carbon copy).*

- Pensar muy bien a quién ponemos en copia, pues la facilidad de uso de esta herramienta hace que a veces abusemos de ella. Evitemos el «Responder a todos». ¿Es realmente necesario que todos formen parte de largas cadenas de mensajes? A veces, es mejor parar de enviar correos y usar el teléfono. Limitemos la extensión de los correos, y si no es imprescindible, no adjuntemos archivos.

- Evitar, en lo posible, escribir o responder correos durante reuniones y en días festivos.

- Pondremos en el campo <Para> a quien tenga que realizar la acción, en el campo <Cc> a quien tiene que estar informado, puede ser el jefe del anterior, pero no dos o más niveles jerárquicos por encima de la persona a quien dirigimos principalmente el correo, y en el caso de que por cultura sea necesario, ya lo hará la otra persona.

- Si se ha convenido previamente, debemos poner en el <Asunto> una nomenclatura pactada del estilo NNTR *(no need to replay)* o bien FA *(for action)* que ayude al destinatario a saber lo que debe hacer. Los correos deben ser contestados, si bien en algunos países se tiende a no contestar y ni siquiera se disculpan por ello.

- No enviar correo comercial no solicitado, nuestro servidor de correo puede ser incluido en listas negras, y muchos servidores de internet se negarán a aceptar mensajes que procedan de él. También pude ocurrir que nuestra dirección se asocie a correo basura *(spam)*.

- No reenviar mensajes en cadena, falsas alarmas de virus, informaciones no contrastadas ni bromas de mal gusto si no se conoce muy bien a todos los destinatarios; puede haber sorpresas.

- Al suscribirse a una lista o foro, o escribir a alguien que no nos conozca, presentémonos. Hay que usar una firma, siempre que sea útil y corta. En ella se puede incluir nuestro nombre completo, cargo, empresa, formas de contacto (teléfono, etc.). Antes de participar hay que estar a la escucha durante un tiempo, así conoceremos el ambiente y evitaremos meter la pata o hacer preguntas tontas.

- Antes de preguntar algo, consultar el FAQ *(frequently asked questions)* de la lista; allí se recopilan las preguntas más frecuentes, junto con sus respuestas. Si la respuesta está en el FAQ, la nuestra se considerará una pregunta tonta.

- Usar el «por favor» y dar las gracias, igual que haríamos en persona o por escrito en una carta formal. No emplear los imperativos ni ser extremadamente directos. El español en España es muy directo y rudo (especialmente para los latinoamericanos), debemos usarlo con cuidado y traducirlo con esmero. En las discusiones hay que ser muy respetuosos y educado, dar argumentos cuando disintamos y no perder el tiempo en discusiones personales que no llevan a nada. Si alguien no respeta la *netiquette,* hay que decírselo amablemente.

- En un foro, aportar ideas nuevas e interesantes, responder a preguntas que sepamos y participar activamente en los debates. La regla es dar más que recibir, trabajar bien los grupos, respetar los temas de discusión para no crear ruido.

3.2 *Otras formas de comunicación electrónica*

Hay otras formas de comunicación que permiten las nuevas tecnologías y que debemos usar cuidadosamente en el espacio virtual. Son los *webinar,* las *conference call,* los *netmeetings* o las videoconferencias.

- Las *webinar* son conferencias, reuniones, talleres seminarios o cursos que se realizan a través de internet en tiempo real. Permiten la discusión y el intercambio de información sobre una misma plataforma y contexto. A diferencia del videoblog o el *webcast,* permite a la audiencia, además de intercambiar datos, tener una conversación. El *netmeeting* es muy parecido.

- Las *conference call* son conferencias de tres o más personas a la vez a través de línea telefónica, por lo tanto, sin vídeo.

- Las *videoconferencias* son conferencias con el añadido del vídeo. Algunos sistemas permiten mostrar al mismo tiempo textos o presentaciones y se puede combinar con *netmeeting* o sistemas de uso e intercambio de documentos.

Hay algunos *tips* que conviene tener en cuenta para sacarle partido a estos eventos y evitar problemas:

- Usar una diadema donde tengamos auriculares y micrófono que sean confortables, nos oigan bien y evitemos el ruido ambiente. Si escuchamos a alguien en remoto, no se le oye bien, habla en otro idioma y tenemos ruidos, la frustración degenera en irritación y conflictos.

- No nos hagamos esperar al conectarnos, es igual de feo que llegar tarde a una reunión. Durante la organización del evento, contestemos al organizador y demos muestras de interés, participaremos y agradezcamos que alguien lo organice, propongamos puntos de agenda y enviemos la información que podamos por adelantado para que la estudien y nos puedan preguntar.

- Seamos cuidadosos cuando compartimos escritorio durante el evento, pues a veces aparecen mensajes o charlas con amigos o personas ajenas al evento que pueden sonrojarnos.

- Durante un evento, en casa o en un ambiente no profesional, hay que tener cuidado con las interrupciones. En algunas culturas, la presencia de miembros de la familia o de niños puede ser muy incómoda si se tratan temas laborales.

- En una *conference call,* enmudezcamos el aparato si no estamos hablando, la tentación de hacer otras cosas mientras conferenciamos es alta y podemos hacer mucho ruido si pasamos páginas, golpeamos con un bolígrafo o los dedos la mesa o nos movemos por la sala.

- En una videoconferencia debemos cuidar la distribución de los micrófonos de sala, para evitar que alguno de los asistentes no sea oído nítidamente y el interlocutor no se atreva a pedir que cambiemos la situación.

- Guardar un riguroso turno de palabra. Si no hay vídeo, al iniciar una exposición o pregunta, diremos nuestro nombre para que nos reconozcan inmediatamente.

- Al iniciar y acabar este tipo de eventos hay que tener gran cuidado de comentar fuera de reunión. En ocasiones, aunque el audio no vaya, el sonido sigue funcionando y podemos tener sorpresas desagradables de oír o ser oídos sobre comentarios inapropiados.

Si la negociación se realiza con estos medios y en idiomas y entornos diferentes, debemos recordar que:

- Los ritmos de comida pueden ser distintos y existen horas de diferencia entre los sitios en que tiene lugar la comunicación.

- Existen pausas biológicas o espirituales (para rezar u otras) que hay que respetar aunque estemos ante un monitor o una pantalla, pues seguimos negociando con personas.

- Es preciso preparar salas aparte para hacer reuniones o encuentros sin tener que cortar las conexiones.

- Nuestro lenguaje no verbal debe ser cuidadoso, ya que no sabemos exactamente lo que ven los otros ni con qué nitidez.

- Los traductores necesitan el mismo tiempo o más que en un contacto directo.

- Hay que guardar el turno de exposición con mayor cuidado que en situaciones presenciales.

- Aunque parezca un entorno diferente, debemos actuar como si tuviéramos delante a las personas con las que estamos comunicando o hablando y tener en cuenta estos pequeños detalles.

Capítulo 13
Comunicación no verbal. Aspectos relevantes en una negociación

Etimológicamente, *comunicación* significa «compartir algo», «poner en común». La comunicación es un fenómeno inherente a la relación que los seres vivos mantienen en un grupo. A través de ella, las personas o los animales obtienen información respecto a su entorno y pueden compartirla con el resto.

El proceso comunicativo implica la emisión de señales (sonidos, gestos, señas, etc.) con la intención de dar a conocer un mensaje. Para que la comunicación sea exitosa, el receptor debe contar con las habilidades que le permitan decodificar el mensaje e interpretarlo. El proceso se revierte cuando el receptor responde y se transforma en emisor (con lo que el emisor original pasa a ser el receptor del acto comunicativo

En los seres humanos, la comunicación es un acto propio de la actividad psíquica, que deriva del pensamiento, el lenguaje, las emociones y el desarrollo de las capacidades psicosociales de relación. El intercambio de mensajes (verbales o no) permite al individuo influir en los demás y, a su vez, ser influido.

El Diccionario de la Real Academia de la Lengua Española define negociar como «persuadir a otro (u otros) –interlocutor– de lo interesante que es para el otro (u otros) lo que yo le planteo».

Vemos, pues, lo interrelacionadas que están la comunicación y la negociación, es decir, el proceso negociador entre seres humanos se apoya en la comunicación, por lo tanto, en un proceso negociador esta responde a un objetivo utilitario de influir para conseguir el acuerdo.

Contrariamente a lo que puede parecer, la comunicación verbal no es la que más influye en cuanto al soporte que utilizamos para transmitir pensamientos e ideas a nuestros interlocutores, más bien al contrario, ocupa un discreto lugar; los canales más relevantes son los soportados en la comunicación no verbal.

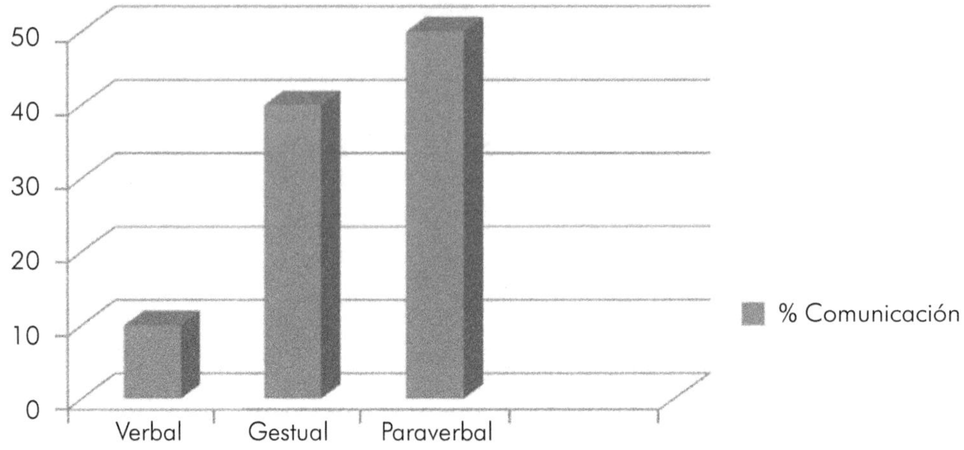

Figura 1. Porcentaje de uso y eficacia de los canales de comunicación
que empleamos en una negociación.

1   Uso de los canales no verbales

Ofrecemos a continuación una distribución porcentual aproximada del grado de utilización y eficacia de los canales de comunicación que empleamos al interaccionar con un interlocutor en un proceso de negociación.

2   Clasificación de la comunicación no verbal

Una clasificación usual de la comunicación no verbal que empleamos en toda interacción social, incluido un proceso de negociación, sería, en síntesis, el esquema de la figura 2.

Figura 2. Clasificación de la comunicación no verbal.

2.1 Comunicación prosémica

Entendemos por prosémica el empleo y la percepción del ser humano en referencia al espacio físico, su intimidad personal y de quién y cómo lo utiliza.

En un proceso negociador, conocer cuáles son las distancias sociales y posiciones comúnmente aceptadas en cada situación y cultura puede suponer una ventaja con respecto a nuestro interlocutor o bien un serio inconveniente. Saber gestionarlas puede ayudarnos o bien bloquear la consecución de un acuerdo o nuestra relevancia en el mismo.

Las distancias sociales se clasifican en:

- Zona íntima, contacto físico hasta los 45 cm de separación.
- Zona personal, entre 45 cm y 1,2 m.
- Zona social, entre 1,2 y 5 m.
- Zona pública, más de 5 m.

El ser humano es un animal «territorial» y muestra de forma consciente o, en la mayoría de los casos, inconsciente cierta hostilidad cuando se «invade su territorio». Así pues, durante un proceso de negociación se debe cuidar este aspecto, a fin de evitar una reacción no deseada por parte de nuestro interlocutor.

En relación con la prosémica, durante el proceso negociador, es importante diseñar de antemano el «espacio físico» y la distribución espacial donde se desarrollará la negociación. Deberemos tener en cuenta, entre otros aspectos:

- Lugar y condiciones ambientales de la sala de reunión.
- Número de personas en la misma.
- Disposición espacial de las personas:

    - Frente a frente, se busca posicionamiento de equipo enfrentado.
    - Intercalado, crea incomodidad posicional.

- Forma de la mesa de reunión:

    - Redonda, se busca el acuerdo y la proximidad.
    - Cuadrada, se busca el distanciamiento.
    - Rectangular, se busca distanciamiento y jerarquización.

- Ubicación de la sala de reunión en relación con el edificio que la alberga (empresa, oficinas, etc.).

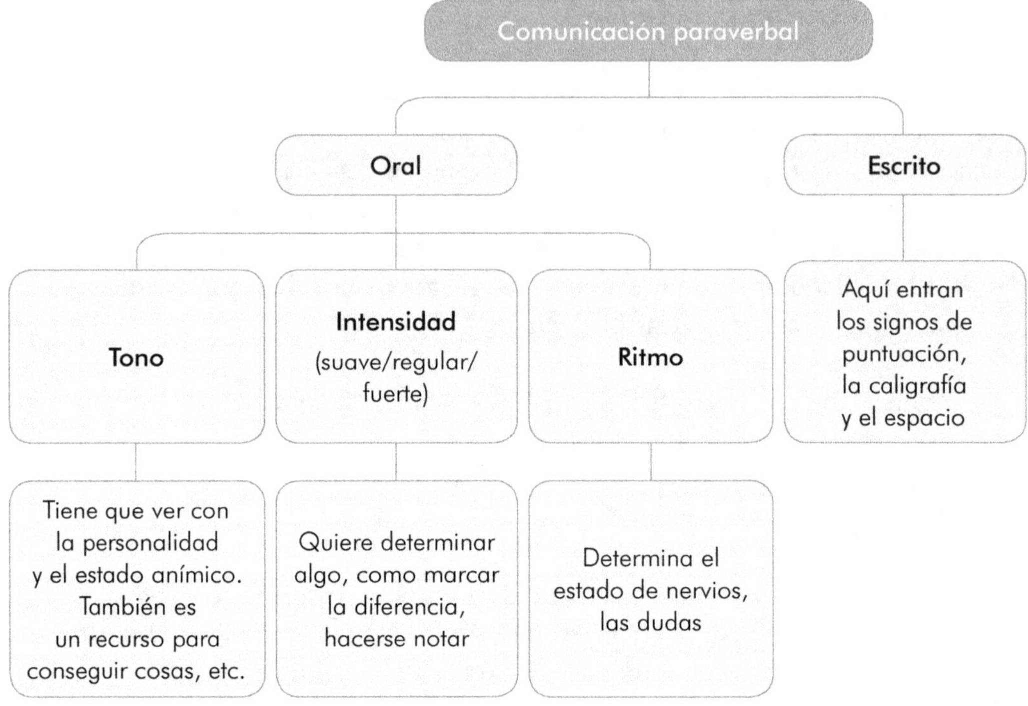

Figura 3. Clasificación de la comunicación paraverbal.

Estos detalles, si se prevén de manera adecuada, pueden dar «una ventaja posicional» durante la negociación, ya que influyen mucho en el desarrollo de la misma.

2.2 Comunicación paraverbal

Otro aspecto si cabe más relevante en el flujo de comunicación durante el proceso negociador lo infiere la comunicación paraverbal, la cual podemos clasificar según el esquema de la figura 3.

El **ritmo** es sin duda la variable que determina en mayor medida el éxito o el fracaso de un proceso negociador, ya que al igual que en la comedia, la clave está en el ritmo que sepamos imprimir al discurso, acelerándolo o retardándolo a nuestra conveniencia.

«No juzgo al hombre por lo que dice, sino por el tono con que lo dice.»

CHARLES PEGUY

2.3 Comunicación quinésica

Incluimos en este apartado los gestos que, de forma más o menos involuntaria, expresamos y nos llegan expresados por nuestro interlocutor en una negociación, y que nos infieren como impactos comunicativos y de información.

Dada su diversidad, los gestos han sido estudiados y analizados de manera pormenorizada desde hace más de sesenta años. Uno de los pioneros fue el Departamento de Análisis y Estudio del Comportamiento de la Oficina Federal de Investigación (FBI) de Estados Unidos, que los consideró una variable relevante en la coherencia o no de determinadas declaraciones de inculpados en delitos graves.

Resulta, pues, muy revelador conocer los gestos que infieren información durante un proceso de negociación, aquellos que proporcionarán datos que puedan o no corroborar lo que la palabra, el tono y el significado del mensaje nos hagan deducir.

2.3.1 Origen de los gestos desde el punto de vista cognitivo (pensamiento estructurado) y emocional (impulsos)

Todos los impulsos que llegan a nuestro cerebro a través de los sentidos son compilados en la amígdala (almendra por su forma), donde se transforman de manera

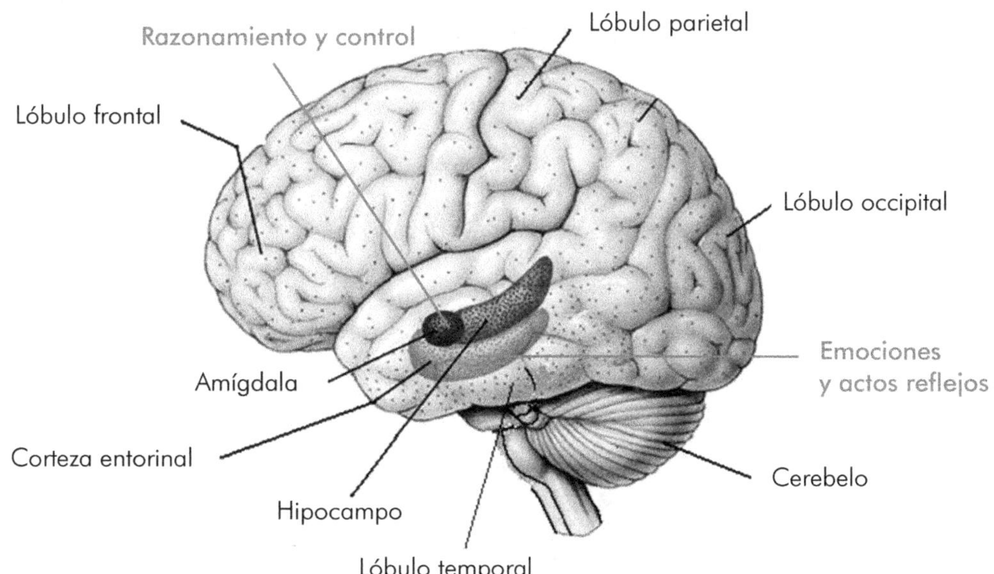

Figura 4. Camino que siguen las emociones y el razonamiento en el cerebro.

directa y rapidísimamente en emociones que no pasan por los sistemas corticales (lóbulo), que es donde la información se hace consciente y, por tanto, obedece al razonamiento y el control.

Este camino rápido y directo desde la amígdala significa que podemos reaccionar (emocionarnos) más rápidamente que ser conscientes de un hecho.

Por ejemplo, reaccionamos de manera refleja si al conducir observamos que por nuestra derecha se nos viene encima un vehículo, giramos instintivamente el volante a la izquierda sin saber con exactitud si es un coche, moto, camión, color o el tamaño, simplemente reaccionamos. Esta habilidad del ser humano, que nos ha salvado la vida desde nuestro origen, en un proceso negociador puede dar al traste con nuestra estrategia, ya que podemos evidenciar las emociones de forma impulsiva y estas ser percibidas por nuestro interlocutor, y viceversa naturalmente. Esta retroalimentación continua de emociones que transmitimos mediante gestos es la base del análisis del comportamiento; nosotros nos centraremos en aquellos gestos que más profusamente se presentan en un proceso negociador.

Previamente, vamos a detenernos en el reflejo (espejo) que tienen los gestos dependiendo de la parte del cuerpo en el que se presente. Para ello, tendremos en cuenta que, en nuestro cerebro, la estructura de construcción de los pensamientos y de las emociones es bien diferente. A continuación, lo vemos de forma gráfica:

Las construcciones cognitivas de razonamiento y conceptos se producen en nuestro hemisferio izquierdo, mientras que las emociones y los recuerdos (los

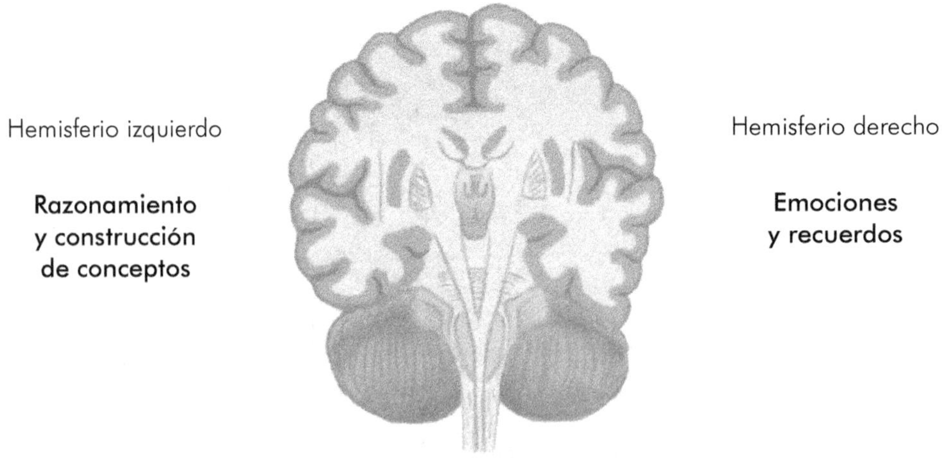

Figura 5. Estructura de construcción de los pensamientos y de las emociones.

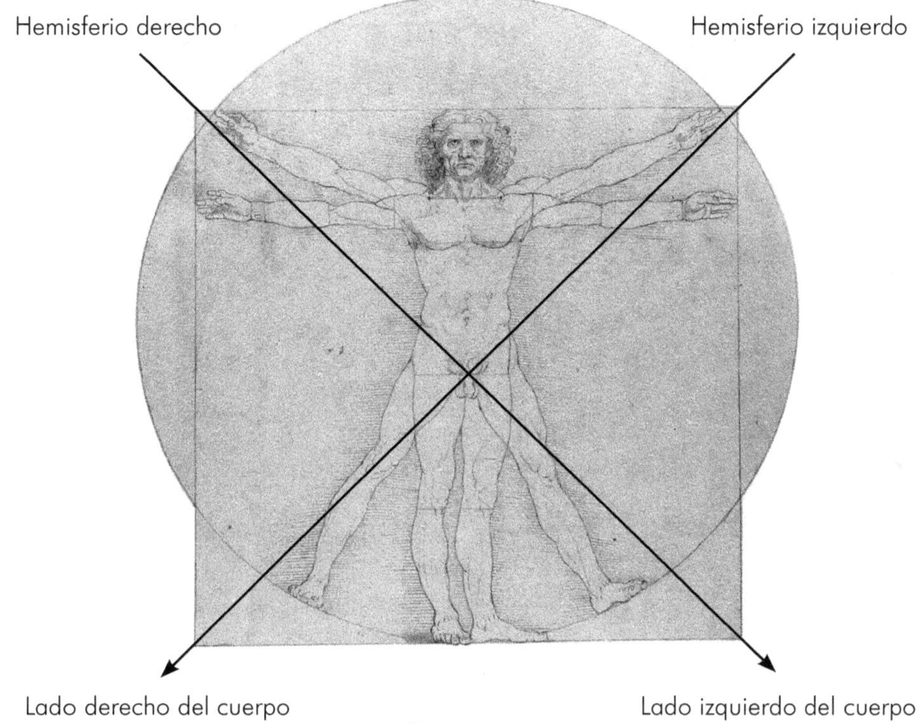

Figura 6. Esquema gráfico de las señales emitidas por el cerebro y reflejadas por el resto del cuerpo.

estímulos que irán vía rápida por la amígdala) están ubicados en el derecho. Pero se da la paradoja de que todo lo que emana del hemisferio derecho de nuestro cerebro se pone de manifiesto en el lado izquierdo de nuestro cuerpo, y viceversa.

Por consiguiente, tendremos muy en cuenta que los gestos que visualizamos en el lado derecho de nuestro interlocutor proceden del hemisferio izquierdo, es decir, de un esquema construido conscientemente; asimismo, los gestos que evidenciemos en el lado izquierdo proceden, a su vez, del hemisferio derecho, y por tanto, son emociones o recuerdos no construidos racionalmente.

La interpretación de un gesto aislado no significa absolutamente nada por sí mismo, lo relevante es la coherencia y concordancia que los distintos gestos nos dan del mensaje que emite nuestro interlocutor.

La coherencia de los gestos y la palabra (tono, énfasis) es la clave para la correcta interpretación. Si nos afirma insistentemente algo determinado y los gestos que observamos van en la dirección contraria, debemos suponer que la fiabilidad del mensaje es, como poco, cuestionable.

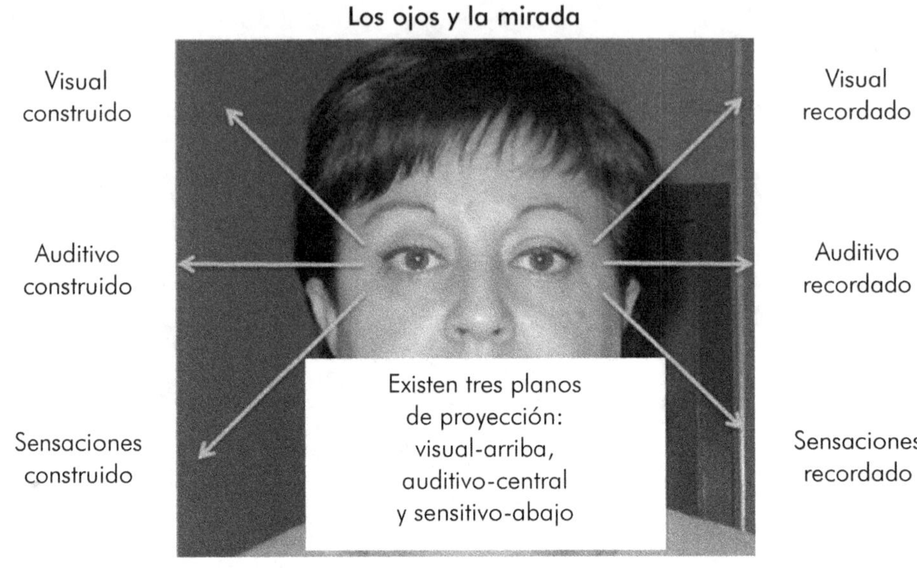

Figura 7. Planos de posición de la línea de visión.

2.3.2 La mirada

De entre todos los gestos que podemos observar durante un proceso negociador, destaca la mirada. Esta puede ser interpretada como refuerzo o rechazo de una determinada aseveración. Concretamente, existen tres planos de posición de la línea de visión en los que debemos fijarnos para recabar información.

- *Plano de posición superior* (ojos ligeramente hacia arriba). Indica que nuestro interlocutor revive o construye (lados izquierdo o derecho) una determinada visión, una imagen que ha visto o que construye mientras interactúa (comunicándose) con nosotros.

  Algunas personas tienden a posicionar conceptos o recuerdos soportados de una forma más extensa en la visión que en otros sentidos. A menudo, utilizan frases como: «*...lo veo, o no lo veo*». No hay que confundir esta predisposición natural que en muchas ocasiones se refleja en el habla con los movimientos instintivos, y por consiguiente emocionales, de los ojos hacia arriba. Esos gestos automáticos son los que nos dan una idea de si la persona, al hablar, recuerda una visión relativa al argumento que está empleando (y, por consiguiente, sería cierta) o, por el contrario, está construyendo una imagen mental relacionada con su argumentación (imagen que sería inventada).

- *Plano central* (ojos horizontales al plano de visión). Algunas personas, en el momento que argumentan una determinada posición, mueven ligeramente los ojos hacia la izquierda o hacia la derecha, pero manteniendo la mirada horizontal –frontal al interlocutor–. El argumento o bien se refuerza por un sonido recordado, y por consiguiente real (máquinas en funcionamiento, una conversación, etc.), en este caso mira hacia la izquierda, o bien se contradice con la argumentación expresada si la mirada se desvía ligeramente hacia la derecha (podemos inferir que el sonido o conversación está previamente construido, sería el caso de una conversación propia ensayada, etc.).

  Algunas personas tienen mayor predisposición para interactuar por medio del sonido, ya que el oído es su órgano más sensible. Verbalizan esta predisposición con frases tales como «... me suena bien, o me suena mal tal cosa o tal otra». No debemos dejarnos llevar por la enfatización en el lenguaje sino por la coherencia de los gestos (reflejos emocionales) con respecto a la palabra argumentada y a la orientación del discurso que nuestro interlocutor mantiene.

- *Plano inferior* (mirada ligeramente hacia abajo). En este plano se detectan las emociones y los gestos reflejos que provienen de sensaciones recordadas o construidas. Deberemos inferir la coherencia o no de la argumentación con la dirección de la mirada, ya sea esta hacia la derecha (construida) o hacia la izquierda (recordada o vivida).

  En general, las desviaciones de la mirada hacia la derecha de nuestro interlocutor indicarán señales de elementos que se están o se han construido para reforzar una argumentación; por consiguiente, deberemos prevenirnos respecto de su validez. Por el contrario, si en determinados momentos las miradas tienden de forma refleja –involuntaria– hacia la izquierda, deberemos presuponer que la argumentación emitida está reforzada por un recuerdo vivido y, probablemente, será cierta.

2.3.3 *Los gestos de la cara y las manos*

Aparte de los movimientos de los ojos y la mirada, los gestos que más podremos ver de nuestro interlocutor son aquellos que realice con las manos y la cara, y en la mayoría de las negociaciones, sentados frente a una mesa. Veamos a continuación los más habituales así como su interpretación más comúnmente aceptada.

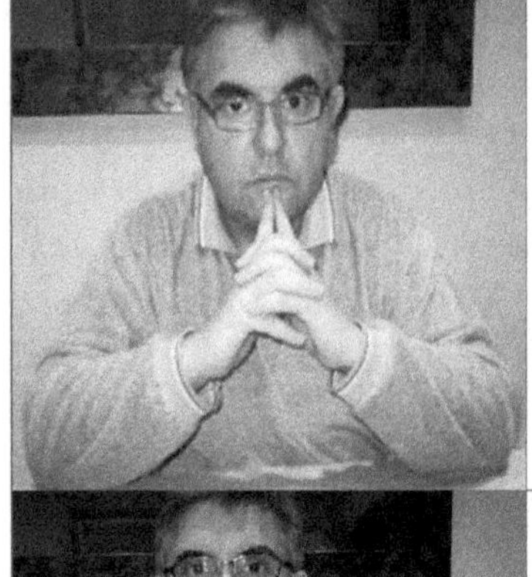

En esta imagen y en la siguiente, nuestro interlocutor se tapa ligeramente los labios con las manos. Revela una escucha directa y atenta.

Nuestro interlocutor nos mira fijamente y apreciamos un cierto interés en lo que está escuchando, sin embargo, el gesto de taparse ligeramente los labios con los dedos de la mano puede indicar que, de manera inconsciente, está intentando que «no se le escape nada de lo que a continuación deba decirnos». Su respuesta a nuestra potencial interposición probablemente no sea del todo cierta.

Aquí, se tapa los labios de manera ostensible al tiempo que nos muestra el puño cerrado y su mirada se concentra en nosotros. Es una muestra contundente de «hostilidad» hacia nosotros o hacia lo que estamos diciendo.

Además, está fuertemente concentrado en no decir todo aquello que le interpelemos. Es posible que no todo lo que nos diga sea verdad, y la hostilidad manifiesta por el puño cerrado no indica una adecuada fluencia en la comunicación ni en el desarrollo de la negociación.

Si el tema nos importa, intentaremos cambiar esta actitud forzando un receso o bien ofreciendo a nuestro interlocutor documentos clave que impidan que su postura se eternice.

Se toca ligeramente la nariz. Este gesto es inconsciente, indica que o bien nos miente o bien no se cree lo que le argumentamos.

Evidentemente, deberemos cerciorarnos de si el gesto es producto de una reacción física (le pica la nariz) o bien es una reacción emocional a una argumentación o aseveración falsa. Hay que estar muy atento a su repetición en los minutos siguientes, pues ello nos indicará si, en efecto, debemos considerarlo en toda su significación emocional.

Escucha de forma activa y positiva. Indica que nuestro interlocutor tiene una actitud positiva acerca de nuestro mensaje y está concentrado en captarlo en toda su amplitud.

Está analizando e interiorizando nuestro mensaje con una actitud abierta.

Se acaricia ligeramente el mentón. Su actitud es positiva y reflexiva.

Ambas posiciones y gestos si son mantenidos de forma duradera durante la interlocución nos indicarán que adopta una actitud realmente interesada y positiva sobre nuestra propuesta.

Se pellizca ligeramente la mejilla. Es un signo de hostilidad, algo de lo que argumentamos o bien no le gusta o bien rechaza de forma manifiesta. Tiene que ver más con nuestra actitud como interlocutores que con el mensaje.

Esta señal indica que debemos revisar seriamente nuestra estrategia de negociación.

Se toca ligeramente la parte posterior de la oreja. Es un gesto de incomodidad o inseguridad en los hombres y no tanto en las mujeres, ya que aquí el cabello (su ajuste) desempeña un papel importante.

Su repetición continuada nos indicará si, en efecto, es un gesto modal (mujeres) o bien refleja inseguridad.

Se toca ligeramente el pómulo de la oreja. Indica incomodidad o bien que ya ha oído suficiente de nuestra argumentación.

Debemos cambiar el curso de nuestra interlocución aplazando o bien introduciendo a otro negociador o tema muy distinto.

Nuestro interlocutor se cruza de brazos. Es una muy mala señal. Indica bloqueo e intransigencia a nuestro mensaje o bien a nosotros como negociadores.

Deberemos hacerle cambiar esa posición de forma rápida; si no lo conseguimos, lo mejor será solicitar una nueva entrevista y confiar en obtener una predisposición más favorable.

«Una retirada a tiempo es media victoria.»

Gesto de apertura y confianza en la argumentación de nuestro interlocutor. Abre las manos y nos enseña las palmas.

Se enfatiza el deseo de llegar a un acuerdo.

Si no es fingida, constituye una muestra muy positiva en cuanto a la culminación de una negociación.

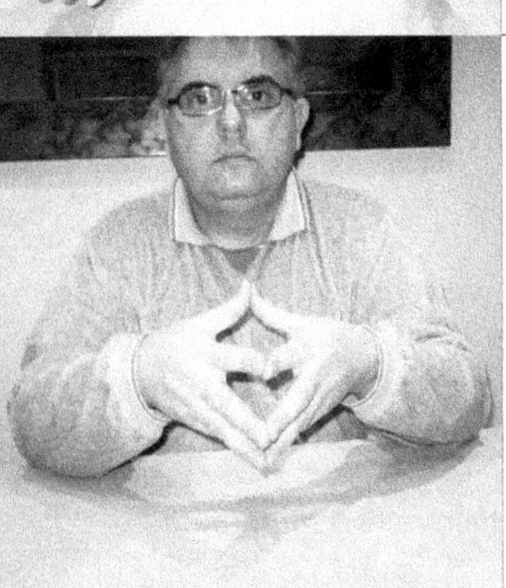

Nos muestra las manos separadas y unidas por las puntas de los dedos. Este gesto nos indica superioridad, de él ante su organización, y también muy probablemente sea cómo se siente ante nosotros como interlocutores.

Puede y suele obedecer al estatus que tiene o cree tener.

Es una clara muestra de que él está seguro de su posición y fortaleza.

Nos conviene tener muy presente este gesto, ya que deberemos cuidar nuestra argumentación y clarificar al máximo la forma y el modo de expresarnos al objeto de igualar de forma razonada esta predisposición de superioridad que él tiene y nos muestra. No es conveniente imitarla.

2.3.4 Errores más comunes en la interpretación de los gestos

Los errores en la interpretación de los gestos así como las implicaciones que ello puede tener pueden causar notables errores de apreciación durante las negociaciones.

Debemos, pues, mantener una cierta prevención intelectual hacia dichos errores, de forma que autoevaluemos nuestra percepción e interpretación de los mismos, de manera exhaustiva e incluso, si cabe, restrictiva.

Los errores más comunes suelen ser:

- Inmediatez.
- Superficialidad.
- Aislamiento. Interpretar un gesto aislado.
- Menospreciar la capacidad del otro de ocultación gestual.
- Creernos expertos.

«Mientras el sabio señala la Luna, el necio mira al dedo.»

Refrán anónimo español

No debemos presuponer que un par de gestos aislados nos darán la clave para creer o no creer una determinada aseveración de nuestro interlocutor durante el proceso negociador; tampoco debemos creernos expertos porque hayamos entendido uno o dos gestos. Lo importante es el conjunto de gestos en relación con la argumentación, su coherencia o no coherencia con ella.

Debemos ver el proceso de comunicación no verbal como «un todo» dentro de la negociación, e interpretar globalmente todos los elementos que en ella se dan, ya sean de naturaleza cognitiva o emocional.

PARTE 3
Estrategias y técnicas de negociación

Domingo Cabeza Nieto

Se le llama estrategia a un conjunto de diversas acciones que, planificadas en cuanto a su ejecución sistemática así como en el tiempo, se llevan a cabo para lograr un objetivo o un fin por sí mismo. La palabra proviene del griego ΣΤΡΑΤΗΓΙΚΗΣ *(stratos),* que significa «ejército» y *agein,* «conductor» o «guía».

Es decir, nos marca «el camino», pero no concreta si tenemos que recorrerlo más rápido o más lento, si tiene curvas pronunciadas o si deberemos detenernos de vez en cuando. Dicha información está soportada por un conocimiento técnico. La palabra técnica (del griego, τέχνη [tékne] «arte, técnica, oficio») es un procedimiento o conjunto de reglas, normas o protocolos cuyo objetivo es obtener un resultado determinado. A ello debemos añadir un elemento identitario de remarcable importancia al referirnos a la técnica: que la técnica permite reproducir las acciones que se ejecutan con una muy elevada probabilidad de obtener los mismos resultados.

Por consiguiente, la técnica de negociación que presentamos en esta tercera parte es reproducible y de aplicación general. Con las debidas premisas y ajustándose a los entornos culturales determinados, nos sirve para todos ellos en cuanto a los principios y métodos de negociación que aquí señalamos.

La rivalidad entre Leonardo Da Vinci y Miguel Ángel Buonarroti es conocida. El primero, más anciano y celebrado, sufría la competencia del segundo, más joven y ambicioso.

Miguel Ángel se mofaba de Leonardo llamándole «… tú solo eres un técnico».

Puede que dos de los mayores artistas del Renacimiento fueran en parte grandes técnicos, ya que sin la aplicación de las técnicas que emplearon en sus pinturas, sus construcciones y su arquitectura, nada de su genio hubiera llegado hasta nosotros, y además, los ingenieros y artistas que a partir de ellos han aportado su talento tampoco hubieran tenido una base para «reproducirlo» y después mejorarlo si cabe.

Capítulo 14

Tipos de negociación y estrategias más comunes

La negociación como tal y su realidad en la práctica la podríamos visionar como un hilo (cable de puente colgante) en uno de cuyos extremos encontraríamos la negociación cooperativa y en el otro la negociación competitiva, ambas en términos absolutos.

La práctica demuestra que en la mayoría de las ocasiones la negociación se sitúa en un «punto intermedio» entre los dos enfoques total y absolutos.

Por otro lado, es útil conocer la base conceptual de los dos modelos en términos absolutos (competir frente a cooperar), ya que nos posiciona en qué circunstancias y con qué premisas trazaremos nuestra estrategia de negociación, si hacia el «pilar competitivo» o hacia el «pilar cooperativo».

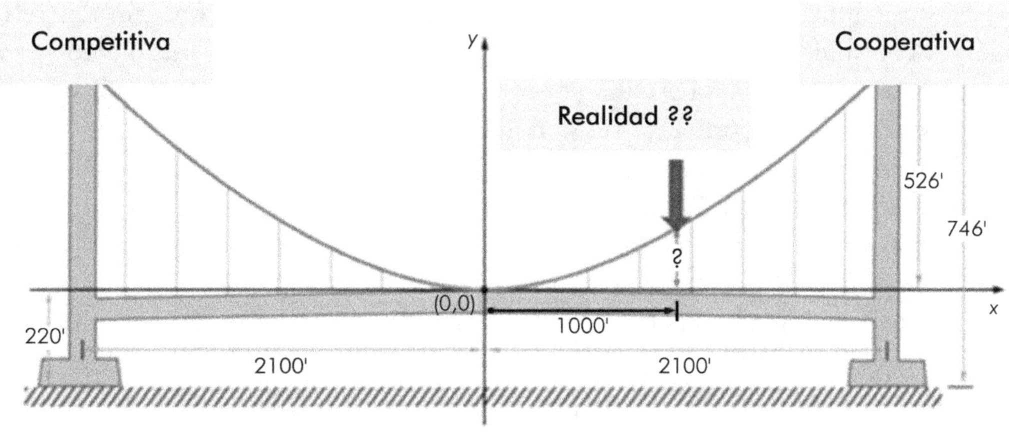

Figura 1. Dos tipos de negociación radicalmente opuestos: el modelo competitivo y el cooperativo. Usualmente, la negociación se halla en un punto intermedio entre ambos.

> «En el ajedrez hay dos tipos de jugadores: los buenos y los duros. Yo soy de los duros.»
>
> Bobby Fischer (gran maestro y campeón del mundo de ajedrez)

1   La negociación competitiva

Las características fundamentales de este tipo de negociación son:

- Se basa en la toma de posiciones.
- Negociadores «blandos y duros».
- Concluye a menudo en posiciones encalladas o bloqueos.
- Se utiliza en situaciones puntuales o inciertas.

¿Qué quiere decir basarse en posiciones? Significa adoptar previamente una postura y mantenerla de forma inalterable durante el proceso de negociación. Por ejemplo, fijar un precio determinado, unas condiciones de adquisición o determinados valores o principios que «no se negocian».

Los negociadores competitivos o que marcan una posición ven la negociación como un proceso muy competitivo, consideran que cooperar es mostrar debilidad. Hoy en día, este modelo está superado y es absolutamente desaconsejable cuando ambos interlocutores o sus representantes desean mantener una relación duradera.

En ocasiones, se emplean roles de tipo «poli bueno/poli malo» en un mismo equipo de negociación.

Se suele utilizar en compras puntuales, donde no se pretende construir una relación de continuidad con el proveedor, bien porque sea un mercado inexplorado para nosotros como compradores o bien porque haya una abundante oferta y diversidad de proveedores que permita exprimir al máximo nuestra fuerza de compra puntual.

Entre los negociadores existe una atmosfera de desconfianza mutua y se limita la información transferida. Se controla de forma expresa cualquier indicación racional o emocional (autocontrol) de nuestras verdaderas intenciones con respecto al objeto de la compra.

Este apartado queda ilustrado con el caso de las dos hermanas que se disputan una decena de naranjas (véase el caso 1).

Premisa máxima: *«Yo debo ganar, el otro no importa que pierda».*

Caso 1
Las dos hermanas y las naranjas

Dos hermanas, Marta y María, ya casadas y con sus respectivas familias, estaban encargadas de efectuar las labores de limpieza de un salón en el cual otras personas habían mantenido una reunión. Al entrar Marta, la hermana menor, vio que ya no había nadie en el salón, y que sobre una de las mesas habían quedado 10 naranjas. Se alegró mucho de verlas, pues sabía que nadie las reclamaría. De manera que empezó a guardar las naranjas en una bolsa que tenía, mientras se imaginaba el delicioso zumo que obtendría de ellas y que se tomaría esa noche en su casa. María entró repentinamente en el salón y, al ver las naranjas, exclamó:

—¡Qué bien, nos han dejado 10 hermosas naranjas!

A lo que Marta contestó:

—¿Cómo que nos han dejado? Dirás, me dejaron a mí 10 naranjas.

—¿Es que piensas quedarte con todas? —replicó María.

—¡Por supuesto! Tú bien sabes que, a quien madruga, Dios le ayuda —respondió Marta—; de manera que esta vez me correspondió a mí en suerte quedarme con el regalito que quedó en el salón.

—¿Y no me piensas dar ni una sola naranja? —le preguntó juguetonamente María, haciendo gala de ser «la hermana mayor».

—Ya te dije que no. En otra ocasión, la suerte te favorecerá a ti, como ya lo ha hecho antes —manifestó Marta, un tanto airada y sin mostrar entusiasmo por el tono de «superioridad de María».

—¡A mí esto no me parece justo! —insistió, sorprendida, María—. ¿Y si hubiera sido yo la primera en entrar en este salón? ¿Te parecería justo que me quedara con las 10 naranjas? ¿Te parecería correcto que no te diera ninguna?

—Bueno, hermana —corrigió Marta—, te puedo dar un par de naranjas.

Pero la mayor insistió:

—¿Solo un par? Solo dos naranjitas para la hermana que tanto te ha querido toda la vida. Me das solo las migajas.

La discusión se prolongó algunos minutos y, finalmente, después de varios disgustos, María recibió 4 de las 10 naranjas que había recogido su hermana menor.

Marta se llevó sus 6 naranjas a su casa. Con ellas se preparó un delicioso zumo de naranja, y mientras lo compartía con su esposo e hijos, pensó en lo afortunada que había sido al encontrar las 10 naranjas y, sobre todo, al poder quedarse con más de la mitad de ellas.

Esa misma noche, su hermana mayor, María, también llevó sus 4 naranjas a su hogar. Cuidadosamente, las peló con un cuchillo, y con las cáscaras preparó un delicioso dulce. Y mientras lo compartía con su esposo e hijas, pensó en lo afortunada que había sido al quedarse con 4 de las naranjas, después de no haber tenido ninguna en sus manos. Terminada la cena, arrojó las pulpas de las naranjas a la basura, pues ni a ella ni a su familia le gustaba el zumo de naranja. Entonces sirvió a todos un vaso de leche que disfrutaron con el dulce de naranja.

En resumen, este ejemplo sirve para hacer una distinción clara entre las posiciones y los intereses de cada hermana, así como una valoración objetiva de su negociación, en cuanto a las enseñanzas que podemos extraer de ella.

Analicemos ahora a cada hermana por separado.

- **¿Cuál es la posición negociadora de Marta?**
  Ella ha encontrado las naranjas, por lo tanto, para ella rige el principio de propiedad inducida. Inducida porque, en realidad, las naranjas no les pertenecen; se las han encontrado, no las han adquirido.

  María es quien, en otra ocasión, no disfrutó de «la suerte» de haber encontrado restos de una fiesta similar, ya que Marta lo copó todo para sí misma. Manifiesta un cierto resentimiento al tiempo que una predisposición al desquite.

  Tiene claro que, si cede, será siempre en condición de mayoría. No aceptará bajar de 6 naranjas en ningún caso. Ya que hoy la suerte la ha favorecido a ella.

- **¿Cuál es la posición negociadora de María?**
  Ella no ha encontrado las naranjas y, por tanto, pierde la primacía en la posesión. Principio de propiedad inducida.

  Sabe que, por ser mayor que Marta, tiene cierto poder de ascendencia y que, tarde o temprano, lo hará valer de tal modo que Marta deberá compartir las naranjas.

  Tiene claro que intentará llegar al 50 %, o casi, del reparto, ya que así mantendrá su posición hegemónica incluso sin haber sido ella la «agraciada».

Como negociadores, ¿nos parece justo el reparto? Es evidente que un reparto 60-40 % puede parecer justo y equilibrado en términos de negociación y de acercamiento de posiciones, pero el resultado del acuerdo es más eficiente si como eficiente entendemos la visión global y completa del acuerdo en términos de sistema económico que constituye el mismo.

Veámoslo introduciendo valores económicos:

Bien económico	Valor económico	Total
1 naranja	1,0 €	10 naranjas
Pulpa de naranja	0,8 €	10 pulpas
Piel de naranja	0,2 €	10 pieles
Vaso de leche	0,5 €	4 vasos

Análisis económico para el acuerdo. Resultado para Marta:

Unidades	Bien aprovechado	Valor económico	Bien rechazado	Valor económico
6	Pulpas	4,8 €	Pieles	1,2 €
Saldo neto acuerdo		4,8 − 1,2 = 3,6 €		Valor positivo

Análisis económico para el acuerdo. Resultado para María:

Unidades	Bien aprovechado	Valor económico	Bien rechazado	Valor económico
4	Pieles	0,8 €	Pulpa	3,2 €
Saldo neto acuerdo		0,8 − 3,2 = −2,4 €		Valor negativo
Sobrecoste de la leche		0,5 × 4 = 2 €		Valor negativo

Es decir, el coste total de la opción de María es de 4,4 €, ya que las naranjas, vistas como un sistema económico, le han supuesto un despilfarro (no aprovechamiento de la pulpa) de 2,4 €, al que hay que añadir el sobrecoste de los 4 vasos de leche que han sido necesarios para cubrir la alimentación (postre) de su familia.

Si sumamos el valor económico del sistema Marta más María nos refleja lo siguiente:

Un total de 3,6 € (de Marta) más –4,4 € (de María) nos arroja un saldo (sobrecoste) del «aparente» acuerdo justo de –0,8 €. Un resultado francamente pobre.

Si, en lugar de una negociación basada en posiciones –la de Marta y la de María–, se hubiese basado en intereses, el resultado hubiera sido otro muy diferente.

Cuáles son los intereses de Marta: hacer un delicioso zumo de naranja para su familia. Y los de María: hacer un riquísimo dulce de naranja para la suya.

Si ambas hermanas hubiesen compartido sus respectivos intereses, el proceso de negociación hubiera fácilmente llevado al reparto siguiente:

– Marta: 10 pulpas de naranja.
– María: 10 pieles de naranja.

Si calculamos ahora la matriz de valores económicos (como hemos hecho antes), obtendremos lo siguiente:

Unidades	Bien aprovechado	Valor económico	Bien rechazado	Valor económico
10	Pulpas	8,0 €	Ninguno	0,0 €
10	Pieles	2,0 €	Ninguno	0,0 €
4	Vasos leche	2,0 €	Sobrecoste	Negativo
Saldo neto del sistema económico: 8 € de valor aprovechado				

Si, además, suponemos que las 10 pieles de naranja hubieran cubierto las necesidades de alimentación de la familia de María, no sería necesario adicionar los 4 vasos de leche; por consiguiente, el sistema económico que forman Marta y María hubiera sido óptimo y hubiera obtenido una eficiencia máxima al valorar en su totalidad las 10 naranjas sin desperdicio alguno.

En conclusión, para que un sistema económico (y una negociación lo suele ser) alcance su máxima eficiencia, no solo basta con que los miembros que forman parte de él busquen su máxima eficiencia individual, sino que deben buscarla en el conjunto que forman.

De ahí que siempre será más eficiente la negociación basada en intereses que en posiciones, ya que a través de los intereses, de su conocimiento e incluso de su participación, es más fácil llegar a un acuerdo óptimo para todas las partes.

2 La negociación cooperativa

Las características esenciales de esta forma de negociación son las siguientes:

- Se basa en el interés mutuo.
- Se domina el «tempo» de la negociación.
- Los negociadores son íntegros y buenos conocedores de los principios de negociación.
- Redunda a menudo soluciones donde todos ganan *(win-win)*.
- Se utiliza en situaciones duraderas y de futuro.

Las personas que han de negociar se centran en buscar y conseguir satisfacer el interés objeto de la negociación, dejando de lado prejuicios y bloqueos preestablecidos. La opción o el acuerdo debe interesar a ambos equipos de negociación.

La clave, como en la comedia, es la gestión del «tempo» de negociación, el ritmo que se infiere y sus variaciones. No significa un acuerdo 50-50 % o acuerdo justo, sino que ambos equipos deben sentirse satisfechos con el resultado de la negociación, con el logro de sus intereses particulares.

Una negociación cooperativa no tiene por qué ser equitativa, pero su resultado sí debe ser satisfactorio.

Este tipo de negociación suele utilizarse y se recomienda en relaciones con entidades colaboradoras o empresas proveedoras que se entiendan como «duraderas», en las que exista no solo un intercambio o cambio de domino de propiedad de un bien o servicio sino también una colaboración e integración efectiva *(partnership)* para el presente y el futuro.

Los equipos negociadores han de tener presente que, con este modelo, el valor total de la negociación *no suma cero*, es decir, el valor (en términos totales) que gana un negociador no tiene por qué ser exactamente el mismo valor que pierde el otro, sino que ambos han de ser conscientes de que el acuerdo, por sí mismo, generará un valor añadido para ambos. Se conocen también como *negociaciones de suma no cero*.

Hay que negociar basándose en intereses y no en posiciones. Negociar buscando valor consiste en ampliar el campo de los intereses compartidos y en reducir el de los intereses en conflicto. El resultado final es un incremento total del valor para los negociadores.

Por ejemplo, en muchas ocasiones, cuando un comprador busca un determinado producto tecnológico, un componente para formar parte de un montaje final, se encuentra con que la empresa proveedora, que conoce mejor la tecnología en cuanto

Figura 2. Hay que negociar basándose en intereses, no en posiciones. Identificar y trabajar
en pos de intereses compartidos, minimizando los intereses en conflicto. El resultado
es un incremento total del «valor» para ambos negociadores.

a diseño y proceso, le aporta soluciones que mejoran el producto final; y viceversa
para el proveedor, al adquirir conocimiento de la aplicabilidad de su producto como
componente de un montaje final que desconocía.

3   La negociación en equipo

Las sociedades actuales son cada vez más complejas, tanto a nivel social como económico y empresarial. Vivimos, nos relacionamos y trabajamos en entornos cambiantes, sofisticados y distantes. Estamos abandonando el modelo de sociedad industrial
y nos adentramos en la sociedad del conocimiento.

En la gestión de entidades, empresariales o de cualquier otro tipo, las decisiones deben tomarse en un entorno en constante cambio y lleno de incertidumbres; por ello es conveniente que en las negociaciones confluyan ideas y opiniones diversas, para encontrar soluciones que abarquen de manera multidisciplinar todas las perspectivas.

Trabajar en equipo es una actividad colectiva que se basa en integrar y complementar los conocimientos y los comportamientos de todos los miembros. No es una técnica sino una actitud para realizar una actividad profesional o social.

Negociar en equipo tampoco es sencillo; sin embargo, resulta cada vez más necesario. Trabajar en equipo no es el resultado de la simple presencia de varias personas, «exige talento y talante».

La simple presencia de varios interlocutores no significa, necesariamente, que se negocie en equipo. La experiencia demuestra que trabajar en equipo no es lo mismo que trabajar en grupo.

Por un equipo de trabajo se entiende un pequeño número de personas, comprometidos con unos valores, una misión y unos objetivos que crean sinergia colectiva mediante la presencia de roles complementarios, en un clima caracterizado por la confianza y la cooperación, y con una responsabilidad individual y colectiva.

Así, trabajar en equipo es mucho más que reunir a varias personas en torno a una misma actividad. Implica:

- Tener unos objetivos comunes.
- Compartir información.
- Disponer de unos roles complementarios.
- Crear una sinergia colectiva.
- Actuar coordinadamente.

Imaginemos una negociación en la compra de un producto o un servicio en la que, por su complejidad y trascendencia para la empresa, se considera necesario que participen tres departamentos: compras, producción y financiero.

Cada responsable querrá conseguir los objetivos de su departamento, pues tenderá a considerar solo sus propias necesidades. En este caso, hablaríamos de una negociación en grupo y no en equipo.

Para evitar esta tendencia normal, antes de la negociación habrá que convocar varias reuniones para definir de manera colectiva cuál o cuáles son los objetivos que desea alcanzar la empresa. Estos y otros temas se deben analizar y concretar en la etapa de preparación de la negociación, fase en que es posible que los tres departamentos negocien internamente para alcanzar un acuerdo común.

Cuando unos profesionales se unen para realizar una negociación y su presencia y actuación responde exclusivamente a su experiencia funcional o conocimientos, nos encontramos ante una negociación grupal y no de equipo.

La diversidad funcional es necesaria, aunque no suficiente para crear un equipo negociador; pero si cada componente, junto a su «rol funcional», desempeña un «rol de equipo», entonces existe una relación de interdependencia y, por tanto, se puede negociar en equipo. Entre los miembros del equipo se genera interdependencia cuando cada uno desempeña un papel o rol complementario en cuanto a actitudes o comportamientos.

3.1 *Papeles o roles de equipo*

Los papeles o roles de equipo varían en función de cada tipo de negociación y de cada situación. Antes de sentarse a la mesa de negociación, los componentes del equipo tendrán que haber acordado, entre otras cosas, quien:

- inicia la negociación;
- controla el transcurso de la negociación;
- se centra en escuchar a los interlocutores;
- observa el comportamiento verbal de la otra parte;
- comprueba la consecución de los objetivos;
- toma las decisiones;
- actúa más competitivo o cooperativo;
- hace el balance y cierra la negociación.

El concepto de «rol de equipo o conductual» se identifica como tal cuando cada componente del equipo, en todas las facetas de la negociación, desempeña un papel específico, complementario al de los demás, superando su especificidad funcional.

En las negociaciones en equipo es muy frecuente que existan al menos tres «roles conductuales o de equipo»: conductor, analizador y observador.

- **Conductor.** Es la persona del equipo que más conoce la temática objeto de la negociación. Así pues, le corresponde llevar la iniciativa y marcar el *tempo.* Suele ocupar una posición privilegiada dentro de su equipo y en la mesa de negociación.

- **Analizador.** Es quien mejor conoce la estrategia negociadora, es decir, los momentos en que su equipo debe plantear cada tema. Interviene en alguna de las siguientes situaciones:

- Cuando el conductor se ha olvidado de algún tema importante o de concretar un determinado aspecto.
- Cuando el equipo considera necesario matizar algún asunto para asegurarse de que la otra parte lo ha percibido.
- Cuando el conductor no reacciona ante una discrepancia o propuesta del otro equipo, y parece un poco desorientado sobre la marcha de la negociación.

- **Observador.** Apenas habla y se dedica a observar las expresiones de sus interlocutores, en especial, el lenguaje no verbal. Presta atención a sus reacciones corporales cuando su equipo hace una determinada propuesta. Se fija en si todos sus interlocutores tienen reacciones congruentes. También los observa cuando hacen argumentaciones para solicitar concesiones.

   Debe buscar una ubicación que le permita ver con claridad a los miembros del otro equipo.

El potencial negociador de un equipo está directamente relacionado con la posibilidad de crear sinergias con dos componentes. Un equipo es eficaz y eficiente cuando la complementariedad de roles funcionales origina sinergia de conocimientos y la complementariedad de roles de equipo genera sinergia de comportamientos.

Si en lugar de negociar en equipo se negocia en grupo, es muy posible que por la falta de complementariedad se pierda la orientación hacia los objetivos, disminuya el potencial negociador y la negociación resulte más opaca.

La presencia de varios participantes actuando como grupo y no como equipo, no solo reduce la eficacia de la negociación sino que puede condicionarla negativamente.

Por último, todas las actividades de la negociación deberán estar coordinadas por uno de los componentes que ejercerá el liderazgo. Si se trata de una negociación de compras, lo lógico es que el líder sea el responsable de este departamento.

3.2 *Reglas básicas de negociación*

Para que un proceso de negociación se lleve a cabo con éxito, existen una serie de reglas fundamentales que deben conocer y respetar todos los miembros del equipo negociador. Son las siguientes:

- Es recomendable que el equipo negociador esté formado por tres o cuatro personas. Si son muchas más, hay una tendencia natural a la dispersión y a la formación de subgrupos que perjudica la consecución de los objetivos.

- El equipo debe estar dirigido por una persona concreta, lo que no presupone que el liderazgo no deba ser compartido por todos los componentes, en función del tema y el momento de la negociación.

- La toma de decisiones en equipo es mucho más compleja. Por lo que no es recomendable precipitarse (en especial el líder) en concretar nada definitivo sin contar con las opiniones de los demás.

- Es muy importante, aunque difícil, que todos los componentes del equipo sincronicen su comunicación no verbal.

En las negociaciones en equipo son especialmente importantes los aspectos relacionados con la semiótica del espacio (disposición de mesas, iluminación, etc.) y con la prosémica (ubicación de participantes, distancia entre ellos, etc.).

- Debido a la presencia de varios interlocutores, en este tipo de negociación cobra una especial importancia la gestión del tiempo.

- Es fundamental que cada equipo pueda detectar quién es la persona del otro equipo que tomará la decisión última. No siempre es fácil conseguirlo, y las apariencias engañan, sobre todo si se pretende ocultarlo.

- Algunas estrategias de negociación en equipo llevan implícitos juegos de manipulación, tácticas de exigencias crecientes o cambiantes, actuaciones de «buenos y malos», etc.

- Las negociaciones de equipo posibilitan la presencia, a veces disimulada, de participantes en teoría secundarios, pero de gran relevancia (abogados, asesores, mediadores, etc.).

- El éxito de un equipo negociador se encuentra en la distribución de roles funcionales y de equipo complementando las acciones y los comportamientos individuales. Por ejemplo, unos participantes pueden hablar, otros escuchar y otros tomar notas.

Capítulo 15
Método Harvard de negociación

1 Posicionamiento del método Harvard

Este método presupone un posicionamiento cooperativo en el proceso de negociación, es decir, busca una solución donde todos ganan *(win-win)*.

Se basa en los siguientes conceptos clave:

- Distanciar a las personas (negociadores) del objeto de la negociación y, por tanto, de la problemática de la misma.
- Centrarse en los intereses que concurren en la negociación.
- Inventar opciones en beneficio mutuo.
- Insistir en utilizar criterios objetivos.

Es lo menos parecido posible a «un bazar turco», donde el regateo en las diferentes posiciones de los negociadores es condición indispensable para el buen desarrollo de la negociación y el «colorido de la misma».

«Principios de negociación», «negociación por principios» o «método Harvard» son las formas más comúnmente conocidas de la metodología que los profesores Fisher, Ury y Patton desarrollaron en EEUU en la segunda mitad del siglo xx. Mediante un proceso metodológico, confiere resultados donde las distintas partes satisfacen sus legítimos intereses, estén estos en mayor o menor grado de acercamiento inicial. En dos palabras: todos ganan.

Cuando el resultado de la negociación *no suma cero,* en términos globales, es mejor que si tomamos cada parte de forma individual, y confiere un especial valor añadido a este método de negociación al ser capaz de producir beneficios colaterales adicionales.

Este proceso queda ilustrado con el caso del restaurante, donde la visión del *mêtre* es capaz de hallar una solución a un conflicto de intereses (véase el caso 2).

Caso 2
El restaurante

Un sencillo ejemplo es el caso de un restaurante donde, por motivos de agenda, se dan cita unos profesionales para tratar un proyecto. Precisan visualizar bien ciertas cifras y bocetos, por lo que solicitan al *mêtre* que aumente la intensidad de la luz en el salón comedor.

Junto a ellos, una pareja disfruta de una velada romántica y agradecen la intimidad que les proporciona la luz tenue del local.

Ante el repentino aumento de la luz en toda la sala, la pareja manifiesta al *mêtre* su incomodidad y su preferencia por la otra iluminación. Justifican que «ellos estaban allí antes que las personas de la reunión de trabajo». El *mêtre* se encuentra ante una disyuntiva de difícil solución, pues ambas posiciones son irreconciliables: una demanda más luz; la otra, menos. Piensa en los «intereses» de sus dos clientes y busca una solución que satisfaga a ambos.

La premisa es averiguar las verdaderas necesidades de cada parte y, una vez conocidas, buscar la mejor solución, olvidando las posiciones manifiestas. En este caso, es tan simple como mantener la iluminación tenue para toda la sala e incorporar unas lámparas adicionales (de pie, etc.) a la mesa donde tiene lugar una comida-reunión de trabajo.

Todos contentos, y el restaurante se apunta un tanto a su favor al haber sabido «retener» a todos los clientes, que es su verdadero interés.

Ejemplos similares los vemos a diario en lugares de trabajo donde el aire acondicionado (amén de otros temas) es del agrado de unos pero no de otros. Las posiciones iniciales de las personas en conflicto les impiden ver cuáles son sus verdaderos intereses y buscar una vía de solución.

2   Principios del método Harvard

2.1   *Satisfacción de necesidades más que de deseos*

Se definen primero los intereses propios, tratando de comprender en qué medida son compatibles con los de la otra parte. Luego se trabaja sobre las áreas de compatibilidad para desarrollar opciones de ganancia mutua.

Los intereses son un conjunto de necesidades, deseos y temores que guían la negociación. Los negociadores deben identificar cuáles son sus intereses y jerarquizarlos. Con frecuencia, no suelen conocer en profundidad sus intereses, sino que se enfocan en posiciones cerradas y adoptan el modelo presión-cesión.

Negociar con éxito consiste en ampliar el campo de los intereses compartidos y reducir el de los intereses en conflicto. Recuérdese que hay que negociar basándose en intereses y no en posiciones.

Las posiciones declaradas son, en realidad, la punta del iceberg; son manifestaciones de unos condicionantes subyacentes que pueden existir. Por tanto, cada parte tendrá distintas necesidades y no solo una. Es un error concentrarse en los problemas declarados (posiciones) y no profundizar en las necesidades que los soportan.

A menudo, se asume erróneamente que, puesto que las posiciones declaradas por las partes no son iguales, sus objetivos han de ser también distintos. Es posible que pueda ser así. Sin embargo, en la medida en que profundicemos en nuestros intereses y, sobre todo, en los de nuestro cliente o potencial colaborador, las posibilidades de gestionar de forma efectiva las expectativas de ambos y de encontrar puntos de encuentro se incrementan.

En el caso de un cliente y su proveedor, puede que las posiciones sean opuestas y se relacionen con el precio, por ejemplo; y en este caso, si uno gana, el otro pierde. ¿Pero se pueden considerar otros intereses que ofrezcan opciones para que ambos ganen?

Sí, pero ampliando el campo de los intereses compartidos y reduciendo el de los que llevan a conflicto. Escuchar activamente y formular las preguntas adecuadas facilita la identificación de las expectativas de la otra parte y permite descubrir una solución creativa al desacuerdo. Si entendemos con mayor profundidad cuáles son los intereses de la otra parte, llegaremos a acuerdos mejores y los alcanzaremos de una forma más eficiente.

Así pues, descubrir las necesidades de la otra parte y relacionarlas con sus posibles criterios de éxito aumenta las probabilidades de encontrar soluciones y de ganar valor con los acuerdos.

Las necesidades y los intereses subyacentes tienen, al menos, tres niveles, los cuales están relacionados con:

- Nivel 1. El tema objeto de la negociación.
- Nivel 2. Las necesidades personales de los negociadores.
- Nivel 3. Las necesidades de terceras partes que el negociador presenta en la negociación.

Existe más de una necesidad, es un error concentrarse solo en el problema declarado.

Si tratamos de negociar posiciones, los cauces normalmente discurrirán por comportamientos muy competitivos, al ser las posiciones antagónicas. Un ejemplo de ello es limitar la negociación a conseguir el precio más bajo, sin analizar los aspectos que lo determinan: la calidad, el servicio, la seguridad de suministro, etc.

Dividir el tema sujeto a negociación en las partes que lo componen, puede hacer posible que cada parte obtenga lo que más valora.

Las soluciones alcanzadas pueden ser múltiples. Identificar y detectar el grado de prioridades para cada parte y la importancia relativa de las mismas nos permite conocer la mejor estrategia de concesiones.

El caso de la vendedora de prendas deportivas (véase el caso 3) evidencia la estructuración de intereses segmentados en niveles distintos, de modo que podamos aproximarnos a ellos de forma didáctica y metódica.

Una adecuada estructuración e identificación de los distintos niveles y de los intereses de cada nivel nos ayudarán a fijar una estrategia negociadora exitosa.

2.2 *Conocimiento de la fuerza y del alcance de cada parte*

En ocasiones, sobre todo los negociadores inexpertos, se tiende a asumir que la cantidad de poder que cada parte tiene en la negociación es un término absoluto.

Ello conlleva a posiciones de infravaloración o sobrevaloración.

No se trata de la cantidad de poder sino de compararlo en cada negociación concreta con la otra parte.

Analizar previamente a la negociación las fuentes del poder de la otra parte y de la propia es un factor clave en el proceso negociador.

Cuáles son las fuentes de ese poder:

- *Poder en la organización.* Es el que se posee dentro de la propia organización. Ser responsable de un área o directivo es significativamente más «poderoso» que ocupar un cargo de técnico o administrador medio.
- *Poder personal.* Tiene su origen en el compromiso, la persistencia y la creencia en la posición que se mantiene. Reputación del negociador.

El poder en la negociación es un factor relativo

Caso 3
La vendedora de prendas deportivas

Shara Jones es representante de ventas de un fabricante de prendas deportivas para mujeres, Woman Sport Ltd (WSL), que opera en la costa Noroccidental de EEUU y Canadá (desde Seattle hasta Anchorage).

La empresa, de carácter familiar, fundada por John O'Connor hace más de veinte años, ha sabido sortear las dificultades de los cambios en las tendencias de los clientes al tiempo que ha desarrollado un eficiente aprovisionamiento de países del este: China, Sudeste Asiático, etc. El último año fiscal alcanzó una cifra de facturación de 18 millones de dólares (unos 23 millones y medio de euros).

En el presente ejercicio, debido al aumento de la competencia y a la pérdida de algunos «clientes de toda la vida», la empresa prevé tener unas pérdidas de 100.000 dólares (130.610 €). El mercado no tiene el dinamismo de otros años y el precio de las materias primas no ha dejado de subir en los últimos meses. Shara Jones acaba de cerrar una orden de 15.000 US$ (19.600 €) con un establecimiento minorista, Sportwomen Shop, propiedad de Margaret Teetle. En cumplimiento del procedimiento de aprobación de las órdenes de venta, fijado por John O'Connor, Shara debe enviar esta orden al departamento de crédito de la empresa, el cual está dirigido por un eficiente y rígido director financiero, Roger Mosley.

En los últimos meses, las cifras de venta de Shara han descendido, y aunque lleva dos años en la empresa, la falta de consecución de objetivos comerciales en el presente año fiscal la sitúa como la representante de menor participación en el global de ventas, además de peligrar su retribución variable anual.

Al día siguiente, Shara concierta una entrevista con el director del departamento de crédito de WSL, Roger Mosley, para discutir el problema. Ella no quiere perder el negocio. Tampoco él, pero no quiere quedarse atascado con una deuda incobrable.

Shara pide a Roger que, como es preceptivo, analice la viabilidad económica de la orden de venta para su revisión y ulterior aprobación o denegación.

Roger estudia la operación, pero no puede aprobar el crédito a ese cliente debido a su bajo registro de pagos en el pasado.

Los dos revisan abiertamente sus opciones. Tras una larga discusión, acuerdan una solución que satisface las necesidades de ambos: el director del departamento de crédito aprobará la venta, pero el propietario de la tienda, Margaret Teetle, proporcionará una garantía bancaria para asegurar el pago si la cantidad adeudada no se satisface en los siguientes sesenta días.

Shara va a la tienda Sportwomen Shop y le transmite el acuerdo alcanzado a la dueña, pero esta le advierte que no puede solicitar dicha garantía bancaria porque ha invertido mucho en la remodelación del local y está muy presionada por el pago de intereses crediticios.

Los productos que ofrece Shara son potencialmente muy atractivos para Margaret, ya que posicionarían muy bien la imagen de su tienda. Por ese motivo, Margaret le pide a Shara que reconsidere sus condiciones, e incluso le ofrece pagar un precio ligeramente más alto por las prendas deportivas (5 % más) si no le obliga a solicitar el aval bancario.

En esta disyuntiva cabe preguntarse: ¿cuál sería la mejor estrategia de negociación?, ¿qué recomendaríamos a Shara para lograr su operación de venta?

Para dar una respuesta razonada a esta pregunta, se deben analizar sistemáticamente los intereses de cada actor. Para estructurar el análisis, segmentaremos los intereses en los tres niveles antes descritos. Estos corresponden a:

1. Los intereses objeto de la negociación propiamente dicho.
2. Los intereses personales de los distintos actores, que influyen o pueden influir en el resultado de la negociación.
3. Intereses de terceras partes que, aun no estando presentes en la negociación, influyen en el resultado.

Podemos ver todo ello organizado y jerarquizado en el esquema o mapa de intereses de la tabla 1.

A la vista del mapa de intereses, es evidente que Shara no debe insistir en persuadir a Roger, ya que a este le es más fácil no aprobar la operación. El riesgo que entraña es muy grande, tanto a nivel profesional como personal, ya que puede encontrarse con un impago por parte del cliente.

Shara puede apelar a los intereses comunes de nivel 2 que comparte con su jefe directo, el director de ventas, al tiempo que la relación de igualdad ante intereses de nivel 3 que este tiene con Roger Mosley; y de esta forma, argumentando el interés común de nivel 2 y apoyándose en su jefe directo, solicitar una segunda reunión con Roger Mosley a tres bandas y presentar la proposición final.

Una cosa es segura, si Shara no diseña una estrategia de negociación con un análisis previo de los diversos intereses que concurren en ella, probablemente perderá su empleo, y eso debe evitarlo a toda costa.

Actores	Intereses de nivel 1	Intereses de nivel 2	Intereses de nivel 3
Shara Jones	Conseguir la venta y mejorar su participación en el global de su empresa	Mantener el puesto de trabajo y mejorar su retribución anual variable	Reconocimiento profesional por parte de su director de ventas
Margaret Teetle	Conseguir la compra de los artículos de moda de WSL	Mantener actualizada la gama de artículos que oferta a sus clientes y, por tanto, la continuidad de su negocio	La presión de su familia y del entorno ante la difícil permanencia de un negocio de cara al público
Roger Mosley	Aprobar una operación de venta que no resulte finalmente en no cobro	Mantener su prestigio profesional	Su imagen ante John O´Connor, a quien debe reportar
John O´Connor	Aumentar la cifra de ventas y la rentabilidad de la empresa	Las propias de un propietario de una empresa familiar (poco relevante para esta negociación)	Poco relevante para esta negociación
Director de Ventas de WSL y jefe directo de Shara	Aumentar la cifra global de ventas	Su prestigio profesional y su responsabilidad por el resultado de Shara como miembro de su equipo. Como consecuencia de todo ello, mejorar su retribución variable	Su imagen ante John O´Connor, a quien debe reportar
Director de la agencia bancaria	No incurrir en un impago de crédito financiero	No aprobar operaciones fallidas que puedan mermar su imagen como profesional	Poco relevante para esta negociación

Tabla 1. Intereses segmentados en niveles de los distintos actores que intervienen, directa o indirectamente, en la negociación.

- *Poder situacional.* Se relaciona con las ventajas inherentes a la situación en la que se da la negociación.
- *Poder de obstrucción.* Es la capacidad de bloquear o poner trabas a la otra parte. Causar incomodidad.
- *Poder del tiempo.* Puede correr a favor o en contra de una o de las dos partes negociadoras.

Detengámonos un momento en lo que significa el acrónimo MAAN, referido al concepto «mejor alternativa a un acuerdo negociado».

El MAAN es aquel valor o situación mínima aceptable por nosotros para que, llegado el caso, podamos acordar una posición final.

Disponer previamente de otras soluciones alternativas, por si no se alcanza un acuerdo, también constituye parte de dicho MAAN. Así pues, el MAAN es, en definitiva *una importantísima fuente de poder.*

Tener por anticipado un idea de lo que sucederá si no se llega a un acuerdo, puede fortalecer en gran medida la posición del negociador.

Cada oferta o aproximación entre las parte debe ser comparada con nuestro MAAN.

2.3 *Planteamiento del caso de forma ventajosa*

Tener claro cómo y de qué forma vamos a plantear la negociación es un elemento clave para el buen fin de la misma.

Plantear correctamente el objeto de la negociación es vital para el proceso negociador. Los argumentos principales deben apoyarse entre sí, por ello es recomendable anotar un pequeño guión de los mismos antes de la reunión, y analizar con detalle si existen posibles contradicciones.

El planteamiento debería definir el objeto de la negociación de una forma que estratégicamente apoye el resultado apetecido y lo condujera a él.

Hay que huir de planteamientos «exotéricos o en una nube» y ser conciso, pero sin caer en el simplismo.

La atención humana es limitada en el tiempo. Captar la atención de nuestro interlocutor y saber transmitirle nuestros puntos de vista y argumentos, son dos ventajas frente a discursos prolijos y exposiciones difusas.

El tiempo puede ser el factor clave.

Los aspectos clave de un buen planteamiento son:

- No enmarcar el tema en el vacío. Acompañar una lista de opciones, compromisos, etc.

- No asumir que hay una única realidad. En una negociación siempre hay que esperar lo inesperado. Cuantas más posibilidades se consideren, mejor.

- Ser claros. Nuestra mente rechaza tácitamente planteamientos e ideas a los que no encuentra sentido con facilidad.

- Relacionar nuestra argumentación con algo que ya comprenda la otra parte, pero dando un giro diferente; usar ideas comprensibles no necesariamente implica obviedad.

- Agilizar el lenguaje y usar metáforas.

- Ser consciente y mantener la credibilidad en todo el proceso negociador, aunque se altere el planteamiento inicial.

- Ser sutil y no ser «pesado».

2.4 *Establecimiento de aspiraciones altas pero razonables*

La experiencia demuestra que una persona que inicia una negociación con aspiraciones altas recibe más que otra con expectativas bajas, siempre y cuando las expectativas sean razonables.

En una negociación, el objetivo, basado en un análisis de las necesidades y el poder de ambas partes, debería ser establecido tan alto como fuera posible, dentro de lo razonable.

Pero recordemos «tener claros los límites»; para ello, es útil «dibujarlos» previamente en nuestro planteamiento como máximos alcanzables.

Conseguir buenas cartas desde el principio de una negociación puede ser pura suerte, pero está demostrado que tener altas expectativas –dentro de lo razonable– suele redundar en mayores ganancias que si se tienen aspiraciones bajas.

2.5   Desarrollo de opciones y una estrategia de concesiones

Ofrecemos a continuación algunas recomendaciones que consideramos que se deben tener presentes desde el principio:

- Si antes de concluir la negociación, nos percatamos de que hicimos una concesión inaceptable para nuestros intereses, no dudemos en rectificarla.

  «Pongámonos rojo una sola vez, no cien veces amarillo.» Es preferible no llegar a un acuerdo que asumir un compromiso del cual estará arrepintiéndose durante mucho tiempo.

- Los negociadores expertos consideran que esta fase del método Harvard es «la verdadera negociación». En nuestra opinión, se equivocan.

  No tener en cuenta que el método Harvard sitúa de forma ordenada cada etapa de la negociación, empezando por la determinación de los intereses de las partes que concurren en ella, es un error típico y que se suele dar en los mal llamados «negociadores expertos».

> «En una negociación, la forma en que hacemos una concesión
> puede ser más importante que la concesión en sí.»
>
> Gary Karrass

Dada la importancia que tiene el proceso de generación de concesiones y búsqueda de opciones, hemos creído conveniente estructurar unos principios generales para su desarrollo en beneficio del negociador y del proceso de negociación en general.

Estas son las premisas básicas y las preguntas que debe hacerse para sí la persona que va a participar en un proceso de negociación:

- ¿Cuál es mi MAAN, es decir, mi mínimo que no traspasaré en ninguna circunstancia?

- ¿Qué es o cuál es la máxima concesión a la que puedo llegar, y que por ningún concepto traspasaré ofreciendo más?

- ¿Qué es lo máximo que puedo solicitar en mi primera opción? Probablemente será rechazada, pero debe ser lo bastante consistente para que mi interlocutor la crea en términos de razonabilidad en las posturas iniciales.

- ¿Qué es lo mínimo que puedo ofrecer en mi primera opción? Probablemente mi interlocutor lo considerará inaceptable en una primera aproximación, pero debe ser creíble y consistente, ya que si no podría romper la negociación.

- Llevaré la cuenta de todas las concesiones que logre y que ceda. La «pérdida de la pista» de las opciones me puede llevar a resultados no deseados.

- Presentaré alternativas creativas, que no siempre tienen que ser aspectos económicos sino también emocionales para mi interlocutor, que pueden modelar el éxito en la negociación.

- Y nunca, nunca, nunca, aceptaré la primera oferta, sea cual fuere.

Una vez consideradas estas premisas básicas, llegamos al proceso y desarrollo de las distintas opciones y concesiones al objeto de alcanzar un acuerdo. Existen varias pautas o pasos comunes en la mayoría de los procesos de negociación:

- Procuremos no ser los primeros en realizar la primera oferta. Si ello no es posible, empecemos por una opción no «vital» para nuestros intereses, ya que además de ser rechazada será un indicador claro de nuestros objetivos.

- Pidamos o propongamos siempre algo a cambio. No realicemos nunca una concesión si no obtenemos una contrapartida por ella.

- Prioricemos ofrecer concesiones que su interlocutor considere de alto valor para él y, en cambio, tengan bajo valor para nosotros.

- Las concesiones se deben hacer lentamente, deben reflejar un «esfuerzo» para nosotros y se deben ver en un proceso decreciente, es decir, con el paso del tiempo deben ser menores tanto en sentido estricto como el percibido por nuestro interlocutor. Por consiguiente, el valor percibido es mayor cuanto más tarda en producirse la concesión y menor proporcionalmente es la misma.

- No dejar nunca rangos de aceptación, nuestro interlocutor escogerá el más favorable a sus intereses. Debemos, pues, ser precisos en la descripción y cuantificación de nuestras concesiones.

- Nuestra comunicación no verbal (gestos) en relación con el mensaje oral que damos debe ser coherente, sobre todo en cuanto al desgranado de las concesiones y las opciones de acuerdo.

- Una vez logrado el acuerdo, no hagamos juicios de valor de lo fácil o difícil que ha sido el proceso negociador. Reforcemos el logro del acuerdo por encima de todo. No demostremos excesiva euforia si creemos que «hemos salido ganando» ni una falsa apariencia en cuanto a nuestra posición.

2.6 *Gestionar la información hábilmente*

La gestión que se haga de la información puede en gran medida decantar la negociación hacia un tono predominantemente competitivo o cooperativo.

En una negociación competitiva, el objetivo es evitar que la otra parte gane una ventaja sustancial.

Conforme avanza la negociación, se puede conseguir más información haciendo preguntas, escuchando y haciendo ver a la otra parte que han sido escuchados.

Aprender de nuestro interlocutor es la clave.

No es recomendable mentir, pero resulta muy útil no decir toda la verdad, para no dejar al descubierto todas nuestras «cartas».

Para gestionar la información con habilidad debemos mantener lo que se conoce como principio entrópico del proceso de negociación, que dice lo siguiente:

«En todo proceso de negociación debemos mantener lo más bajo posible el gasto de energía y esta es inversamente proporcional a nuestros hábitos más comunes».

Es decir, gastaremos más energía si nos esforzamos en ser diferentes de lo que somos, por ejemplo si deseamos «mentir» u «ocultar demasiado» a nuestro interlocutor. Ello nos restará eficacia y nos agotará, lo cual, a su vez, redundará en una menor predisposición a conseguir un acuerdo beneficio.

Esto es particularmente importante en negociaciones largas, donde la «energía» de los negociadores determina en muchos casos el éxito o fracaso de las mismas.

Las claves de la gestión de la información en un proceso negociador se resumen en los siguientes puntos:

- La información presentada debe ser completa. Hay que evitar que el sesgo excesivo la convierta en datos inoperantes.

- Evitar el exceso de información, que dificulte priorizarla y jerarquizarla. Deberemos «limpiar» y segmentar los datos para que se conviertan en información útil.

- Dificultad y alta especialización en la información. Deberemos «traducir» en términos inteligibles lo que se nos presenta.

- La información presentada debe ser aceptada y validada por ambas partes. Es importante insistir hasta lograrlo, pues en caso contrario se pondrá en peligro el propio éxito de todo el proceso negociador al fallar la base.

2.7 Gestionar la relación interpersonal

Algunos negociadores lo basan «todo» en la relación personal; es un exceso pretender eso. Otros eluden conscientemente la relación personal, es una carencia caer en ello.

Por consiguiente, debemos dar la justa importancia a las negociaciones entre personas, y cuidar la relación interpersonal.

Toda relación interpersonal conlleva ineludiblemente elementos cognitivos (intelectuales) y elementos emocionales, los cuales son una misma visión de una persona (nosotros y nuestro interlocutor). Debemos cuidar ambos elementos al unísono.

Es evidente que, si al finalizar la negociación se ha conseguido establecer una buena relación duradera, ello habrá dependido en gran medida de cómo ambas partes hayan gestionado sus relaciones interpersonales.

Cuando una negociación discurre en un entorno de amplia relación interpersonal todo parece ser menos tenso, más sencillo y rápido. Un entorno negociador de sintonía relacional entre las partes tiene tres consecuencias complementarias y cronológicas:

- Las relaciones interpersonales mejoran a medida que se desarrolla la interacción.
- El proceso negociador avanza de forma natural sin retroceso y dificultades especiales.
- Los acuerdos parciales alcanzados facilitan el asentamiento de un acuerdo final.

Una negociación es un proceso de intercambio de información en un ámbito de una relación interpersonal. Negociamos cosas, pero negociamos *con* personas.

Al ser la negociación un proceso de interacción interpersonal, la comunicación desarrolla una nueva función: crear unas relaciones firmes, rentables y duraderas.

La negociación, por su propia naturaleza, es un caldo de cultivo de diferencias donde los conflictos nacen y se descontrolan si no somos capaces de gestionar adecuadamente las emociones.

La calidad de la relación entre los interlocutores es un elemento crítico de toda negociación; no es preciso que ambas partes se agraden, ni siquiera que compartan valores; pero mientras tengan que negociar, la relación debe construirse en un ambiente que nos permita gestionar bien las diferencias.

Otro elemento muy relevante es la capacidad de los interlocutores para gestionar el ámbito multicultural (político, religioso, social y de valores), cada vez más habitual en los procesos de negociación.

Es importante saber interactuar en las formas (protocolos) sociales de cada cultura y no presuponer nunca que los «tópicos» socialmente conocidos son una imagen fiel del perfil de nuestros interlocutores; normalmente dista mucho de serlo.

Algunas de las principales características diferenciales entre culturas son:

- Religión.
- Valores sociales.
- Grado de autonomía del negociador.
- El papel de la mujer en el proceso negociador. En algunas culturas es inexistente; en otras, equivalente al de los hombres.
- Formación académica del interlocutor.
- Situaciones políticas y económicas.
- El valor del tiempo en términos de confianza o no en el proceso negociador. La gestión diferente del tiempo.
- El valor del intercambio de opciones. En algunas culturas es escaso; en otras, fundamental.
- La mayor o menor información personal que se desee compartir. En determinadas culturas es una barrera; en otras, la palanca para llegar al acuerdo.
- El valor relativo de los obsequios, su forma de presentación y aceptación.

Capítulo 16
El proceso de negociación

1 Etapas del proceso de negociación

Todo proceso de negociación se puede segmentar en cinco etapas diferenciadas. A continuación, las detallamos y ofrecemos algunos ejemplos ilustrativos.

1.1 Preparación

Es la fase previa al acto negociador y tiene una influencia decisiva en todo el proceso, así como en su resolución.

La eficacia de las cuatro fases restantes está determinada en gran parte por la preparación que se haga. Si esta es adecuada, la persona que negocie tendrá un mayor conocimiento de sus propias necesidades y de las de la otra parte y, por tanto, será capaz de ir más allá de los meros deseos y encontrar fórmulas que satisfagan las necesidades objetivas.

Con una buena preparación, el negociador se sentirá más seguro y confiado al comunicar la información y tendrá una correcta evaluación sobre las fuentes de poder, lo que le permitirá una mayor flexibilidad. La preparación no debe confundirse con un guión estricto del cual uno no deba apartarse; debe concebirse como un conocimiento previo del terreno, y hay que estar dispuesto a acceder a caminos distintos según aconsejen las circunstancias.

En definitiva, una buena preparación aportará competencia y confianza.

La importancia de la preparación dependerá del proyecto que se vaya a negociar o del producto o servicio que vaya a ser objeto de compraventa, y de las características de nuestro potencial colaborador o proveedor. Una adecuada preparación debería responder a una serie de preguntas:

- Qué necesitamos nosotros y cuáles son nuestros intereses. Determinar la «zona de posible acuerdo» (que identificaremos con las siglas la ZOPA), donde cerraremos para nosotros con éxito la negociación.
- Cuáles son nuestros objetivos.
- Qué necesita nuestro interlocutor y cuáles pueden ser sus intereses.
- Cuáles pueden ser los objetivos de nuestro interlocutor.
- Cuáles son nuestros temas negociables (intereses/objetivos) y qué prioridad les asignamos mediante una escala de valores propia.
- Cuál es mi MAAN (mi «mejor alternativa a un acuerdo negociado», mi mínimo irrenunciable).
- Qué modelo de negociación sería más eficaz, dadas las características del interlocutor y de la negociación en sí.

En esta parte de la preparación, es muy importante identificar nuestros intereses y estimar los de la otra parte. Para gestionarlos, podemos utilizar una herramienta muy sencilla y eficaz, la *ventana de intereses*. Veamos un ejemplo ilustrativo de todo ello en un caso de compraventa.

Nuestros intereses	Intereses de la otra parte
Un precio competitivo	Evitar la competencia
Una relación prolongada	Ser homologado como proveedor
Garantía de servicio	Mejorar las condiciones de pago
Soporte técnico	Potenciar la imagen
Garantizar el suministro	Conseguir un buen precio
Compromiso de cumplimiento	Una relación sostenida

Desde el comienzo, debemos tener claro qué temas no se plantean por no ser negociables (por ejemplo, pago inferior a 60 días) y qué grado de prioridad se asigna a ello: alta, media o baja.

- **Gama y ZOPA (zona de posible acuerdo)**
  Entendemos por gama el recorrido negociador que se inicia en nuestro primer valor (llamado punto de entrada o PE), y finaliza en nuestro valor inaceptable (punto de abandono o PA), pasando por nuestro valor satisfactorio (punto objetivo o PO).
  Veamos cómo se aplicaría en el proceso de negociación para la compra de una maquinaria:

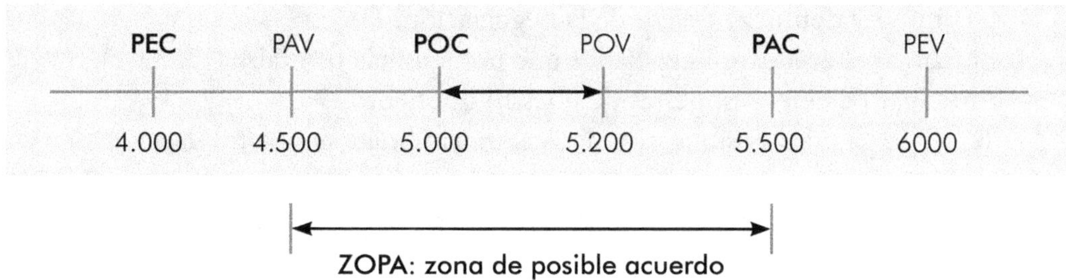

Figura 1. En la preparación de un proceso negociador es muy importante identificar nuestros intereses y estimar los de la otra parte; y a partir de ello, establecer una «zona de posible acuerdo» (ZOPA).

– Como compradores (C), nuestro objetivo es adquirir a 5.000 € (POC), por lo que decidimos ofrecer de entrada 4.000 € (PEC) y no compraremos por encima de los 5.500 € (PAC).

– La parte vendedora (V) también habrá establecido su gama negociadora: 6.000 € (PEV), 5.200 € (POV) y 4.500 € (PAV).

1.2 Exploración

En esta fase se profundiza en la información previamente elaborada y se contrasta.

Se inicia la interrelación personal entre los negociadores, y por ello deben identificarse los intereses/objetivos de ambas partes.

Es muy importante conocer los estilos de nuestros interlocutores e identificar el estilo predominante. Una vez conseguido, hay que gestionarlo en nuestro provecho.

Resulta fundamental establecer una buena relación (talento relacional) con la otra parte y gestionar estratégicamente la información obtenida (talento comunicativo).

Habremos realizado una buena exploración cuando sepamos:

– Si es posible o no negociar.
– En el caso de poder abordar la negociación, cuán compleja será.

1.3 Planteamiento

Ha llegado el momento de «plantear el caso de forma ventajosa», y para ello, es preciso seguir algunos pasos:

- Delimitar y definir el objeto de la negociación.
- Enmarcar el contexto negociador que nos sea más favorable.
- Anticipar posibles respuestas de nuestro oponente.
- Tener preparadas posibles alternativas (flexibilidad, adaptabilidad...).

En el caso de una negociación de compraventa, un factor relevante en esta fase es determinar el valor del objeto por el que se negocia, es decir, poner de manifiesto el valor que tiene lo que se desea comprar o vender.

En la fase de planteamiento enseñamos nuestras «cartas»
pero no todas nuestras «armas».

1.4 Generación de opciones

Siempre hay una oferta inicial, también conocida como punto de inicio, que es la opción que «nos gustaría obtener» en el proceso de negociación. Aunque sabemos de antemano que no la conseguiremos, nos ayuda a fijar el punto de partida por nuestra parte.

Exponemos nuestras aspiraciones, altas pero razonables, sabiendo de antemano que ni nosotros ni nuestro interlocutor aceptará la primera opción.

La creatividad es fundamental en la gestión de nuestra estrategia de concesiones basándonos en nuestro MAAN.

Cierto punto de tensión favorece el desarrollo de la creatividad y, por tanto, la generación de opciones.

Escucha activa y preguntas enfocadas a gestionar el «tempo» de la negociación.

1.4.1 Las opciones

Reconocer que existen diferencias puede ayudar a mejorar la situación de ambas partes. Las opciones son el pilar de la negociación y el primer paso para alcanzar acuerdos; son gérmenes que consolidan los intereses comunes y aproximan los divergentes.

La generación de opciones es la fase que precisa de mayor creatividad y habilidad, esa es la clave para descubrir las posibilidades que satisfagan a ambas partes.

Para mejorar la eficacia de la negociación hay que plantear opciones multidimensionales (paquete de opciones) que incluyan la mayor parte de los intereses puestos en juego (los nuestros y los de la otra parte). Una sola opción no los incluiría y ello impediría el acuerdo por parecer una confrontación muy competitiva.

El material para crear los paquetes de opciones de acuerdos son las diversas combinaciones de elementos de valor que equilibran los intereses de ambas partes.

En la mayoría de las negociaciones hay varios obstáculos que impiden la generación de un «paquete de opciones»:

- Establecer un juicio prematuro.
- Buscar una única solución.
- La presunción de una «tarta fija» que hay que repartir.
- Pensar que nuestra postura es alcanzar solo nuestros intereses.
- La involucración emocional suele impedir la objetividad necesaria para pensar en el modo de satisfacer los intereses de la otra parte.

1.4.2 Negociar los desacuerdos

En la mayoría de las ocasiones, y a pesar del esfuerzo, la gestión de las opciones no aproxima las posturas de ambas partes. Los negociadores deben entonces modelar sus respectivas opciones para gestionar sus diferencias mediante concesiones.

El plan de concesiones, previamente establecido, debe recoger la metodología para conocer en todo momento: el orden secuencial de las concesiones, el grado de avance que deben aportar y las concesiones de la otra parte.

Para preparar y gestionar un plan de concesiones, es conveniente recordar una serie de recomendaciones con respecto a las mismas:

- Son alternativas para avanzar hacia el acuerdo, se diferencian de las cesiones que no aportan progreso y suponen una pérdida de potencial negociador.

- Deben ser coherentes en contenido y momento, y presentarse bien argumentadas y justificadas.

- Deben ser previamente valoradas. Es recomendable hacer un balance del intercambio de concesiones para no perder la posición negociadora.

- Tendrán un carácter contingente. Cada concesión propia debe implicar una concesión de la otra parte.

- Se presentarán como actos de flexibilidad y cooperación, y nunca deben entenderse como situación de debilidad.

Hay que diferenciar entre una cesión y una concesión. Las cesiones no reciben nada a cambio y son muestras de debilidad. Las concesiones tienen un carácter contingente, se dan a cambio de una concesión de la otra parte y permiten avanzar hacia el acuerdo.

1.4.3 Las propuestas

En la práctica, los negociadores se encuentran en una situación muy próxima al acuerdo definitivo, pero con algunas diferencias que impiden adquirir un compromiso.

Las propuestas deben ser:

- Creativas.
- Completas.
- Creíbles.
- Argumentadas.

Las propuestas son más concretas que las opciones e implican un mayor grado de compromiso. Las últimas opciones son una oferta que ponemos sobre la mesa de negociación, la propuesta es la oferta que estaríamos dispuestos a aceptar.

1.5 Creación del acuerdo

El cierre de un acuerdo, ya sea parcial o final, es un momento crítico en el que suelen asomar tensiones acumuladas. El resultado de la negociación se materializa, por lo que conviene mantener la calma y saber gestionar los bloqueos y tensiones propias, así como los de la otra parte.

Se trata de resumir brevemente lo que nosotros entendemos por el acuerdo; por consiguiente, reafirmaremos los aspectos ya decididos y los plasmaremos por escrito. No es conveniente abrir cuestiones que ya han sido tratadas.

Es muy importante «no exagerar el logro del acuerdo», ya que podemos «dañar» las emociones y expectativas de nuestro interlocutor, pudiendo así dar al traste con la negociación.

El mejor método de conducta en la creación del acuerdo es mantener el «estilo y la dinámica» del proceso negociador como si de una parte más se tratase y no la «estación de llegada esperada».

Dicho equilibrio emocional y formal nos ayudará a no cometer errores lamentables.

2 El concepto de precio en contraposición al valor de lo que adquirimos

El precio de mercado es aquella contraprestación económica que un consumidor o grupo de consumidores están dispuestos a pagar por un producto o servicio.

Lo fijan, por consiguiente, las fuerzas del mercado, «la mano negra» que enunciaba Adam Smith (1723-1790), y en muchas ocasiones tienen poco a nada que ver con el precio de coste del mismo.

Un ejemplo de ello lo tenemos a diario en los productos para la gama de Apple, pues los compradores no tienen como referencia el coste sino el deseo de exclusividad y su «adicción» a ellos, tanto que están dispuestos a pagar una contraprestación económica que en ocasiones supera el coste real de los productos si se comparan con la competencia.

El precio, aunque no es el único factor determinante en la estrategia de compras, es con mucho el que más sensibilidades despierta. Como bien dice la sentencia de Antonio Machado: «Solo los necios confunden valor con precio».

En entornos fuertemente afectados por un desarrollo rápido, donde la innovación es un factor determinante, el valor del producto de compra distará mucho de su precio de adquisición, y este, a su vez, tendrá poca o ninguna relación con su coste intrínseco.

Por ejemplo, un componente electrónico que constituye un elemento esencial en un juguete, tiene un precio bajo si lo suponemos adquirido en países tipo *low cost country* (Indonesia, por ejemplo), pero su «valor», al ser imprescindible como componente esencial del juguete, tiene poco o nada que ver en relación con su precio, es decir, su «valor» es significativamente superior al precio que se paga por él.

Existen sensibilidades diversas alejadas del precio del producto o servicio. Se apuntan algunas a continuación:

- El precio del producto adquirido representa una pequeña parte del coste del producto final o del presupuesto de compras. La «conveniencia» puede ser el motivo principal en la compra, basada en criterios alejados del precio.

- El coste de la «falla» es elevado con relación al precio del producto. El comprador estará más interesado en la calidad o en la garantía de suministro, debido al sobrecoste que supondría una falla que afectara a todo el sistema de la empresa y a sus clientes.

- La efectividad del producto o servicio puede rendir grandes ahorros o mejoras en el funcionamiento. Los servicios de asesoría inversionista, de «sondeos» o similares, conllevan que los compradores estén dispuestos a pagar un sobreprecio.

- El comprador compite con una estrategia de alta calidad a la cual se percibe que contribuye el producto comprado. Estará más interesado en la calidad y el prestigio del producto o marca de un determinado proveedor de prestigio que en el precio.

- El comprador está mal informado respecto al producto o no compra a partir de especificaciones bien definidas. Se inclinará por factores subjetivos y estará menos seguro a exprimir las utilidades de un proveedor.

- La motivación de quien toma las decisiones no está estrechamente ligada al precio del producto, y dependerá en gran parte de su bagaje personal.

El precio de coste de un producto o servicio va más allá del precio de adquisición y debe tener en cuenta lo que se conoce como «ciclo de vida de un producto»:

Pues bien, el coste integral de los aprovisionamientos está afectado por el mismo paradigma del ciclo de vida de un producto y, por consiguiente, confiere la totalidad de los costes involucrados en el proceso completo, desde su diseño hasta su eliminación por medio de estrategias de logística inversa, llegado el producto al final de su vida útil.

¿Qué factores deberemos considerar en el coste integral de los aprovisionamientos?:

- Coste de adquisición (afectación del precio de compra).
- Coste de transporte (si no está incluido en el anterior).

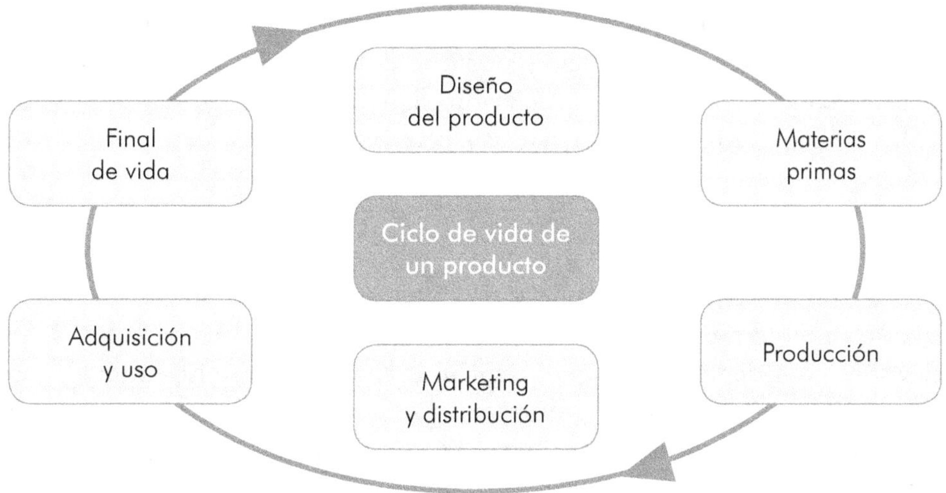

Figura 2. Ciclo de vida de un producto o servicio, que determina su precio de coste.

- Coste de pedido (gestión interna):

  - Seguimiento.
  - Recepción.
  - Control.

- Coste de existencia de materiales:

  - Tránsito (dependiendo de las reglas Incoterms).
  - Seguridad.
  - Maniobra.

- Coste de estructura.
- Coste de financiación.
- Costes de logística inversa.

El coste integral de los aprovisionamientos es la suma de los citados factores. Ello permite evaluar el grado de acercamiento entre el precio de mercado y el precio (coste) integral. El grado de dispersión entre ambos indicará cuánto peso específico tienen los aspectos no reflejados en los costes integrales y que pueden afectar en el precio final de mercado, ya sea desde una afectación inflacionista o deflacionista.

Esta información contratada entre ambos permite establecer estrategias de compra que contemplen esta diferencia y previene de una sobrevaloración no sujeta a un análisis económico riguroso. En recuadro siguiente se pueden ver unos ejemplos extraídos del blog From Now Onward Perspectives.

[...] En una pequeña tienda de barrio, una señora mayor pregunta «y esto... ¿cuánto vale?», señalando un conocido producto que copa las pantallas de los televisores. Los dependientes que atienden la clientela, en su ingenuidad, contestan el precio que marca la etiqueta. De hecho, sería sorprendente que contestaran algo así como: «considerando los costes fijos y variables de la producción del producto, así como las variaciones en el precio de los combustibles para el transporte, los costes fijos y los variables de la venta, y añadiéndole los de diferentes intermediarios, impuestos y subvalores añadidos... son: 6,90 €».

[...]

Uno de los ejemplos más cercanos es el mercado inmobiliario. El valor y el precio de un piso son variables, tanto en el momento actual como lo fue en el pasado.

De hecho, aquí radica el problema, ya que el precio es el montante final que paga el comprador, y si el piso pasa de un comprador a otro, el precio se incrementa. Sin embargo, ¿qué es el valor? Hablando en términos económicos, el valor es la cantidad de negocio que se puede hacer con algo.

El Diccionario de la Real Academia de la Lengua Española lo define como la «aptitud o cualidad de las cosas, en virtud de la cual se da por poseerlas cierta suma de dinero». Esta «cualidad de las cosas» implica un sentido subjetivo, es decir, para diferentes personas las cualidades de un mismo producto son diferentes. Así, en manos de diferentes personas, los mismos productos adquirirán distintos precios. Pero ¿por qué este valor es algo tan variable? ¿No es cuantificable?

En síntesis, el precio final que constituye el objeto de una negociación de compraventa se debe contrapesar con el valor que para nosotros tiene dicho producto o servicio, y analizar si nos compensa pagarlo. Esta operación tendrá que efectuarse periódicamente, ya que la relación precio *versus* valor de lo adquirido cambia con el tiempo y según las circunstancias de cada momento y de cada negociación.

Capítulo 17
El buen negociador

1 Carencias de un negociador inexperto

Iniciaremos este capítulo con un caso práctico, el de un comprador junior de neumáticos para la industria automovilística europea, con la finalidad de poner en evidencia las carencias básicas de que puede adolecer un negociador inexperto.

Caso 4
El comprador de neumáticos

Situémonos a mediados de los años noventa del siglo xx y en la escena automovilística internacional de constructores de vehículos. Ha irrumpido un nuevo paradigma de negociación promovido por un brillante ingeniero y directivo de origen español, el Sr. Pérez de Medinaceli, cuya idea básica en la negociación de compras con proveedores es la siguiente:

«Si dentro de la cadena de suministros, para una mayor eficiencia nuestra, es decir, de los compradores, instamos a nuestros proveedores inmediatos a que sean más eficientes y estos, a su vez, hacen lo propio con sus proveedores y así sucesivamente, toda la cadena alcanzará la máxima eficiencia».

Hace menos de un año que el Sr. Pérez de Medinaceli ha sido contratado por un importante grupo europeo de construcción de vehículos, el cual se suministra desde antaño de neumáticos de un reconocido y prestigioso fabricante que tiene su sede central en Bélgica.

Dado que el Sr. Pérez de Medinaceli está muy atareado con su nuevo cargo de director mundial de compras del Consorcio Automovilístico Europeo (CAE), llama a uno de sus más jóvenes y prometedores colaboradores para encargarle una misión.

Alexander Juconoff, de 29 años, que lleva dos años en el departamento de Compras Corporativas de CAE, está ilusionado y muy motivado por la nueva misión, que consiste en entrevistarse con el dueño de la Compañía Internacional de Neumáticos Rollercrown y presionarle para que rebaje un 5 % el precio de venta de todos los neumáticos que el grupo CAE le compra.

El año pasado, CAE adquirió el 80 % de todos sus neumáticos, es decir, unos 250 millones de euros.

El dueño de Neumáticos Rollercrown, una persona conocida a escala mundial, y tercera generación de la familia De la Crux, recibe al joven Alexander Juconoff en su despacho de la Grand Place en Bruselas. Escucha atentamente la exposición de Alexander y le responde:

«Mira, Alexander, no solo no voy a aceptar tu propuesta de reducir un 5 % el precio de los neumáticos que vendemos a CAE sino que voy a aumentarlo en un 7 % este año y en un 5 % los dos próximos».

»La razón de ello es que me han subido los costes derivados de las materias primas, así como los de I + D que, en su momento, dediqué a vuestra línea de neumáticos. Además, como «tú muy bien sabes», cualquier alteración en ingeniería de producción de vuestros vehículos no se puede llevar técnicamente a cabo hasta pasados tres años, por lo que estas son mis condiciones para dicho período».

Alexander comunicó esta información a su jefe, el Sr. Pérez de Medinaceli, quien se mostró muy afectado y sorprendido.

Nuestra pregunta es: ¿qué falló en la negociación de Alexander?

Recordemos un principio filosófico fundamental que todo negociador deberá tener presente si desea desarrollar sus capacidades negociadoras:

«El conocer al otro y conocerse uno mismo significa que no haya pérdidas en cien batallas.

No conocer al otro y conocerse a uno mismo significa victoria por derrota.

No conocer al otro y no conocerse uno mismo significa que cada batalla será una derrota segura».

El arte de la guerra

Sun Tzu, siglo iv a.C.

El conocimiento está en la base de la preparación de cualquier negociación. No es algo que se infiere por ciencia infusa, sino que requiere su tiempo.

El tiempo dedicado es directamente proporcional al éxito esperado. Si pretendemos «pasar rápido» por un diseño de estrategia negociadora, estamos abocados a grandes fracasos.

En este caso, se evidencia que el joven Alexander no se instruyó debidamente de las características del objeto que debía negociar. Además, la negociación se llevó a cabo en «casa del proveedor», lo cual en sí mismo no es negativo, pero infiere una pérdida de poder relativo.

Otro error, y este es grave, es la paridad de poder de los negociadores. Aunque un comprador pertenezca a una gran corporación empresarial, la paridad relativa con el dueño de otro grupo industrial prestigioso hubiera requerido un interlocutor más a la altura, no solo una joven promesa.

Se podría resumir que las carencias técnicas de Alexander impidieron que se produjera el intercambio de opciones y se generaran alternativas hasta culminar en un acuerdo.

Por tanto, en todo proceso negociador se deben seguir las pautas procedimentales al objeto no tanto de ganar, sino de no perder por la falta de habilidades y capacidades de la persona negociadora.

2 Características básicas de un buen negociador

En síntesis, las características generales que debe poseer y desarrollar un buen negociador deben incluir:

- Conocer las virtudes (puntos fuertes) y los defectos (puntos débiles) propios, así como los estímulos que los provocan, y contar con una estrategia de potenciación de sus fortalezas y otra de prevención de sus debilidades inherentes a su personalidad y estilo.

- Saber poner barreras «mentales» a los estímulos que provocan debilidades y buscar los que generan comportamientos positivos. Detectar las posibles amenazas y presiones de nuestro interlocutor o de nuestra propia organización y contrarrestarlas.

  Por ende, las oportunidades que nos ofrezca el comportamiento de nuestro interlocutor deben ser aprovechadas y enfatizadas de forma efectiva por nuestra parte.

- Tener capacidad de motivación para llevar a buen puerto una negociación larga y difícil, sin caer en el desánimo. Para ello, es preciso trazar una estrategia previa y tener una predisposición emocional y cognitiva que nos empuje a buscar alternativas.

- Transmitir los comportamientos que se pretende comunicar. La comunicación verbal y la no verbal tienen que trabajar al unísono.

  La fuerza y la creencia en lo que transmitimos en una negociación traspasan la verbalización del mensaje, por lo que debemos entrenar los mecanismos de comunicación no verbal para que no nos traicionen.

  Asimismo, deberemos buscar argumentos internos para interiorizar el mensaje (creer en lo que decimos) antes de iniciar el proceso negociador.

- Enfatizar correctamente con la otra parte, sin excedernos. Para ello, ayudará el analizar su personalidad mediante la escucha activa y detectar los aspectos comunes a nuestros valores o con los que nos sintamos cómodos para potenciarlos.

- Buscar soluciones que satisfagan racional y emocionalmente los intereses de las dos partes. Así facilitaremos el intercambio de opciones y el acuerdo, al dotar a nuestro interlocutor de unos estímulos y comportamientos que refuercen la relación personal y permitan implementar el acuerdo de forma eficiente en el sentido cognitivo y emocional.

  Esa es la mejor manera de asegurarnos la continuidad.

3 Técnicas comunes aplicables a un buen negociador

Existen diversas técnicas para potenciar las características personales inherentes a un buen negociador, que deben estar presentes desde el principio de la negociación:

– La serenidad, el respeto mutuo y el equilibrio deben impregnar todo el proceso.
– Al inicio, ofrecer un saludo cálido y pausado a nuestro interlocutor, evitar los formalismos o la familiaridad injustificada.
– Antes de entrar en materia, dejar hablar a nuestro interlocutor para conocer su estado de ánimo y relajarnos.
– Si surge un problema, lo trataremos como «un problema al que nos enfrentamos», no como «el problema que hay entre nosotros», dejando claro que este es para compartir.

Ejemplificaremos todo lo anterior con un nuevo caso, el del comprador de materias primas (véase el caso 5).

4 Tácticas de negociación para situaciones extremas

¿Qué hacer cuando las estrategias más comunes no funcionan? Por ejemplo, si nuestro interlocutor tiene más poder que nosotros o si detectamos que emplea trampas y engaños. Estas preguntas nos abren tres escenarios distintos y tres posibles tácticas de negociación recomendables.

4.1 ¿Qué pasa si los otros son más poderosos que nosotros?

De qué nos sirve hablar de intereses comunes, opciones, criterios, etc., si la otra parte, se encuentra en una posición de negociación más fuerte o tiene mejores contactos, o más personal o más y mejores armas de negociación.

La clave en esta situación es: «protegerse a uno mismo». Hay que utilizar el método Harvard de negociación de forma sistemática. Por medio de él, lograremos dos objetivos muy importantes para ambas partes:

1. Impedir que lleguemos a un acuerdo que deberíamos rechazar.
2. Ayudar a sacar el mayor partido posible de nuestras «armas» para alcanzar un acuerdo aceptable.

Nuestra mejor herramienta es formular nuestra MAAN de forma adecuada. Los pasos para definirla son:

Caso 5
El comprador de materias primas

La negociación se desarrolla en la mina de CarbonCol, en Albania, Colombia.

–¡Buenos días, Juan Miguel! –dice Carlos.

–Sé bienvenido a la mina, Carlos. ¿Qué tal has descansado? Espero que te hayas recuperado del «ballenato» de ayer por la noche. Me dijeron que estás un poco duro de caderas… –responde Juan Miguel.

Carlos Barrena es un ejecutivo de la empresa española Ibertron, SA, para la cual gestiona la compra de carbón, suministrado siempre a través de traders internacionales que le ofrecen el producto en condiciones CIF en puerto español. Dada la gran incidencia del coste del carbón en el proceso productivo de su empresa y el alza de precios, Carlos propuso al Comité de Dirección negociar parte del suministro directamente con los productores.

Mediante un trabajo de investigación de back office, determinó que los posibles suministradores se localizaban en EEUU, el golfo de México, Sudáfrica y Colombia. Pensó que, por afinidad cultural y lingüística, Colombia sería un buen lugar por donde empezar.

A través de la Oficina Comercial de la Embajada de España en Bogotá consiguió un listado de empresas productoras, la mayoría multinacionales, y entre todas ellas le llamó la atención CarbonCol, una «pequeña» explotación familiar situada en la región de La Guajira.

Tras varios meses de intentos infructuosos, consiguió, gracias a un antiguo compañero de estudios colombiano, contactar con Juan Miguel Guerra, director de CarbonCol e hijo del fundador. Se sucedieron otros dos meses de intercambio de correos hasta que consiguió una entrevista con el Sr. Guerra en sus oficinas de Barranquilla.

Carlos quería visitar la mina, pero le aconsejaron esperar hasta encontrar la oportunidad de sacar el tema durante la entrevista. Por si acaso, programó la duración de su estancia para una semana.

A su llegada al aeropuerto de Barranquilla, un chófer de CarbonCol le esperaba para conducirle al hotel. Le indicó que el Sr. Guerra le recogería a las 19:30 h para cenar. Llegó a las 20:15 h y solicitó en recepción que le avisasen. De camino al restaurante, conversaron sobre el viaje, el *jet lag*, el tiempo, etc.

La cena transcurrió plácidamente. Hablaron de fútbol, de la economía global y de la actual situación de Colombia, ahora que la guerrilla parecía controlada. Carlos no encontraba la manera de hablar de su empresa y sus necesidades, de saber algo más de CarbonCol, etc., pero por prudencia se abstuvo de introducir el tema. A las 22 h estaba de regreso en el hotel. Recordó las últimas palabras del Sr. Guerra: «Hasta mañana, Carlos; te recojo a las 9 h».

A las 10:05 h pasó a recogerlo y fueron directamente a la oficina. Una vez allí, Juan Miguel les presentó a algunos de sus colaboradores, que estaban ya esperando en la sala de reuniones.

A Carlos le sorprendió ver que casi un tercio de los asistentes eran mujeres. Le ofrecieron café, agua bien fría y agua de coco recién recogida. Juan Miguel le indicó que empezarían por una presentación de CarbonCol y después les gustaría conocer algo más sobre Ibertron, SA, especialmente su estructura accionarial, negocio y situación financiera.

Cada uno de los responsables de área de CarbonCol realizó una exposición de sus departamentos mientras Juan Miguel hacía pequeñas intervenciones aclaratorias y observaba las reacciones de Carlos. Al llegar su turno, Carlos hizo una somera presentación de Ibertron, SA, destacando su sólida posición de mercado, estable estructura accionarial y alta capacidad de compra.

Tras las exposiciones, los ejecutivos de CarbonCol se despidieron cortésmente y dejaron a Carlos, Juan Miguel y el padre de este, que hacía poco que se había incorporado, en la sala. Les trajeron unos bocadillos y refrescos.

Entre bocado y bocado, Juan Miguel indicó que no tenían mucho producto para vender, pues el mercado estaba en clara demanda y la mayoría de su producción la colocaban directamente a un trader que les daba seguridad durante el año, sin complicaciones logísticas, pues se lo vendían en condiciones *ex work*, y con poco riesgo.

Carlos le indicó que él tampoco necesitaba grandes cantidades, pues su intención era seguir con sus proveedores habituales, también traders, pero deseaba dar entrada a un productor. Pensaba que el margen del trader se lo podrían repartir entre ambas empresas, con lo que llegarían a una situación *win-win*. Se dio cuenta de que el padre de Juan Miguel lanzó una mirada de interés hacia su hijo.

Entonces Carlos aprovechó para decirles directamente que lo primero que debían hacer era programar una visita cuanto antes a la explotación, y seguir la negociación una vez él dispusiera de más información.

Juan Miguel le propuso ir al día siguiente en avión, sobre las 17 h. Enviaría a alguien a recogerle al hotel a las 15 h y se reunirían en el aeropuerto. Pero esta noche, se iban a comer pescado. Continuaron en la sala un par de horas más hablando sobre el puerto de carga, sus características, factibilidad de transporte ferroviario, etc., es decir, más de temas logísticos que del producto en sí. D. Ángel Luís marchó al poco rato de reiniciar la conversación.

De nuevo, la cena fue deliciosa. Asistieron Juan Miguel, Rogelio Cesar Ventura, director de explotación, que también les acompañaría el día siguiente a la mina y Carlos. Se habló de todo, incluso un poco sobre carbón, tema que sacó Carlos. A las 21:30 h ya estaba de regreso en el hotel.

Al día siguiente, Carlos se despertó casi de madrugada, para despachar temas con la oficina en España. Respondió algunos correos y se preparó un listado de temas que quería abordar durante la visita a la mina y en la reunión posterior.

A las 15 h en punto el chófer le esperaba en el vestíbulo del hotel y se dirigieron hacia el aeropuerto. Rogelio Cesar llegó al mismo tiempo que Carlos. Juan Miguel llegó justo para el embarque. Al llegar a Albania, Rogelio Cesar y Carlos fueron directamente al hotel.

Juan Miguel marchó a la mina, donde tenía su segunda casa. Se refrescaron, salieron a tomar unas cervezas y a cenar. Después de la cena, fueron a un local con música en directo. Esa noche, Carlos no volvió al hotel hasta las 23:45 h.

Antes de dormir, quiso organizar las ideas. Era consciente de que en ningún momento habían hablado de precio. Le habían enviado certificados de calidad, pero necesitaba estar seguro antes de dar más pasos. ¿Cómo debía abordar la reunión de mañana? ¿Podría realmente cerrar un acuerdo y llevárselo firmado a casa? ¿Cuáles eran los puntos críticos que debía acordar? Un sueño reparador es lo que necesitaba ahora...

—No hay quien compita con vosotros en ritmo. ¡Y espero que tampoco en calidad y servicio! Tengo muchas ganas de ver vuestra explotación y llegar a un acuerdo con vosotros... —comentó Carlos cuando se encontraron por la mañana.

—Vamos a intentarlo. ¡Empecemos la visita! —respondió Juan Miguel.

Conclusiones

Bien, qué nos muestra esta situación negociadora, qué factores son los determinantes en las características de los negociadores, sobre todo el comprador, Carlos, en un entorno cultural próximo pero muy distinto al suyo. Veámoslo detenidamente:

- En primer lugar, que el tópico cultural no debe nublar la realidad de ningún entorno empresarial, es decir, en un país cálido y acogedor, sus directivos y profesionales tienen un estilo profesional equivalente al de cualquier país desarrollado de Occidente.

  Nótese que la propiedad se manifiesta en algunas partes del mundo con una evidente falta de rigor en cuanto a la «puntualidad». Los empleados de CarbonCol acuden puntuales a la negociación y están atentos al desarrollo de la misma en todos los escenarios, desde el chófer hasta los directivos funcionales. Los dueños tienen otro «tempo».

- Por parte de Carlos, aun habiendo realizado la instrucción previa en cuanto a conocimiento documental de la parte vendedora –CarbonCol–, no acaba de mantener durante el proceso la adecuada distancia entre lo personal y lo profesional. Olvida que una negociación no solo se realiza en un despacho, se reafirma en una cena, una fiesta, una visita, etc.

- Si diseñamos una posición afable pero distante para no rebajar nuestras expectativas, debemos mantenerla durante todo el proceso de negociación y no caer en relajaciones que, según la cultura de nuestros interlocutores, pueda hacernos perder nuestra referencia y valoración recíproca.

- No antepongamos los tópicos y entendamos que si bien las relaciones personales son convenientes e imprescindibles, un negociador que representa a una empresa es no menos que eso, pero no más que un profesional que deberá controlar su estrategia en todo momento.

- Revisión de nuestros objetivos mínimos.
- Relación de nuestras fortalezas.
- Relación de los «valores nuestros» que pueden ser percibidos como tal por el interlocutor.
- Revisar en profundidad nuestros caminos de salida, caso de no llegar a un acuerdo. «Plan B, pero realista.»
- Intentar conocer o averiguar la MAAN de nuestro oponente.
- No darnos por perdidos antes de «jugar».

4.2 ¿Qué pasa si no quieren seguir «el juego»?

Hablar de intereses, opciones y criterios es una excelente estrategia (es nuestro juego), pero puede suceder que nuestro oponente se bloquee, o que solo le preocupe maximizar su propio beneficio, o incluso que ataque nuestros valores y emociones, es decir, nuestra «persona».

Existen tres enfoques básicos para reconducir la situación:

- Concentrarnos en los intereses, no en las posiciones.
  Esta táctica depende únicamente de nosotros, es contagiosa y mantiene abiertas las posibilidades de éxito en cuanto nuestro oponente comience a hablar de intereses, opciones y criterios.

- Detectar qué puede hacer nuestro oponente y concentrarnos en ello.
  Esto debilita su planteamiento posicional inamovible y focaliza su atención hacia los intereses. Hay que bombardearlo con alternativas desde su punto de vista, utilizando elementos objetivos que minen su posicionamiento inicial.

- Hacer aparecer «un tercer actor» en la negociación, una tercera parte.
  El objetivo será que ayude a centrar la negociación en la discusión de los intereses, las opciones y los criterios. Puede ser un mediador o alguien de un estrato superior:

  - Entidades gubernamentales.
  - Expertos legales.
  - Personas de reconocido prestigio.

Todo ello nos lleva a utilizar las siguientes tácticas:

- No atacar las posiciones de nuestro interlocutor, analizarlas tras ser expuestas.
- Interpretar y hacer visible que cualquier ataque hacia nosotros está dirigido contra «el problema» objeto de la negociación.
- Considerar el valor de normativas y textos legales.
- No perder la calma jamás.
- Recurrir siempre a un tercer actor en caso de bloqueo absoluto.
- Estudiar con detenimiento el *tempo* de la negociación, para nosotros y para nuestro interlocutor.
- No cerrar nosotros la negociación, mejor que sea manifestado por nuestro interlocutor.

4.3 ¿Qué pasa si juegan sucio?

Puede suceder que nuestro interlocutor nos engañe o intente desestabilizarnos, o que aumente sus exigencias justo cuando estamos a punto de firmar y llegar al acuerdo.

Existen dos respuestas más o menos generalizadas:

1. Aguantarse, con la esperanza de que solo sea «por esta vez». No suele funcionar para nosotros, ya que quien juega sucio y le sale bien, repite.
2. Responder con la misma moneda, que suele conducir a la ruptura de las negociaciones.

Pero existe una tercera vía: descubrir a nuestro oponente la táctica que está usando e instarle a negociar de forma amigable y honesta.

¿Cómo se puede descubrir la táctica que utiliza nuestro rival y evidenciar su inoperancia para lograr un resultado satisfactorio para ambas partes?

Algunas ideas:

- Hacer visible que las tácticas tipo «poli bueno / poli malo» no llevan a ninguna parte.
- Tras poner de manifiesto nuestras impresiones, dejar un «tiempo muerto» que facilite la reconducción de la negociación.
- Dejar alternativas y puertas abiertas basadas siempre en los intereses objeto de la negociación.

Capítulo 18
Coaching aplicado a la negociación

1 Principios fundamentales

El *coaching* aplicado a la negociación tiene su razón de ser cuando, por medio de negociadores sénior o de un profesional del *coaching,* se desea formar y explotar las habilidades personales de negociadores con menor experiencia o júniors, con el objetivo de lograr un equipo negociador robusto y capaz de alcanzar las metas que se marquen.

Uno de los errores más comunes que suele cometer el negociador sénior convertido en *coach* de un equipo de negociadores es «tomar partido», es decir, involucrarse más allá de lo que debe ser la posición de entrenador, que no es hacer, sino formar y motivar para que otros hagan por ellos mismos.

Relacionando la negociación con el deporte, un *coach,* el entrenador:

- No juega por sí mismo el juego, al menos no de la misma forma que los jugadores.
- Se mantiene en la banda (al margen), mientras que los jugadores juegan el partido. Algunas veces aprenden más de sus derrotas que de sus victorias.

Por razones obvias, si el *coach* es un profesional del *coaching* este riesgo es menor, ya que es muy posible que no domine los conocimientos y las técnicas de las negociaciones y le será más difícil involucrarse en exceso en dicho proceso.

Cuando se desea aplicar la técnica del *coaching* a la negociación, el *coach* debe asumir la responsabilidad, el rol, de *guiar* a cada uno de los negociadores júnior hacia el logro de los resultados a través de un proceso continuo de descubrimiento de sus propias fortalezas y debilidades, así como las estrategias para reforzar unas y paliar las otras.

Por consiguiente, el entrenador del equipo deberá conocer de los negociadores júnior:

- Quiénes son.
- Qué pueden hacer.
- Qué no pueden hacer.
- Cuáles son sus objetivos.
- Cómo puede ayudar a alcanzarlos.

Una de las fortalezas que tiene la aplicación de esta técnica a la negociación es que puede adaptarse fácilmente a:

- Los negociadores júnior que van a ser entrenados. Es necesario conocer a las personas con las que se va a trabajar.
- Cada situación en particular. Sin olvidar que el éxito no está garantizado siempre en todo momento y lugar.
- A los recursos que se posean en cada momento.

En síntesis, un verdadero entrenador que desee implementar un proceso de *coaching* a un equipo de negociación, debe sentir como satisfacción principal el éxito de los otros, no el de sí mismo.

Es conveniente diferenciar que no es lo mismo aplicar esta técnica a un individuo que a un equipo. La clave, cuando se realiza a un equipo, es tener muy presente que está formado por individuos. Parece una obviedad, pero no lo es. Un equipo no conforma una estructura monolítica que responde de forma unívoca a los estímulos; muy al contrario. El éxito del proceso estriba en la combinación adecuada de las fortalezas de algunos individuos para paliar las debilidades de otros en una mescolanza que robustezca al conjunto y lo haga más efectivo en el logro de los objetivos comunes.

El resultado, cuando es exitoso, es que el nivel de excelencia alcanzado por el equipo supera siempre al individual de cada persona tomada aisladamente.

Por último, no se debe olvidar que los equipos están formados por personas, y que se deben considerar las habilidades de las mismas como miembros de un equipo al tiempo que como individuos.

«Con los mimbres que hay, habrá que hacer los cestos.»

JUAN CARLOS MARTÍNEZ
Director general de Autobar Group Spain

2   El modelo infinito del *coaching*

El *coaching* es un proceso que nunca finaliza en su desarrollo. No tiene un punto de partida y uno de llegada predeterminados.

No obstante, se debe definir una base de partida, una plataforma que sirva para efectuar un diagnóstico inicial que permita determinar dónde se está y cuál es el siguiente paso que se ha de dar.

Los pasos que se deben seguir en la aplicación del modelo infinito son:

1. Determinar los valores del negociador hoy (donde está como persona).
2. Determinar los objetivos personales y sus expectativas.
3. Diseño de un plan para lograr dichos objetivos.
4. Desarrollo – implementación– del plan.
5. Evaluación del resultado.
6. Retroalimentación, y vuelta a empezar de nuevo.

* **Determinación de valores**

  En este paso, lo esencial es determinar cuáles son las habilidades cognitivas y emocionales que el negociador posee. Cuáles son sus fortalezas y debilidades tanto a nivel formativo (profesional) como de actitud y grado de satisfacción.

  En definitiva, como punto de partida, se debe hacer un retrato del negociador, que se irá modificando durante el proceso, ya que la aplicación de este modelo es dinámica y, por tanto, induce cambios en los estados del individuo.

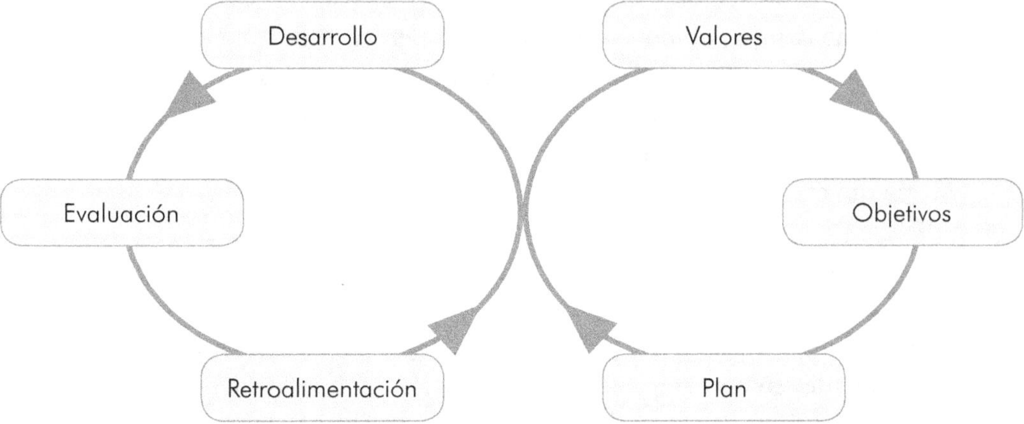

Figura 1. Seis pasos que se deben seguir al llevar a la práctica el modelo infinito del *coaching*.

- **Determinar los objetivos personales y sus expectativas**
  Aquí se debe determinar si los objetivos y las expectativas del negociador son medibles, alcanzables, realistas, respecto el objetivo en sí y en el horizonte temporal para lograrlo.

  Es importante no caer en extremos, ni fijar objetivos o expectativas demasiado elevados, ni demasiado pesimistas. Es un hecho refrendado en la práctica que el marcar objetivos altos pero alcanzables y realistas es mucho más productivo para la persona que tener unos objetivo de perfil bajo. Quién sale a empatar un partido, lo suele perder.

- **Diseño de un plan para lograr dichos objetivos**
  Se deben combinar las habilidades profesionales y personales para trazar un plan de actuación. Para ello, el *coach* debe dotarse de una metodología de dinámica de grupos que facilite que cada persona enmarque sus propios objetivos al tiempo que se vayan poniendo de manifiesto los del equipo.

  Para la monitorización de las pautas por parte del *coach*, se deben determinar los puntos clave del plan y sus fases de desarrollo. Con ello es posible iniciar una aproximación a los negociadores para que potencien con dicho plan sus habilidades personales y profesionales.

  La experiencia del *coach* en esta fase es crítica, ya que un diseño erróneo o no asumido de forma efectiva por las personas que participan en el proceso puede tener efectos muy negativos para el equipo.

- **Desarrollo –implementación– del plan**
  La toma de acciones así como la realización de cambios en función del resultado de cada acción es la forma de implementar el «desarrollo». Se debe interactuar con los objetivos fijados y, sin perder el hilo conductor del plan, realizar los ajustes que permitan ir logrando los hitos señalados.

  Lo importante no es tener la razón, sino que nos la den. De ahí que rehuyamos de posicionamientos rígidos. Hay que ir logrando los hitos, ya sea de forma directa o inducida.

- **Evaluación del resultado**
  A los efectos de evaluar los resultados, podemos convenir que: «… lo que no se puede medir, no se puede cambiar», y cambiar para mejorar, se entiende. Por consiguiente, en esta etapa se ha de comparar de forma objetiva los resultados de cada interacción, el logro de determinados hitos, sobre la base del plan diseñado.

Todo ello con el fin de corregir desviaciones y actitudes negativas y reforzar el valor de las positivas como estímulo.

- **Retroalimentación**
  En esta etapa, que no es la final, se debe mantener el foco en lo conseguido y redirigir de nuevo todo el proceso de forma continuada.

2.1 ¿Cuándo se acaba un proceso de coaching *para negociadores*?

La respuesta a esta pregunta no es siempre fácil o inmediata, dependerá de si se ha realizado a través de un negociador sénior experto en negociación y sobre todo en *coaching* para negociadores, o si se ha recurrido a la ayuda profesional de un *coach*.

Las dos vías tienen un elemento común: la evaluación objetiva del número de hitos y logros alcanzados, su consistencia y el cambio efectivo en las habilidades personales y profesionales de los negociadores objeto del *coaching*.

En cualquier caso, *el coaching* para negociadores nunca puede ser un proceso «eterno».

3 ¿Cómo evaluar el éxito de una sesión de *coaching*?

El modelo del *coaching* ayuda en la etapa de retroalimentación a discernir el mayor o menor éxito del proceso, pero una sencilla fórmula de evaluación es dar respuesta a las siguientes cuestiones:

- **Existe reciprocidad y comunicación mutua**
  Los negociadores objeto del *coaching* hablan más que el entrenador (60/40).

  La comunicación se da en dos direcciones, es decir, existe emisión y recepción por parte del *coach* y los negociadores participantes.

- **La atmósfera creada es respetuosa en las formas**
  Se están gestionando bien las emociones. Las personas hablan y expresan ideas contrapuestas de forma educada, sin exasperaciones.

  Se da validez a los puntos de vista de los participantes, aunque no se compartan.

- **Se focaliza la sesión en la búsqueda de soluciones**
  No se buscan culpables, no se fabrican excusas autojustificadoras.

No se pierde el foco de los objetivos y no es necesario volver una y otra vez a recordarlos; están presentes en todo momento y el grupo se dedica a conseguirlos. No hay «despistes».

- **Se evidencia una estructuración en la sesión**
  Han desaparecido las reacciones «explosivas» y las exposiciones de los negociadores transcienden desde una idea base. No se trata de una «tormenta de ideas», sino que se evidencia una meditación del objetivo final que subyace en cada intervención.

- **Se mantiene el control de la sesión**
  El *coach* debe mantener el control de la sesión, impidiendo derivas y pérdidas de concentración y motivación.

  En caso de que se perciba una pérdida de control, se deben introducir cuestiones nuevas que faciliten refocalizar las cuestiones. La idea es simple, cuando uno hace una pregunta, otro debe responder.

- **Dedicar una sesión por objetivo, no más**
  El *coach* ha de evitar a toda costa que el equipo o alguien del equipo (es lo más habitual) «toque el tambor», es decir, se pierda en nimiedades que deben ser obviadas, ya que en caso contrario es fácil que se pierda la retroalimentación imprescindible con las acciones que se estén desarrollando en la sesión.

- **Comprobar que se produce un cambio de comportamiento**
  El *coaching* persigue un cambio positivo de comportamiento. Es necesario confirmar que ello se produce, pues si sucede lo contrario es que algo no se está haciendo bien. En ese caso es imprescindible reflexionar y modificar el enfoque de la sesión.

4   El *coaching* según los tipos genéricos de negociadores

El modelo del *coaching* y, por tanto, su aplicación práctica debe saber identificar y gestionar los diferentes tipos de personalidades que haya en el equipo de negociadores. Qué estrategias básicas usaremos con cada una de ellas para reconducir su actitud al objeto de que el proceso sea efectivo a nivel individual y de equipo.

- **El desmotivado**

Hay que comprobar que realmente está desmotivado y que no es una «pose», y averiguar qué parte de su trabajo como negociador le gusta más y le recompensa anímicamente.

Trabajemos las preguntas y los hitos basándonos en sus preferencias emotivas y lo «bombardearemos» a preguntas, ya que de la cantidad de las mismas podremos focalizar y gestionar mejor sus intereses. A todo el mundo le interesa algo.

- **El que lo sabe todo**

Para reconducir su actitud, nos focalizaremos en los logros de los demás miembros del equipo de negociadores.

Si esto no funcionase, le «bombardearemos» a preguntas hasta que se haga evidente para él mismo que «nadie sabe más que todos juntos», ni siquiera él. Lo haremos con tacto para no herir su sensibilidad.

- **El arriesgado**

Ser arriesgado en sí mismo no tiene por qué ser una rémora, se ha de buscar cómo orientar ese empuje, esa creatividad del negociador hacia un comportamiento razonable, pero sin perder la «chispa» intrínseca que conlleva esta personalidad.

Profundizar en elementos cuantificables y evaluar por medio de técnicas de escenario puede ayudar a reconducir esa energía vital.

Llevar a la persona a temas y áreas en las que le falte base de conocimiento empírico para evidenciar que el asumir riesgos excesivos por sistema puede conducirle a más de un fracaso.

Probar situaciones que le hagan errar y evaluar las medidas correctivas que se deberían haber considerado previamente.

- **El verdadero experto**

Suelen ser negociadores que cuentan con una gran experiencia profesional y emocional, que implícitamente creen que poco o nada pueden ya aprender. En ese caso, reconozcamos la evidente aportación que puede hacer al equipo y hagamos que se sienta «experto» y «mentor» del grupo.

Enfaticemos el trabajo en equipo y su implementación al objeto de que se sienta partícipe y hasta responsable de los logros del grupo.

No nos enfrentemos a él, nuestro primer objetivo será conseguir su complicidad como «ayuda» a otros. El reconocimiento siempre es motivador en sí mismo.

- **La «prima dona» y el «superstar»**

Para reconducir esta personalidad ansiosa de protagonismo focalizaremos el trabajo en equipo del resto de negociadores. Extremaremos la dinámica de grupos e intentaremos paliar el protagonismo mediante la interactuación colectiva.

Debe quedar claro que el *coach* de algo sabe más que «la prima dona», de algo que es objeto de dicho *coaching;* en caso contrario, puede dinamitar las sesiones y dificultar el logro del equipo.

Ofrecerle retos constantes que le permitan ponerse a prueba; y si el resultado es bueno para él y para el grupo, reconozcámoslo sin caer en favoritismo respecto al resto del grupo.

Conviene cultivar sus cualidades de liderazgo. Si realmente las tiene, estaremos ante un *superstar,* y reforzar sus valores y comportamientos será muy positivo para todos, pues el grupo encontrará en él un «líder natural».

Bibliografía

Aramburu e Higuera: *Habilidades de negociación.* Ediciones Pirámide, Madrid, 2010.

Barnlund, Dean C.: *Communicative Styles of Japanese and Americans.* Belmont, California, Wadsworth, 1989.

Baverez, Nicolas: *Francia en declive.* Gota a gota ediciones, 2005.

Bennett, Milton: «Towards Ethnorelativism: A Developmental Model of Intercultural Sensitivity». Yarmouth, Maine, Intercultural Press, 1993.

— «Intercultural Communication: A Current Perspective». Yarmouth, Maine, Intercultural Press, 1998.

Bernstein, William J.: «A Splendid Exchange: How Trade Shaped the World». Nueva York, Atlantic Monthly Press, 2008.

Bohm, David: *On Dialogue.* Lee Nichol, Londres & Nueva York, Routledge, 1996.

Brzezinski, Zbigniew: *El gran tablero mundial.* Paidós, Barelona, 1998.

Bustelo, Pablo: *Chindia. Asia a la conquista del siglo XXI.* Tecnos, Madrid, 2010.

Carlin, John: *El factor humano.* Seix Barral, Barcelona, 2009.

Casmir, FL: «Foundations for the Study of Intercultural Communication based on a Third-Culture Model». *Intercultural Relations,* vol. 23, n.º 1, enero de 1999.

Collier, Paul: *Guerra en el club de la miseria. La democracia en lugares peligrosos.* Turner, Madrid, 2008.

Dodd, Carley H.: *Dynamics of Intercultural Communication* (5.ª ed.). Boston, *et al.,* McGraw-Hill, 1998.

Ferguson, Niall: *Civilización: Occidente y el resto.* Debate, Madrid, 2012.

Fisas, Carlos: *Curiosidades y anécdotas de la historia universal.* Planeta, Barcelona, 1995.

Friedman, Thomas: *La tierra es plana.* Ediciones Martínez Roca, Barcelona, 2006.

Geertz, Clifford: *The Interpretation of Cultures: Selected Essays.* No City: Perseus, 1973.

Ghemawat, Pankaj: *Mundo 3.0.* Deusto, Barcelona, 2011.

Giné, Jaume: *Asia marca el rumbo.* Dèria editors, Barcelona, 2012.

Goleman, Daniel: *Inteligencia emocional,* Kairos, Barcelona, 1996.

Hall, Edwart T.: *The Silent Language Greenwich.* CN: Faucett, 1959.

— *The Hidden Dimension.* Nueva York: Anchor/Doubleday, 1966.

— «The Power of Hidden Differences». Yarmouth, Maine, Intercultural Press, 1998.

Hoffman, David E.: *Los oligarcas. Poder y dinero en la nueva Rusia.* Mondadori, Barcelona, 2003.

Hofstede, Geert: *Cultures and Organizations: Software of the Mind.* Nueva York, *et al.,* McGraw-Hill, 1997.

Holden, Nigel: *Cross-Cultural Management: A Knowledge Perspective.* Harlow, Reino Unido, *et al.,* Financial Times / Prentice Hall, 2002.

Huntington, Samuel P: *El choque de civilizaciones.* Paidós, Barcelona, 1997.

Ignatieff, Michael: *El nuevo imperio americano.* Paidós, Barcelona, 2003.

Isaacs, William: *Dialogue and the Art of Thinking Together: A Pioneering Approach to Communicating in Business and in Life.* Nueva York, *et al.,* Currency, 1999.

Jensana Tanehashi, Amadeo: *Empresa y negocios en Asia Oriental.* Editorial UOC, Barcelona, 2004.

Kagan, Robert: *Poder y debilidad.* Taurus, Madrid, 2003.

Kapuscinski, Ryszard: *El Sha o la desmesura del poder.* Anagrama, Barcelona, 2003.

— *Viajes con Heródoto.* Anagrama, Barcelona, 2006.

Lillo, Javier: *El cuerpo habla.* Crealite, Madrid, 2010.

Mahbubani, Kishore: *The New Asian hemisphere.* Public Affairs, Nueva York, 2008.

Martin, Judith N. y Nakayama, Thomas K.: *Intercultural Communication in Contexts* (2.ª ed.). Londres y Toronto, Mayfield, 2000.

Martínez Roca, Ediciones: *Boby Fischer, su vida y sus partidas.* Barcelona, 2000.

Nye, Joseph S.: *La paradoja del poder norteamericano.* Taurus, Madrid, 2003.

O'Neill, Jim: *El mapa del crecimiento.* Deusto, Barcelona, 2012.

Ontiveros, Emilio y Guillén, Mauro F.: *Una nueva* época. Galaxia Gutenberg, Barcelona, 2012.

Poch, Rafael: *La gran transición. Rusia, 1985-2002.* Crítica,Barcelona, 2003.

Raich, Jordi: *El espejismo humanitario.* Debate, Madrid, 2004.

Reid, Michael: *El continente olvidado.* Belacqua, Barcelona, 2009.

Rodrik, David: *La paradoja de la globalización.* Antoni Bosch Editor, Barcelona, 2011.

Senlle. *Negociar para ganar.* Gestión, Barcelona, 2000.

Senor, Dan y Singer, Saul: *Start-up nation.* Toy Story, Madrid, 2012.

Serrano, G. y Rodríguez, D: *Negociación en las organizaciones.* Eudema, Madrid, 1993.

Resendez, Andrés: *Un viaje distinto. La exploración de Cabeza de Vaca por América.* La Vanguardia Ediciones, SL, Barcelona, 2008.

Shaxson, Nicholas: *Treasure Islands: Uncovering the Damage of Offshore Banking and Tax Havens*. Palgrave MacMillan, 2011.

Stefan Zweig: *Magallanes: el hombre y su gesta*. Debate, Madrid, 2005.

Stewart, Edward C. y Bennett, Milton: *American Cultural Patterns: A Cross-Cultural Perspective*. Yarmouth, Maine, Intercultural Press, 1991.

Tannen, Deborah: *Talking from 9 to 5: How Women's and Men's Conversational Styles Affect Who Gets Heard, Who Gets Credit, and What Gets Done at Work*. Nueva York, William Morrow, 1994.

Trujillo, J.R. y García, J.: *Teoría y técnicas de negociación*. Ediciones 2010, Madrid, 2004.

Tsuru, Shigeto: *El capitalismo japonés. Algo más que una derrota creativa*. Ediciones Akal, Madrid, 1999.

Turner, F.J.: «The Significance of the Frontier in American History». *Annual Report of American Historical Association*, Washington (leído en julio de 1893).

Urbina, José Antonio de: *El protocolo en los negocios*. Temas de hoy, Madrid, 2000.

Ury, William: *De la negociación al acuerdo*. Parramón, Barcelona, 1993

— *Supere el no: cómo negociar con personas que adoptan posiciones inflexibles* (3.ª ed.). Ediciones Gestión 2000, Barcelona, 2007.

Varma, Pavan K.: *La India en el siglo XXI*. Ariel, Barcelona, 2006.

Verdú, Vicente: *El planeta americano*. Anagrama, Barcelona, 1996.

Zinoviev, Alexandr: *La caída del imperio del mal*. Edicions Bellaterra, Barcelona, 1999.

Zorrilla, José A.: *China, la primavera que llega*. Gestión 2000, Barcelona, 2006.

William, J. y Rubin, J. (eds.): *Negotiation Theory and Practice*. PON Books, Cambridge, 1991.

Artículos e informes

«África se mueve», Jordi Vaquer, *El País*, 12 de julio de 2011.

«África subsahariana: un espacio de oportunidades para la empresa española», Rafael Gómez-Jordana Moya, Real Instituto Elcano, 17 de enero de 2013.

«Asia's rise». Minxin Pei, *Foreign Policy*, julio-agosto de 2008.

«El castigo de Eden», Xavier Batalla, *La Vanguardia*, 13 de mayo de 2007.

«El reequilibrio de EEUU hacia el Pacífico», Leon E. Panetta, *El País*, 7 de enero de 2013.

«El tango del 7 de octubre», Alberto Barrera Tyszka, *El País*, 9 de octubre de 2012.

«Corea del Sur. El pequeño gigante», *Vanguardia Dossier*, n.º 43, abril-junio de 2012.

«Estados Unidos, deseo y realidad», Javier Solana, *El País*, 14 de diciembre de 2012.

«5 Reasons to believe in the Indonesian Miracle», *Foreign Policy*, septiembre de 2012.

«Global trends 2030», National Intelligence Council, diciembre de 2012.

«Grietas en la Gran Muralla», *El País*, 2 de noviembre de 2012

«India desacelera, pero mantiene el optimismo», Jordi Joan Baños, *La Vanguardia*, 16 de octubre de 2011.

«India: ¿el final de la era dorada del crecimiento económico?», Pablo Bustelo, Real Instituto Elcano, 7 de agosto de 2012.

«Islam político 2.0», Zouhir Louassini, *El País*, 25 de octubre de 2011.

«La crisis y la industria: *The times they are a-changin*», Jordi Palafox, *La Vanguardia*, 27 de enero de 2013.

«La economía rusa en la crisis mundial: una valoración de la etapa Medvédev», Antonio Sánchez Andrés, *Revista CIDOB d'afers internacionals*, n.º 96, diciembre de 2011, pp. 45-61.

«La decisión de Putin, el futuro de Rusia», Zbigniew Brzezinski, *Política Exterior*, n.º 125, septiembre-octubre de 2008.

«La necesidad de Europa», Emilio Lamo de Espinosa, *ABC*, 14 de diciembre de 2012.

«Las traiciones del Bundesbank a Europa», Xavier Vidal-Folch, *El País*, 25 de marzo de 2011.

«Looking to 2060: Long-term global growth prospects», *OECD Economic Policy Papers*, N.º 3, noviembre de 2012.

«Los espejismos de las primaveras», Tomás Alcoverro, *La Vanguardia*, 23 de diciembre de 2012.

«Our Banana Republic», Nicholas D. Kristof, *The New York Times*, 6 de noviembre de 2010.

«Señores, *start your engines*», *The Economist*, 24 de noviembre de 2012.

«¿Será americano el siglo XXI?», Xavier batalla, Magazine de *La Vanguardia*, 2 de noviembre de 2008.

«Social insecurity», *The Economist*, 18 de noviembre de 2010.

«The Dynamic African Consumer Market: Exploring Growth. Opportunities in Sub-Saharan Africa», Grant Hatch, Pieter Becker y Michelle van Zyl, Accenture, 2011.

«The rise of state capitalism», *The Economist*, 21 de enero de 2012.

«The rising power of the Chinese worker», *The Economist*, 29 de Julio de 2010.

«30 años de reforma en China», Enrique Fanjul, Real Instituto Elcano, 11 de diciembre de 2008.

«Tribal Japan», *The Economist*, 3 de diciembre de 2011.

«Viento de (poco) cambio», Xavier Batalla, *La Vanguardia*, 27 de marzo de 2010.

«Vuelve la tasa Tobin, en versión 2.0», Susana Ruiz, *El País*, 21 de octubre de 2010.

«What's driving Africa's growth», McKinsey Quarterly, junio de 2010.

«What Singapore can teach us», Matt Miller, *The Washington Post*, 2 de mayo de 2012.

«Will India Be The First BRIC Fallen Angel?», análisis de Joydeep Mukherji y Takahira Ogawa, Standard y Poor's, 8 de junio de 2012.

Índice de figuras

Avda. Alcalde Moix, 28 – 08207 Sabadell (Barcelona) – Tel. +34-931 429 486 – marge@margebooks.es – www.margebooks.es